북한 김씨 일가가
민주주의를
만난다면

저자 소개

박수유

이화여대 언론정보학과를 졸업한 뒤 10년 가까이 기자 생활을 하며 외교안보국제부, 사회부, 경제산업부, 문화과학부 등 다양한 부서를 거쳤다. 다방면에 밝은 제너럴리스트에서 나아가 자신만의 전문 분야를 가진 스페셜리스트를 꿈꿨다. 채널A 재직 중 통일부를 출입할 때 북한대학원대학교에서 북한학 박사학위를 취득했다. 학자로서 북한을 연구할 뿐 아니라 기자로서 수많은 취재원들을 통해 현재 살아 움직이는 생생한 이야기를 함께 파악하고 있는 것이 장점이다. 주요 연구 분야는 북한의 대외전략, 남북관계, 국제관계 등이다.

북한 김씨 일가가
민주주의를
만난다면

초판 발행 2024년 1월 26일

지은이 박수유
펴낸이 류원식
펴낸곳 린쇼

편집팀장 성혜진 | **책임진행** 윤지희 | **디자인 · 편집** 신나리 · 김도희

주소 10881, 경기도 파주시 문발로 116
대표전화 031-955-6111 | **팩스** 031-955-0955
블로그 blog.naver.com/linsbook | **이메일** linsbook@naver.com
등록번호 2016.9.20. 제406-2016-000123호

ISBN 979-11-978566-3-1 (03340)
정가 18,000원

이 책은 방일영문화재단의 지원을 받아 저술 · 출판되었습니다.

북한 김씨 일가가

민주주의를 만난다면

박수유 지음

긴소

일러두기

1. 전문용어의 경우 국립국어원의 표준국어대사전을 기준으로 하되 인용문의 경우 원문을 따랐습니다.
2. 단행본과 신문은 『 』로 묶었습니다.
3. 각주는 본문 끝에 수록된 참고문헌을 확인해 주세요.

남조선혁명을 위한 북한의 대남전략은 해방 직후 민주기지론으로 제시됐다. 이는 남한이 미국에 대한 식민지 예속 상태에서 정통성 없는 독재정권에 놓여있다는 대남인식에 기초한다. 하지만 1980년대 남한에 민주화운동이 활발해지고, 1987년 절차적 민주주의 달성, 1993년 문민정부의 출범을 거쳐 1998년 야권으로의 평화적 정권 교체를 통해 민주주의가 도약을 이루자 북한이 남한을 보는 시각, 대응 양태는 물론 대남전략도 변하기 시작했다. 이 연구는 북한이 공세적 대남전략을 조정하는 데 영향을 미친 '남한의 민주화'라는 요인에 주목한다. 남한 내 혁명세력을 통해 국가를 전복시키겠다는 북한 대남전략의 목표는 탈냉전기를 거쳐 점차 남한 정부를 인정하고 국제적 고립으로부터 벗어나는 체제생존전략으로 변화했다.

1960년대에 북한은 남한 민중들을 미국의 식민 예속과 독재정권에 신음하는, 민주기지를 통해 구원받아야 할 수동적 존재로 인식했다. 하지만 남한 사회가 절차적, 실질적 민주화를 이루자 대남인식이 달라졌다. 북한은 5.18과 6.10 민주항쟁 등에서 이들의 변혁적 지향성을 발견한 뒤로 이들을 조직화해 혁명을 주도할 수 있는 확고한 대남혁명역량으로 만들어야 한다고 인식하게 되었다.

1980년 제6차 당 대회에서 명기된 '민족해방 인민민주주의혁명론'에서 '인민'이 삭제되고 당 규약이 개정된 시점은 2010년이지만, 실제로는 남한의 민주화 역량이 올라서고 절차적 민주주의가 달성된 1980년대 후반부터 변화가 감지되고 있었다. 6.10 민주항쟁으로 이룬 절차적 민주주의로 북한은 더 많은 남한 중간층들을 대남혁명역량으로 포섭하려 시도했다.

북한은 군사독재 아래의 남한 민주화세력을 처음에는 북한을 보조할 수 있는 역량 정도로만 여겼지만, 민주화운동 세력의 역량이 성장한 이후로는 이들을 공조 대상으로 적극 활용하려 시도했다.

민주화세력의 역량은 1990년대 권위주의 통치 종식에 이은 야권으로의 평화적 정권 교체를 통해 한 단계 도약했다. 북한은 민주화세력의 집권으로 기대감이 축적된 결과, 선거 등 합법적인 정치 공간을 포함한 방식으로 남조선혁명론을 확장해 '자주적 민주정부론'으로 나아갔다. 또한, 중간세력과 진보정권을 동맹으로 삼고 당국 간 접촉도 허용하기 시작했다. 미국과 남한 정부를 규탄 대상으로 삼아왔던 북한이 진보정권과 대화에 나서며 반미공조를 함께할 대상으로 인정한 것이다.

당시 남한 사회는 급진적 사회주의 세력과 학생운동이 거의 사라져 민중봉기를 통한 인민민주주의혁명은 성공 가능성이 줄어든 상황이었다. 민주화된 남한 시민사회에 북의 정치적 공세가 먹힐 여지가 줄어든 데다 외교적, 경제적 우위를 점한 남한 정권을 협상 상대로 인정하지 않을 수 없었기 때문이다. 또 1980년대 민주화투쟁 때와 달리 민주화된 남한 사회에서 북한이 급진세력과의 대화만 고집할 경우 북한 역시 고립될 수 있었다. 그 결과 대남전략도 남한 정부와의 공조를 강조하는 방향으로 확장되었다. 이후 북한은 당국 간 공조로까지 대상을 확대시켰지만 미국과 공조하는 남한 정부를 비판하는 한편, 미국에 맞서기 위한 '민족공조론'을 펼쳤다.

이처럼 1960년대만 해도 남한 사회가 식민지 반봉건사회라는 안이한 분석을 내놨던 북한은 4.19 혁명과 5.16 군사정변을 예상하지 못했다는 반성 끝에 민주기지론의 프리즘에서 벗어나 1980년대 후반부터 변화하기 시작했다. 이 글은 남한 사회의 민주화 실현이 북한의 남한에 대한 인식 및 대응, 대남혁명 전략 변화에 중요한 영향을 미쳤음을 규명했다. 남한의 민주화에 대한 북한의 인식을 분석하기 위해 북한에서 생산된 1차 자료들을 다양하게 연구했다. 남한 사회가 1980년대에서 1990년대 후반으로 접어들수록 점차 민주화되어 감에 따라 나타난 북한의 대남인식 및 대남전략의 변화를 분석하기 위해 북한 문헌을 분석하는 것을 주된 연구방법으로 삼았다.

접근할 수 있는 1차 자료가 제한됐기 때문에 북한의 대표적 언론매체인 『로동신문』과 『김일성저작집』, 『김일성전집』, 『김정일선집』, 『김정일저작집』 등 최고지도자의 저서를 가장 많이 활용했다. 이외에도 『조선중앙년감』, 『조선통사』, 월간 잡지 『남조선문제』, 『근로자』 등의 자료를 이용했다. 『김정일장군 조국통일론 연구』, 『주체사상에 기초한 남조선혁명과 조국통일리론』, 『주체의 기치 따라 나아가는 남조선인민들의 투쟁』, 『6.15시대와 남북공조』 등 당시 출판된 중요한 북한 문헌들도 두루 살폈다.

『로동신문』은 조선로동당 중앙위원회 기관지로 북한 주민들 모두 볼 수 있으며 북한의 대표적 매체이자 당의 노선, 정책을 드러내는 데 가장 중요한 신문이다. 남한 소식 보도가 크게 줄어든 현재와 달리, 당시에는 『로동신문』의 5면이 매일 남한정세 면으로 채워졌기 때문에 북한 당국자들이 남한의 정치적 사건들을 어떻게 파악하는지 효과적으로 살필 수 있다. 하지만 이는 북한 사회의 실상과 정책을 객관적으로 제시하는 것이 목적이 아니라 대부분의 북한 자료들과 마찬가지로 로동당의 입장을 당원과 주민들에게 설득하는 기능을 한다. 따라서 한 가지 자료만을 통해 북한 사회 전체를 이해하는 데는 어려움이 있으며 다양한 자료들을 함께 분석할 필요가 있다.

『김일성저작집』, 『김일성전집』, 『김정일선집』, 『김정일저작집』 등 최고지도자의 저작물 역시 북한의 남한에 대한 인식을 분석하는 본 연구를 위해 가치가 높은 문헌들이다. 특히 1979~1992년까지 44권이 발행된 『김일성저작집』은 김일성의 주요 연설 및 논문을 수록하고 있는데 김일성 체제에 대한 우상화의 도구로 이용되었다. 1992년에 출판을 시작해 2015년까지 25권이 발행된『김정일선집』역시 김정일의 논문, 연설, 담화 등이 연도별로 수록돼 있다.『김일성전집』역시 1992년부터 간행되기 시작해 2012년 100권까지 발행되었다. 그러나 이 문헌들 역시 북한에서 출간한 의도 자체가 김일성, 김정일 등 최고지도자에 대한 우상화에 있기 때문에 다른 문헌들과 교차 검토해야 할 필요가 있다.『조선중앙년감』도 북한 내각에 직속되어 있는 유일한 통신보도기관이자 국내외 사건들에 대한 당과 정부의 입장을 공식적으로 대변하는 조선중앙통신사에서 발행하는 자료로, 북한의 대내외적 활동을 연도별로 정리해 놓은 문헌이라 유용하다.

이외에도 수령의 혁명사상과 당의 노선 및 정책을 해설하는 다양한 공간 문헌들을 두루 분석했다. 북한의 공간 문헌은 체제 정당화를 위해 윤색한 부분이 많다는 한계가 있음에도 불구하고 북한의 남한에 대한 인식과 전략을 연구하는 데는 가장 중요한 자료다.

박수유

차례

프롤로그 005

1부 남한의 민주화와 북한의 대남전략 012

1장 남한의 민주화가 북한의 대남전략에 영향을 미칠까? 014
2장 남한이 민주화되기 전 북한의 대남전략 028
3장 남한과 북한의 '민주주의'는 어떻게 다른가? 036

2부 1980년대, 남한 중간층의 대남혁명역량 편입 044

1장 5.18 광주민주화운동과 북한의 대남인식 및 전략 046
　1 5.18 광주민주화운동 당시 남한정세 047
　2 대남인식 · 대응 : 독재세력 타도와 남조선 민주화 주장 050
　3 대남전략 : 민족해방 인민민주주의혁명론 070
　4 소결 078

2장 6.10 민주항쟁과 북한의 대남인식 및 전략 082
　1 6.10 민주항쟁 당시 남한정세 083
　2 대남인식 · 대응 : 남한 중간층의 대남혁명역량 편입 089
　3 대남전략 : 민족해방 민주주의혁명론 109
　4 소결 115

3부 1990년대, 남한 민주화세력 집권에 대한 기대감 120

1장 김영삼 정부 출범과 북한의 대남인식 및 전략 122

1 김영삼 정부 출범 당시 남한정세 123

2 대남인식 · 대응 : 집권세력과 민주화세력 구별 짓기 127

3 대남전략 : 자주적 민주정부론 146

4 소결 154

2장 김대중 정부 출범과 북한의 대남인식 및 전략 160

1 김대중 정부 출범 당시 남한정세 161

2 대남인식 · 대응 : 민주화세력 집권에 대한 기대감 167

3 대남전략 : 민족공조론 189

4 소결 198

4부 결론 204

에필로그 215

참고문헌 220

표 차례

표 1-1   남한의 민주화에 대한 북한의 인식과 전략 021
표 2-1   5.18 광주민주화운동 당시 『로동신문』 기사 집계 053
표 2-2   5.18 광주민주화운동 당시 『로동신문』 기사 이슈별 분류 054
표 2-3   6.10 민주항쟁 당시 『로동신문』 기사 집계 091
표 2-4   6.10 민주항쟁 당시 『로동신문』 기사 이슈별 분류 092
표 3-1   김영삼 정부 출범 당시 『로동신문』 기사 집계 129
표 3-2   김영삼 정부 출범 당시 『로동신문』 기사 이슈별 분류 130
표 3-3   김대중 정부 출범 당시 『로동신문』 기사 집계 172
표 3-4   김대중 정부 출범 당시 『로동신문』 기사 이슈별 분류 173

그림 차례

그림 1-1 북한의 대남인식에 영향을 미치는 요인들 018
그림 1-2 연구 분석틀 020
그림 2-1 5.18 광주민주화운동에 대한 북한의 대응 069
그림 2-2 6.10 민주항쟁에 대한 북한의 대응 109
그림 3-1 김영삼 정부 출범에 대한 북한의 대응 146
그림 3-2 김대중 정부 출범에 대한 북한의 대응 189

1부

남한의 민주화와
북한의 대남전략

남한의 민주화가 북한의 대남전략에
영향을 미칠까?

1장

남한과 북한은 1948년 각각의 단독정부를 수립하면서부터 대결 구도를 형성해 상대방을 비판하고 비난하는 인식으로 일관했다. 1950년 한국 전쟁을 겪고 난 후에는 더욱 상대방의 체제를 부정하고 자기식으로 통일시켜야 할 대상으로 간주했다. 남한은 북한을 '북괴'로, 북한은 남한을 '남조선 괴뢰도당'으로 치부하며 국체와 정체를 인정하지 않았으며, 서로 자신의 쪽이 '정통성을 가진 유일한 합법정부'라고 강변해왔다.[1]

1948년 5월 남한의 국회 개원식에서 이승만은 "이 국회에서 수립될 대한민국 정부는 완전한 한국 전체를 대표한 중앙정부"[2]라고 주장했으며 지금까지 남한은 "대한민국이 유엔이 인정한 한반도 내 유일한 합법정부"라고 주장하고 있다. 북한 역시 정부 수립 다음 날인 1948년 9월 10일에 김일성이 "북한 정부는 남북조선 인민의 총의에 의하여 수립된 중앙정부"[3]라고 밝혔다. 그 결과 남조선혁명을 위한 북한의 대남전략은 해방 직후 '민주기지론'이라는 형태로 처음 제시됐다. 민주기지론이란 북한지역을 민주기지로 강화해 이를 토대로 전국적 범위에서 공산주의적 통일을 이룩한다는 주장이다.[4] 이는 기본적으로 남한이 미국에 대한 식민지 예속 상태에서 벗어나지 못한 데다 정통성 없는 독재정권 아래 놓여있다는 대남인식에 기초한 것이었다.

그러나 이러한 남북관계가 1980년대 후반 이후에는 조금씩 변화의 조짐을 보이기 시작했다. 남한 사회에서 1980년대 이래로 민주화운동이 활발해지고, 1987년 절차적 민주주의의 달성을 거쳐, 1993년 문민정부 출범 이후 1998년 야권으로의 평화적 정권 교체를 통해 민주주의가 한 단계 더 도약하자 북한이 남한을 보는 시각이 달라지고, 실제 대응 양태는 물론 외부로 표명된 대남전략에까지 변화가 발생하기 시작했다. 북한은 김일성, 김정일, 김정은으로 이어지는 1인 독재체제를 유지해오고 있는 반면, 남한은 1987년 6.10 민주항쟁을 계기로 외형적으로 민주화를 이룬 후 이전의 독재체제에서 민주체제로의 변화를 지속적으로 지향해왔다. 이에 따라 북한이 남한을 보는 시각 역시 큰 틀에서 보면 비난과 부정의 지속이지만, 민주화로 인한 남쪽의 정세 변화에 따라 미묘한 변화를 보이고 있다.

이처럼 1980년대 초만 해도 남한 내 혁명세력을 통해 국가를 전복시키겠다는 남조선혁명론이 지배했던 북한 대남전략의 주요 목표는 탈냉전기를 거쳐 1990년대 말에는 점차 국제적인 고립 상황으로부터 벗어나는 것으로 변화했다. 남한 정부를 대외적으로 인정하는 조치가 불가피했기 때문이다. 북한의 남한에 대한 전략 역시 점차 체제 유지와 경제난 회복을 위한 외교적 노력의 일환으로 전개됐으며, 기존의 혁명전략적인 측면을 약화시키고 사회주의 체제의 유지 발전을 위한 생존전략적인 측면을 강화했다고 평가할 수 있다.[5] 특히 민주화라는 남한의 변화 역시 북한이 의식하지 않을 수 없는 큰 요인이었다. 1970년대 중반 이래로 남북한 간 경제력이 역전돼 총체적으로 남한의 우위가 지속됐을 뿐만 아니라, 1987년 6.10 민주항쟁 이후로는 비교적 안정된 민주적 질서가 고착됐기 때문이다. 이로인해 기존에 상정했던 남북관계나 국내외 상황이 현저히 바뀌어 기존 대남혁명 전략이 유명무실해졌고 실천도 실질적으로 불가능해졌다.[6]

당시 남북관계에 영향을 미친 대외적 환경요인에 집중한 기존 연구들은 많이 있어도 북한의 대남정책과 대남인식에 영향을 미치는 '남한 요인'에 대한 연구는 많지 않은 데다, 특히 '민주화 요인'에 집중한 연구는 아직까지 없다. 따라서 이 연구는 남한의 민주화에 대한 북한의 인식과 대응, 대남전략에 미친 영향을 분석할 것이다. 남한 내부의 정치·경제·사회적 변화가 북한을 직접 겨냥한 것이 아니라 하더라도 북한정세와 당국자들의 대남인식, 경우에 따라서는 대남전략에까지 영향을 줄 수 있으며 큰 위협으로 인식될 수 있기 때문이다.[7] 실제로 당시 북한 매체나 문헌들을 통해 남한 사회의 예상치 못한 변화에 대한 북한의 인식 수정을 살펴볼 수 있다.

북한 김씨 일가가 민주주의를 만난다면

북한은 남한 사회의 성격에 대한 인식이 변화함에 따라 단순한 대응뿐만 아니라 장기적인 전략도 변화시켰다.

이처럼 남북한에서 벌어지는 일련의 사건들은 국제사회 환경과 함께 서로의 체제 형성 과정에 영향을 미치는 중요한 변수로 작용해왔다. 북한의 사건들이 남한의 대북정책과 대북인식에 영향을 미쳤듯이 남한의 사건들 역시 북한의 대남정책과 대남인식 전반을 결정하는 중요한 요소다. 북한 지도부는 지난 70년간 남한의 정치·경제·사회적 변화를 포착해 대남인식과 대남정책을 수정해왔다.

북한의 대남인식에는 남한 사회 요인, 북한 내부적 요인, 그리고 남북한을 둘러싼 국제환경 요인 등 다양한 요인들이 영향을 미치는 변수로 작동한다. 현실주의에 입각해 국제적 역학관계 변수에 집중한 연구들은 기존에 많이 있다. 이러한 연구들은 1980년대 말부터 진행된 소련과 동구권의 붕괴, 중국의 개혁·개방, 사회주의권의 혁명역량 약화 등 당시 급격하게 변화했던 국제사회 환경에 주목했다. 이외에도 당시는 북한 내부적으로 김일성 사망, 고난의 행군, 막대한 군비 지출 등 상황이 급변했던 시기였다. 하지만 이 글에서 집중할 변수는 국제환경과 북한 내부 사회 요인이 아닌 남한 내부 요인, 그중에서도 '남한의 민주화 구현'이다. 즉, '남한의 민주화'라는 변화가 북한의 남한에 대한 인식, 나아가 대응과 전략에 미친 영향을 살펴보려 한다.

남한의 민주주의 체제와 시장경제 체제는 북한이 남한을 인식하고 전략을 펼쳐나가는 데 있어서 가장 중요한 영향을 미치는 환경이라고 볼 수 있다. 민족의 의사와 관계없이 외부로부터 강요된 분단이라는 제도는 남과 북에 이질적인 사회 체제와 이념을 제공했으며, 이에 따라 북한에는 사회주의 이념을 추구하는 사회주의 체제가, 남한에는 자유민주주의 이념을 바탕으로 하는 자본주의 체제가 수립되었다. 이에 김일성은 한반도를 통일하고 체제와 이념이 상이한 남한을 북한과 같은 사회주의 체제로 만들어야 한다는 목표를 유지해왔고 이는 김정일, 김정은으로 정권이 세습된 뒤에도 마찬가지로 이어졌다.

이와 함께 북한은 남한 사회의 식민지 반봉건적인 성격과 이로부터 초래되는 계급관계를 중점적으로 인식하고, 이에 기반을 두고 대남전략을 설정해왔다. 하지만 점차 북한이 바라보는 남한의 사회성격은 '식민지 반자본주의'로 바뀌었을 뿐만 아니라, 탈냉전기 남한 사회의 민주화 실현 정도와 전체적 국력 발전 등을 고려해 대남인식과 전략을 현실적으로 변화시켜 올 수밖에 없었다.[8] 따라서 남한 사회 요인 중에서도 '남한의 민주화

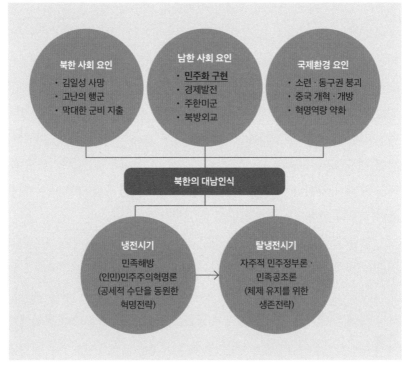

그림 1-1. 북한의 대남인식에 영향을 미치는 요인들

북한 김씨 일가가 민주주의를 만난다면

구현'이라는 변수는 북한의 남한에 대한 인식을 변화시켰고, 전략을 새롭게 수립하는 데 결정적인 영향을 주는 요인이라고 평가할 수 있다. 궁극적으로 분단구조 역시 세계 냉전구조의 붕괴와 남한의 민주화 등 남북한 내부 사회의 변동으로부터 영향을 받으면서 변화 또는 해체되어 가는 동태적인 성격의 것으로 볼 수 있다.[9]

북한은 분단 이후 지속적으로 남한이 미국에 대한 식민지 예속 상태에서 벗어나지 못한 데다 정통성 없는 독재정권 아래 놓여있다는 대남인식을 유지했다. 하지만 남한 사회는 1980년 5.18 광주민주화운동을 시작으로 민주화운동이 활발해졌고, 1987년 6.10 민주항쟁을 계기로 절차적 민주주의를 달성했다. 두 차례 민주화운동을 거쳐 1993년 김영삼 정부의 출범으로 군부 권위주의 통치가 종식된 데 이어, 1998년 김대중 정부의 출범으로 야권으로의 수평적 정권 교체를 통해 민주주의가 한 단계 도약을 이루게 되었다. 이에 따라 북한도 남한 정권의 정당성을 점차 높게 인식하기 시작했다. 그 결과 강경하고 혁명적이었던 북한의 대남전략도 점차 공존을 도모하는 방향으로 변화했다. 다음에 적시한 이 글의 분석틀은 남한 정권의 정당성이 높아짐에 따라 북한이 대남전략의 혁명성을 낮춰가는 모습을 반영하고 있다.

즉, 남한 정권의 정당성이 낮았던 1980년 5.18 광주민주화운동 때만 해도 북한은 혁명을 통해 체제를 전복시키겠다는 목표를 드러내며 강한 혁명성을 드러냈다. 1987년 6.10 민주항쟁 때도 여전히 민주화투쟁을 선동하며 체제 전복에 대한 강한 의지를 보였지만, 남한세력들을 주력군으로 활용하기 시작했다는 점에서 남한 민주화세력과의 공조에 대한 기대감이 생겨나기 시작했다고 볼 수 있다. 뒤이어 1993년 문민정부가 출범한 데 이어 1998년 야권으로의 수평적 정권 교체로 김대중 대통령이 집권하자 남한 정권의 정당성은 불과 10년 전에 비해 비교할 수 없이 높아지게 되었다.

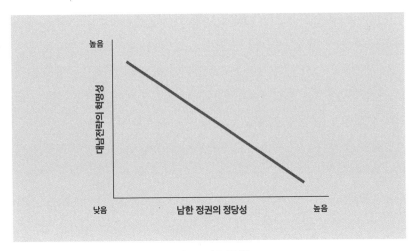

그림 1-2. 연구 분석틀

이에 따라 북한의 대남전략도 혁명과 공존이 병존하는 모습을 보이게 되었다.

그 결과 북한이 남한을 보는 시각이 달라지고 실제 대응 양태는 물론 대남전략에까지 변화가 발생하기 시작했다. 이러한 변화된 인식과 대응은 북한의 매체나 각종 출판물 등을 통해 여실히 드러났다. 이때 시기별로 문헌들을 구성하는 문장은 조금씩 차이를 보인다. 강조되거나 사라진 표현들이 조금씩 발생하는데, 이는 북한의 남한에 대한 인식의 변화에 따라 다르게 나타났다. 본 연구에서의 문헌 분석은 시기별로 급격하게 변화하기 보다는 일정한 '경향성'을 보였다는 데 주안점을 두었다. 남한에 대한 인식은 갑작스럽게 등장한 것이 아니라 오랜 시간 축적된 인식이 누적된 결과물이라고 판단했기 때문이다. 하지만 다양한 매체와 출판물 등 문헌들을 지배의 수단이자 선전·선동의 도구로써 활용하는 북한의 경우 지도부의 인식이 문헌에 상대적으로 강하게 반영된다.

이처럼 남한에서 민주화가 가장 비약적으로 발전했던 1980~1990년

북한 김씨 일가가 민주주의를 만난다면

표 1-1. 남한의 민주화에 대한 북한의 인식과 전략

시기	대남인식	대남전략	대남혁명 역할론
5.18 광주 민주화운동 (1980)	독재세력 타도와 남조선 민주화 주장	민족해방 인민민주 주의혁명론	• 북한이 혁명 주도 • 남한 민주화세력이 보조
6.10 민주항쟁 (1987)	남한 중간층의 대남혁명 역량 편입	민족해방 민주주의 혁명론	• 북한이 혁명 주도 • 남한 민주화세력 역량 ↑
김영삼 정부 출범 (1993)	좁은 의미의 정통성 : 집권세력과 민주화세력 구별 짓기	자주적 민주정부론	• 남한 민주화세력 집권 기대 • 북한이 집권 지원·보조
김대중 정부 출범 (1998)	넓은 의미의 정통성 : 민주화세력 집권에 대 한 기대감	민족공조론	• 남한 민주화세력 집권 성공 • 남북 간 민족공조 주장

대에 변화된 북한의 남한에 대한 인식과 전략, 그리고 대남혁명에서의 역할론을 살펴보았다. 그리고 1980년 5.18 광주민주화운동, 1987년 6.10 민주항쟁이라는 두 민주화운동과 1993년 문민정부 출범, 1998년 국민의 정부 출범이라는 두 차례의 정부 출범 등 네 가지 사건들이 일어난 시기를 분석했다.

북한은 원래 군사독재체제 아래 놓였던 남한의 민주화세력을, 북한을 보조할 수 있는 역량 정도로 여겼다. 1960년대만 해도 남한의 변화를 포착하지 못하고 식민지 반봉건사회가 계속되고 있다는 안이한 분석에 그치고 있었다. 김일성은 이승만 정권을 타도한 4.19 혁명을 남한 민중이 미국의 제국주의에 저항할 만큼 성장하는 계기로 평가했지만, 뒤이어 발생한 5.16 군사정변은 남한 민중의 투쟁을 억누르고 파시스트 지배를 강화하기 위한[10] 미국과 남한 지배세력의 대응으로 인식했다. 남한 민중의 저항과 역량에 대한 북한의 평가가 민주기지론 시기에는 거의 발견되지 않았으며, 남한 민중은 미국의 식민 예속과 국내 대리 정권의 독재에 신음하는,

북한의 민주기지를 통해 구원받아야 할 수동적 존재에 불과하다고 인식되었다.[11] 당시 김일성이 남한의 혁명적 전위당 결성을 골자로 하는 남조선지역혁명론을 제기했던 이유다.

이처럼 진보적인 청년층과 지식인 등 남한 중간층을 보조적 역량으로만 인식했던 북한은 5.18 광주민주화운동과 6.10 민주항쟁을 비롯한 민주화투쟁에서 이들의 변혁적 지향성을 발견한 뒤로는 더욱 조직화해 확고한 대남혁명역량으로 만들어야 한다고 인식하게 됐다.[12] 따라서 1980년 제6차 당 대회에서 명기된 '민족해방 인민민주주의혁명론'에서 '인민'이 공식적으로 삭제되고 '민족해방 민주주의혁명론'으로 당 규약이 개정된 시점은 2010년이지만,[13] 실제로는 남한의 민주화 역량이 상당 수준 올라서고 절차적 민주주의가 달성된 1980년대 후반부터 변화가 이미 감지되고 있었다고 볼 수 있다. 1987년 6.10 민주항쟁으로 이룩한 절차적 민주주의의 달성으로 북한은 더 많은 남한 중간층을 대남혁명역량으로 끌어들이려 시도했다. 이처럼 북한은 군사독재체제 때와 달리 민주화운동 세력의 역량이 성장한 이후로는 이들을 공조 대상으로 적극 활용하며 혁명을 주도적으로 이끌어가도록 지원했다.[14]

남한 민주화세력의 역량 강화는 1993년 문민정부 출범으로 군부 권위주의 통치가 종식된 데 이어 1998년 김대중 정부가 '야권으로의 수평적 정권 교체'를 최초로 이루어 냄으로써 한 단계 더 도약을 이루었다. 민주화세력의 집권으로 인해 기대감이 축적된 결과, 북한은 선거 등 합법적인 정치 공간을 활용한 방식으로 남조선혁명론을 확장해 '자주적 민주정부론'으로 나아갔으며 한미공조론에 맞선 '민족공조론'을 활발하게 펼치기 시작했다. 이렇게 중간세력과 진보정권을 동맹세력으로 삼는 자주적 민주정부론이 새로운 혁명 전략으로 등장하면서 정당, 사회단체 등과 대화와 협상의 필요성을 지적하고 당국자 간 접촉까지 허용하는 방향으로 나아갔다.[15] 미국과 함께 남한 정부와 당국자를 시종일관 규탄 대상으로만 삼아왔던 북한이 진보정권과의 대화에 나서며 반미공조를 함께 해나갈 대상으로 인정한 것이다.[16]

이처럼 남한과 공조하는 방향으로의 변화는 당시 북한의 입장에서 불가피했다고 볼 수 있다. 남한 사회는 점차 여야 간에 정권 교체가 이루어지면서 무장봉기를 추구하는 급진적 사회주의 세력과 학생운동이 거의 사라진 상태고, 이미 1990년대에도 한국 학생운동과 사회주의 세력에 의한 인민민주주의혁명은 성공 가능성이 크게 줄어든 상황이었기 때문이다.[17] 결과적으로 민주화된 이후 남한 시민사회에 북한의 정치적 공세가 먹혀들 여지가 크게 줄어든 데다 외교적으로나 경제적으로 우위를 점하고 있는 남한 정권을 대화와 협상의 정당한 주체로 인정하지 않을 수 없게 됐다.[18] 또한 1980년대 민주화투쟁 시기에는 반독재 민주화세력 내부에서 친북세력이 뚜렷하게 드러나거나 구분되지 않았지만, 남한 사회가 민주화된 이후에는 이들이 진보세력 내부에서도 상대적으로 소외되는 경향을 보였기 때문에 이들과의 대화만 고집할 경우 북한의 처지 역시 고립시키는 결과를 초래할 위험성이 있었다.

그 결과 북한의 대남전략에서는 남한의 합법적인 정치 공간을 이용하는 정당 건설 및 선거전술 활용 등의 변화가 포착되기 시작했다. 1980년대 후반부터 자주적 민주정부론이 싹을 드러내기 시작했는데, 1980년 제6차 당 대회에서 남조선혁명에 대한 언급 없이 자주적 평화통일을 강조한 데 이어 1988년 신년사에서도 북한은 남조선해방을 부정하며 민족적 대단결을 강조하는 모습을 보였다.[19] 이는 2002년 핵 위기가 발생한 이후 북한이 적극적으로 띄우기 시작한 민족공조론과도 맥락을 같이 한다.[20] 이러한 변화는 남한이 군부 권위주의 통치 종식을 거쳐 야권으로의 수평적 정권 교체를 이룬 1990년대 이래 두드러지게 나타났다.

북한이 남한에서 반보수대연합을 통한 진보개혁을 추진하고 조국통일운동 발전을 강조하는 등 남한의 총선이나 대선 일정에 개입하려는 태도를 보였던 것도 오히려 남한이 민주화된 이후 북한이 정부 당국과의 대화를 더욱 중시하게 되었음을 보여준다.[21] 당시 북한은 기존 친북세력 집단들과 남한 정부 당국 및 민간기구들을 구분지어 대응하면서 '남남갈등'을 유발하는 기회로 활용하기도 했다. 북한은 1990년대 이후 남과 북의 경제생활 수준 차이가 크게 벌어졌어도 북의 대남 사상전이 성과를 거두어 남한에서 친북·반미 세력이 크게 성장하고 있는 것은 '자본주의적 민주주의의 사상적 취약성을 보여준다'며 민주주의 체제를 무시하기도 했지만,[22] 민주화 이후 남한의 반독재 민주화세력이 제도권과 비제도권으로 분열된 상황은 북한의 대남인식과 전략에 큰 영향을 미칠 수밖에 없었다.

북한은 민주화된 남한 사회에서 여야가 합작해 단계적이고 현실주의적으로 통일을 향해 나아가는 모습과 이에 대한 국제사회의 지지를 보며 혁명주의가 설 땅이 없어지는 데 대한 두려움을 느꼈다.[23] 민주화세력이 집권하고 시민사회가 힘을 키워감에 따라 이들을 대화 상대로 인정하는 모습을 보이면서도, 남한 집권세력과 급진적 재야세력을 구분 지어서 대응했다. 미국과 공조하는 남한 정부를 비판하는 동시에 재야세력에 대해서는 '민족공조론'을 공세적으로 펼치며 북한 당국의 정통성을 부각시키고 체제를 안정시키기 위한 수단으로 삼는 모습을 보였다.[24] 이는 북한이 사회주의권 붕괴와 남한의 경제력 역전 등으로 위기감이 커지자 남한 정부와 공조에 나섬으로써 미국의 한반도 문제 개입 여지를 축소시키면서도, 동시에 남한의 정부와 재야세력 간 분열을 야기하는 투 트랙(two track) 대응방식으로 해석할 수 있다.

이처럼 북한은 민주기지론의 프리즘에서 벗어나 1980년대 후반부터 본격적으로 변화하기 시작했다. 본 연구는 남한 사회의 민주화 실현이 북한의 남한에 대한 인식과 대응, 대남혁명전략 변화에 중요한 영향을 미쳤다는 문제의식에 기반을 두고 두 가지 부분에 초점을 맞추어 분석했다. 우선 남한의 민주화 실현을 북한 지도부가 어떻게 인식하고 받아들였는지에 대한 부분이다. '남조선 민주화의 실현'을 시종일관 주장하며 독재정권을 비판하고 남조선혁명 전략으로 활용해 온 북한이 막상 민주화를 이룩해가는 남한에 대해 어떤 변화된 인식을 보였는지, 남한 정권을 비판하기 위해 동원한 수사들은 기존과 어떻게 달라졌는지를 분석했다. 북한의 남한에 대한 인식이 시기별로 달라지는 이유는 그것이 북한 차원, 남북 차원, 국제 차원 등 중층적 차원으로부터 영향을 받아 결정되기 때문이다.[25] 본 연구에서 초점을 두는 부분은 이 중 남북 차원에 속하는 '남한의 민주화'라는 요인이다.

민주화로 인해 북한이 동원할 수 있는 남한 내 혁명세력이 약화되면서 북한의 기존 남조선혁명 전략이 남한에서 갖는 정치적인 영향력이 사라졌고, 이에 따라 북한이 남한의 혁명 가능성에 대한 인식을 수정하는 과정[17]을 살펴보려 한다. 물론 남한 정권의 성격이 민주주의인지 권위주의인지, 국가와 시민사회 간 관계는 어떠한지 등 남한 요인이 북한의 국내 정치를 직접적으로 변화시키는 요인은 아니다. 하지만 남한의 정치적 변화가 북한 지도부의 대남인식을 투과하면서 간접적으로 영향을 미치기 때문에 북한이 우리 민주화를 어떻게 인식했는지는 충분히 살펴볼 가치가 있다.[26]

두 번째 초점은 남한의 민주화를 불러온 이러한 사건들이 대남인식을 넘어 북한의 대남전략에까지 변화를 가져온 부분에 대한 분석이다. 1990년대 초반 사회주의권 붕괴와 남한의 북방외교로 북한이 고립되기 시작한 데다 문민정부의 출범을 거쳐 1998년 최초로 야당으로의 수평적 정권 교체가 이루어진 이후에는 기존의 대남전략이 효력을 발휘하기가 어렵게 되었다. 북한이 단순히 남한에 대한 인식뿐만 아니라 대남전략에까지 변화를 보일 수밖에 없었던 이유다. 남한의 민주화 시기별로 북한이 보인 대남전략의 변화를 정리하면 다음과 같다.

① 북한은 과거 남한 민주화운동 세력을 북한에 대한 보조적 역량으로만 인식했지만, 5.18 광주민주화운동과 6.10 민주항쟁을 비롯한 민주화투쟁에서 이들의 변혁적 지향성을 발견한 뒤로는 이들을 더욱 조직화해 혁명을 주도할 수 있는 확고한 대남혁명역량으로 만들어야 한다고 인식하게 됐다.

② 남한 민주화세력의 역량 강화로 인한 기대감이 축적된 결과, 북한은 선거 등 합법적인 정치 공간을 활용한 방식으로 남조선혁명론을 확장해 자주적 민주정부론으로 나아갔다.

③ 남한 민주화세력이 집권에 성공하면서 기존의 급진적 재야세력이 상대적으로 주변부화됨에 따라 북한은 당국 간 공조까지 포함하는 등 민족공조의 대상을 확대시켰지만, 미국과 공조하는 남한 정부를 비판하면서 미국에 맞서기 위한 민족공조론을 펼쳤다.

북한 김씨 일가가 민주주의를 만난다면

남한이 민주화되기 전
북한의 대남전략

2장

1940년대에 북한은 흡수통일을 목표로 남한에 대해 공세적인 대남 정책을 펼쳤다. 이에 따라 1945년 해방 직후 처음으로 내놓은 대남전략은 '남조선 민주기지론'이었다. 남한에 대한 경제적 우월함을 바탕으로 미 제국주의 세력들로부터의 해방과 파쇼적 반공세력에 대한 혁명을 통해 공산 정권을 수립하는 것이 대남전략의 목표였다.[27] 민주기지론은 기본적으로 남한이 미국에 대한 식민지 예속 상태에서 벗어나지 못한 데다 정통성 없는 독재정권 아래 놓여있다는 대남인식에 기초한 것이었다. 즉, 이승만 정부는 미국의 괴뢰도당이고, 남한 인민들은 구원의 대상이라는 것이다. 북한은 한국전쟁 후 빠른 복구와 5개년 계획 성공에 따른 남한에 대한 경제적 우위, 그리고 당시 남한의 억압적 정치 질서로 인한 자신감이 근저에 자리 잡고 있었다.[28]

1950년대 이후로 북한은 남한 내 혁명세력을 통해 국가를 전복시키겠다는 남조선혁명론을 고수하고 '반제반봉건 민주주의혁명론'을 제시하며 독재세력에 대한 반대를 중요한 구호로 내세워왔다. 1956년 제3차 당대회에서 '반제반봉건 민주주의혁명론'을 제시한 이후 1970년 제5차 당 대회에서는 '반봉건'을 삭제하고 '반제'를 '민족해방'으로, '민주주의혁명론'을 '인민민주주의혁명론'으로 수정해서 '민족해방 인민민주주의혁명론'을 제시했다.[29]

북한이 1956년 당 규약에서 '반봉건혁명'을 명시한 이유는 1950~ 1960년대의 남한 사회를 봉건적 성격이 강한 사회로 인식하고 남조선혁명의 성격을 '반봉건혁명'으로 규정했기 때문이다. 하지만 1970년대 이후에는 북한이 남한 사회를 바라보는 인식에서 봉건적 성격이 약화되었다. 이에 따라 새로운 당 규약에서도 '반봉건'을 삭제하고 남한 정권 전복을 통한 사회주의 건설을 의미하는 '인민민주주의혁명'으로 수정한 것이었다.[30] 남조선혁명론은 미 제국주의의 지배에서 벗어나는 '민족해방혁명'과 남한 정권 타도를 통한 '사회주의 혁명'으로 구성되는데, 민족해방혁명은 남한에서 미 제국주의자들을 몰아내는 '반미 자주화'를 의미하고, 남한 정권 타도를 통한 사회주의 혁명이 바로 '인민민주주의혁명'이다. 북한은 '인민민주주의혁명'을 '반독재 민주화'라고도 표현한다.[31]

1960년 4.19 혁명과 이에 따른 이승만 정권의 몰락은 북한의 대남인식에 한층 더 자신감을 불어넣으며 대남정책을 대폭 재정비하는 계기가 됐다. 김일성은 4.19 혁명으로 이승만 정권도 붕괴시켰던 남한 민중들이 5.16 군사정변에 의해 파쇼체제의 지배에 들어가게 된 건 혁명적 전위당을 갖지 못했기 때문이라고 평가하며[32] 조선로동당의 지도 아래 남한에 전위당을 조직하겠다는 새로운 방침을 제기했다.

민주기지론이 혁명에 먼저 성공한 지역을 근거지로 삼아 이를 다른 지역에까지 확산시켜 나가겠다는 기조라면, 남조선혁명론은 마르크스-레닌주의적 독자적 전위당의 건설을 제안했다는 면에서 이 둘은 근본적으로 차이가 있다.[33] 남한의 민주화운동을 '북한체제에 동조하는 것'으로 등식화했던 당시 김일성은 남한 민중들이 미국의 제국주의적인 지배에 저항할 수 있을 만큼 성장했다고 평가했다. 또한 조선로동당은 4.19 혁명이 통일로 직결되지는 못할지라도 북한 주도로의 통일 가능성을 한층 높일 것으로 기대하며 대남 정책라인을 대폭 강화했다.[34]

당시 김일성은 "민주주의적 권리를 쟁취하기 위한 정치투쟁과 생존의 권리를 위한 근로대중의 경제투쟁을 유기적으로 결합시키며 정치적 자유를 위한 청년학생들의 투쟁을 더욱 목적의식화하면서 그들의 민주주의 운동을 로동자, 농민들의 정치투쟁과 밀접히 연결시키는 것이 중요하다"[35]고 주장했다. 여기서 북한이 남한 사회의 민주화투쟁을 적극적으로 선동하려는 모습을 볼 수 있다. 실제로 4.19 혁명 다음 날인 4월 20일 북한은 당 정치위원회의 결정에 따라 기존 대남 사업을 담당하던 당 중앙위원회 대남연락부와 문화부의 상위기구인 '남조선국'을 신설했다.

뒤이어 1961년 5.16 군사정변은 또다시 대남혁명노선에 중대한 변화를 가져왔다. 김일성은 이승만 정권을 타도한 4.19 혁명을 남한 민중이 미국의 제국주의에 저항할 만큼 성장하는 계기로 평가했지만, 뒤이어 발생한 5.16 쿠데타는 남한 민중의 저항에 대한 미국과 남한 지배세력의 파쇼적 대응으로 인식했다.[10] 남한 민중의 저항과 역량에 대한 북한의 평가가 민주기지론 시기에는 거의 발견되지 않았으며, 남한 민중은 미국의 식민 예속과 국내 대리 정권의 독재에 신음하는, 북한의 민주기지를 통해 구원받아야 할 수동적 존재에 불과하다고 인식되었다.[11]

이에 북한은 5.16 군사정변이 발발했던 해 9월에 개최된 조선로동당 제4차 대회에서 '남조선혁명론'이라는 대남전략을 채택했고, 김일성은 조선로동당의 지도 아래 남한에 전위당을 조직하겠다는 새로운 방침을 제기했다. 사회주의 국가에서 공산당을 비롯한 혁명적 전위당이 수행하는 영도적인 역할을 감안할 때 남한에 독자적인 전위적 혁명당 건설을 주장하는 남조선 지역혁명론은 기존의 민주기지론과 명백히 차별화된다. 당시에 김일성이 "당의 당면한 투쟁 구호의 하나는 남반부에서 인민들의 민주주의적 권리를 쟁취하는 문제"라며 "남조선에서 인민대중이 언론, 출판, 집회, 결사, 신앙의 자유를 획득하며 모든 애국적인 정당, 사회단체 및 개별적 인사들의 정치적 활동의 자유가 보장되도록 해야 할 것입니다"라고 기술했던 것도 전위당을 결성하려는 시도의 일환으로 볼 수 있다.[36]

1964년 조선로동당 중앙위원회 제4기 제8차 전원회의에서 남한에서의 전위당 결성 필요성이 제기된 후 실제로 남한에서는 통일혁명당을 창당하려는 세력들이 활동을 시작했지만 1968년 지도부가 검거되어 실패했다. 하지만 당시 전원회의에서는 이외에도 조국통일을 달성하기 위한 방법으로 '3대 혁명역량 강화론'을 주창했다.[37] 3대 혁명역량 강화론은 북한 내부 혁명역량 강화, 남한 혁명역량 강화, 국제 혁명역량 강화 등을 포함하고 있는데, 이 중 남한 혁명역량 강화는 남한의 민주화운동을 적극 지원한다는 내용을 포함하고 있다. 반공주의와 국가보안법을 폐지하고 남한 내 친북세력의 정치활동을 허용하라는 요구도 남한 내 민주화운동에 대한 지원에 포함된다.

1960년대 후반 이어진 북한의 군사 모험주의적 대남도발의 배경에는 한일회담, 한일협정 조인, 한국군의 월남파병 등도 영향을 미쳤지만,[38] 당시 공세적이고 적극적인 대남정책 결정 과정에 무엇보다도 중요하게 작용했던 건 남한 사회 내부에 혁명적 요소가 잠재해 있고, 그들의 통일 논리에 동조하는 세력이 존재한다고 믿는 북한의 대남인식이었다. 실제로 박정희 정부 당시 사회적 분위기는 불균등한 경제성장과 양극화로 인해 노사분규가 심했고 북한의 사회주의에 대한 선전, 반자본주의, 남한의 독재정권 비판이 먹힐 여지가 있었다. 그리고 통일혁명당 등 혁명세력을 키워 남한 사회를 전복시키는 것이 북한의 주요 목표 중 하나였다.[39]

당시 김일성은 "미제와 그 주구들의 파쇼적 폭압과 전횡을 저지·파탄시키며, 식민지 파쇼통치의 가장 악랄한 집행자이며 가장 반동적인 군사특무테러집단인 현 군사파쇼정권을 뒤집어엎어야 할 것"[40]이라고 주장했다. 중국 화궈펑 주석과의 회담에서는 "1972년 남북 간 합의가 이루어졌지만, 박정희가 북으로부터의 위협이라는 구실을 앞세워 민주인사들에 대한 탄압을 감행했다"며 "만약 남조선에서 박정희가 아닌 다른 사람이 권좌에 등장한다면 우리는 그와 회담을 재개할 수 있다"고 명확하게 밝히기도 했다.

남조선 민주인사들이 찬성한다면 남한과 회담을 하는 것도 가능하겠지만, 그들이 반대하는데 억지로 회담을 해서 연합을 파괴할 수는 없다는 것이다.[41] 이처럼 김일성은 남조선 사회에 민주화가 실현되기 위한 유리한 환경 조성에 중국이 협조하도록 설득하기도 했으며, 남조선이 민주화되어야 통일전선사업을 쉽게 할 수 있고 남북대화 문제도 수월해지며 아시아의 평화에도 기여한다고 주장했다.

김일성은 또 "현 단계에서 남조선혁명가들과 애국적 인민들 앞에 나서는 중요한 과업은 미 제국주의의 식민지 통치와 그 앞잡이들의 파쑈적 폭압을 반대하고 사회의 민주화를 실현하기 위한 대중투쟁을 적극 발전시키는 것"[42]이라고 교시하는 등 남한 사회가 민주화를 통해 독재정권을 전복시키도록 반파쇼민주화투쟁을 적극적으로 선동했다. 남한의 역대 정권들이 반민주정권이라는 점을 부각시켜 인민의 국가인 북한체제를 합리화하고 북한체제의 우월성을 강조하려는 의도가 엿보인다. 하지만 당시 남한의 공고한 독재정권으로 인해 민주화운동 세력이 성장하는 데는 명백히 한계가 있었고, 북한의 군사적 도발들도 대부분 실패로 귀결됐다. 그리고 이는 오히려 미국의 군사원조 추가 등으로 북한의 안보 부담이 증가하는 결과로 돌아왔다.[43]

1960년대 말에 남북 간에 이어진 극단적인 적대 상황은 1970년대 도래한 미·중 데탕트로 인해 해빙기로 접어들었고, 1972년 7.4 남북공동성명을 통해 처음으로 상대방을 대화의 파트너로 인정하기에 이르렀다. 그 이듬해에 박정희 대통령은 '평화통일 외교정책에 관한 특별선언(6.23 선언)'을 발표했는데 이에 반발한 김일성은 고려연방공화국의 단일국호로 유엔 가입, 단일국호에 의한 연방제 실시 등을 포함한 '조국통일 5대 강령'을 제시해 하나의 조선 원칙을 고수했다.[44]

조국통일 5대 강령은 박정희의 6.23 선언이 발표되자 같은 날 저녁 체코대표단의 북한 방문을 환영하는 평양시의 군중대회에서 김일성이 직접 했던 연설에 담겨있던 방안이었다. 김일성은 6.23 선언의 남북한 유엔 동시 가입 제안에 대해 두 개의 정부를 인정하는 것이나 다름없는 조치라며 강하게 반대하고 나섰다. 이에 따라 김일성이 과도적 조치로서가 아닌, 완성된 통일국가 형태로서의 연방제를 주장하기 위해 제시한 것이 1980년 제6차 당 대회 때 등장한 '고려민주연방공화국 창립방안'이다.

고려민주연방공화국 창립방안은 하나의 민족국가 내에 두 제도, 두 정부가 공존할 수 있다는 전제에서 출발한다는 점이 기존 통일방안들과 다른 큰 의미를 가진다. 당시 북한은 급격하게 달라진 국제정세뿐만 아니라 남한의 정치적, 경제적 환경 변화로 인해 남조선혁명론에 집착했던 기존의 공세적인 대남정책을 불가피하게 조정할 수밖에 없었다.[45] '고려'와 '연방' 사이에 '민주'라는 새로운 단어가 덧붙여진 부분도 당시 민주화를 향해 나아가는 남한의 불안정한 정치적 상황을 김일성 유일체제와 대비시켜 후계체제 안정화에 포석을 보태겠다는 북한의 의도가 엿보인다.[46]

북한은 민주주의를 사이비 이론이라며 평가절하하기도 했다. 당시 "남조선혁명에서 미제 식민지 통치하의 괴뢰정권을 비호·변론하는 온갖 사이비 리론의 본질을 깊이 연구하고 그를 폭로·분쇄함이 없이는 남조선혁명을 옳게 수행할 수 없다"며 "반동 정치학 리론들이 남조선에 대한 미제의 사상침략 공세의 일환으로서 인민들을 사상적으로 무장해제시키려고 하고 있기 때문"[47]이라고 비판했다. 이는 북한이 남한 사회에 막상 민주주의 체제가 들어서고 민주화세력이 집권하게 되더라도 자본주의 체제의 본질적인 반동성, 혹은 미국의 문제점에 치중하는 등 다른 방식으로 공세를 이어갈 것이라는 점을 보여준다. 또한 북한은 남한의 민주화운동 역시 '북한체제에 동조하는 것'으로 간주함으로써 북한체제를 합리화하고 체제의 우월성을 강조하려 시도하는 모습을 보이기도 했다.[48]

북한의 대남전략은 남한 사회 요인, 국제환경 요인, 북한 내부적 요인 등의 영향을 받아 조금씩 변화해 올 수밖에 없었다.[25] 특히 북한의 입장에서는 남한 사회가 민주화를 이루어 감에 따라 반독재 민주화를 강하게 외쳤던 기존의 공세적인 대남전략을 수정하고 남한 민주화세력, 나아가 남한 당국자들과 공조를 이루는 것이 필요했다. 사회주의권의 몰락, 체제경쟁에서 북한의 우위 상실 등 대내외적 위기에 대응해 나가는 과정에서 북한의 대남인식과 전략의 변화가 불가피했던 측면도 있지만, 남한 내 진보진영의 역량과 남한 정부와의 관계 변화 역시 북한의 대남인식과 전략에 중요한 영향을 미치는 요인이었다.

남한과 북한의 '민주주의'는
어떻게 다른가?

3장

남북한 간에 개념의 차이가 큰 '민주화', '민주주의' 등의 개념을 명확히 정리할 필요가 있다. 먼저 보편적인 사전적 개념을 살펴볼 때, '민주주의'란 최소 정의적 관점에서 보통선거권, 주기적인 선거, 정당 간의 경쟁을 통한 정부의 구성 등 민주적 경쟁의 규칙을 확립하는 절차적 최소 요건을 갖춘 정치체제를 의미한다.[49] 더 넓은 관점에서 볼 때는 토크빌(Tocqueville)의 분석처럼 단순한 정치체제가 아닌, 민주주의가 뿌리내린 사회의 상태를 뜻한다.[50] 그리고 '민주화'란 권위주의나 파시즘 등 비민주적 상태로부터 민주주의로 변화하는 동태적인 과정을 지칭하는데, 크게 네 가지로 분류할 수 있다.[51]

첫째, 정치적 민주주의다. 정치적 민주주의를 단순히 직선제 등 엘리트 간 공정 경쟁의 보장으로만 이해하는 슘페터(Joseph Schumpeter)류의 최소주의적 입장도 있다. 슘페터에 따르면 민주주의란 '정치적 결정에 도달하기 위해 인민들의 표를 얻기 위한 경쟁을 통해 결정권을 얻고자 하는 것을 협의 내용으로 하는 하나의 제도적 협정'이다.[52] 일반 국민들의 정치적 기본권이 훼손되더라도 보통의 선거권만 보장되고 엘리트 간 공정한 경쟁만 이루어지면 민주주의라고 볼 수 있다. 하지만 일반 국민들의 사상과 결사의 자유가 제약된다면 이는 정치적 민주주의라고 볼 수 없다. 정치적 선호의 형성, 표현과 기회의 평등, 사상과 결사의 자유 등 정치적 기본권이 보장되어야 한다.

둘째, 사회민주주의가 관심을 갖는 사회경제적 민주주의다. 이는 빈곤으로부터의 자유 등 인간으로서 살아가기 위해 최소한 보존되어야 할 권리의 문제다. 부의 분배가 지나치게 불평등할 경우 정치적 민주주의는 비민주주의로 전락한다.[53] 기예르모 오도넬(Guillermo O'Donnell) 역시 종속된 자본주의가 민주주의보다 관료적 권위주의를 초래한다고 지적한 바 있다.[54]

셋째, 마르크스주의 등 급진적인 좌파들이 관심을 갖는 민주주의인 생산자 민주주의다. 자본주의 사회에 가장 취약한 것이 바로 생산자 민주주의다. 이 같은 문제의식에서 보면 자본주의는 아무리 정치적 민주주의와 경제적 민주주의가 발달하더라도 기본적으로 반민주적인 정치체제로부터 벗어날 수 없다.[55] 그러나 일부 선진 자본주의 국가들의 경우 주요 의사결정에 노동자들을 직접 참여시키는 노동자 경영 참여를 통해 산업민주주의를 실시해 오기도 했다.[56] 이는 생산자 민주주의의 가장 초보적인 형태로 평가할 수 있다.

넷째, 일상성의 민주주의다. 민주주의는 단순히 국가나 자본 등 거대 권력의 문제가 아니라 모든 사회적 관계들에 내재되어 있다. 남성 중심적 가부장제에 저항하는 젠더 민주주의, 사회적 소수자에 대한 시민적 권리의 보장 등 민주주의 문제는 생활 곳곳에 존재한다.[57]

결론적으로 민주주의라는 개념은 이처럼 체계적으로 이해해 볼 때, 보다 다양한 층위에서 이해될 수 있다. 하지만 북한을 포함한 사회주의 정치체제들 역시 자신들이 민주주의라고 주장하고 있다는 사실을 통해서도 알 수 있듯이 두 체제에서 민주주의라는 개념은 동일하게 인식되고 있지 않다. 북한에서 민주주의의 사전적 개념은 다음과 같이 정의되고 있다.

> "근로인민대중의 의사를 집대성한 정치. 국가가 로동자, 농민을 비롯한 근로인민들의 의사에 따라 정책을 세우고 인민대중의 리익에 맞게 그것을 관철하여 근로인민대중에 참다운 자유와 권리, 행복한 생활을 실질적으로 보장하여 주는 것이다. 민주주의는 계급적 성격을 띤다. 참다운 민주주의는 오직 하나 사회주의적 민주주의다."[58]

위의 사전적 정의처럼 북한이 언급하는 민주주의는 '사회주의적 민주주의' 또는 '인민민주주의'를 일컫는다. 이는 현재 한국 사회에서 보편적으

북한 김씨 일가가 민주주의를 만난다면

로 통용되는 자유민주주의와는 별개의 개념이다.[59] 북한은 민주주의를 '부르주아 민주주의', '인민민주주의', '프롤레타리아 민주주의', '사회민주주의' 등으로 구분해서 다루고 있다. 이러한 개념 분류의 근저에는 민주주의 역시 계급지배의 한 형태이며, 순수한 민주주의란 존재하지 않고 계급적 민주주의만 존재한다는 인식이 깔려있다.[60]

　1980~1990년대 남한의 민주화시기를 다룬 이 글에서는 남한 사회의 민주주의 개념 중에서 첫 번째 의미인 '정치적 민주주의'를 위한 반독재투쟁을 중심으로 논의를 이어가고 있다. 즉 '민주화'란 일반 국민들의 사상과 결사의 자유, 정치적 선호의 형성 등 정치적 기본권을 보장하는 방향으로의 변화를 의미하는 것이다. 북한이 해당 시기 남한정세와 관련해 언급했던 '반파쇼민주화운동' 역시 독재정권에 대한 투쟁을 통한 정치적 민주주의를 의미한다. 민주화가 진행된 결과, 한국 시민사회의 성격은 크게 변화했다. 한국 시민사회는 조선시대에 유교적 시민사회, 일제 치하에서 저항적 시민사회, 군부 권위주의 시대에는 독재에 대한 저항을 이끌어내는 '동원적 시민사회'를 거쳐 민주화 달성 후에는 시민들의 요구를 제도권을 대표하는 이들에게 연결해주는 '제도적 시민사회'로 바뀌어갔다.[61]

　미국의 국제인권단체 프리덤 하우스(Freedom House)는 전 세계 국가들의 민주주의 수준을 점수로 집계해 발표하는데, 평가항목을 '국가가 광범위한 정치적 권리를 행사할 수 있는 정도'와 '국가에서 광범위한 시민들이 자유를 획득할 수 있는 정도' 등 두 가지 차원으로 구성한다.[62] 따라서 민주주의의 정치적 성취 측면을 강조하며 시민사회에 주목하는 미국 프리덤 하우스의 지표가 당시 남한의 민주주의를 어떻게 평가했는지도 주목할 만하다. 프리덤 하우스는 1970년대 중반 이래로 남한의 민주주의에 대해 부분적 자유를 의미하는 'PF' 점수를 매겼지만, 1988년에 처음으로 자유를 의미하는 'F'를 부여하며 어느 정도의 안정화 단계로 돌입한 것으로

평가했다.[63]

전 세계 국가들의 민주주의 상태를 복합적으로 측정하는 글로벌 지표인 V-Dem(Varieties of Democracy Project) 역시 1988년 한국 민주주의 수준이 급격히 높아졌다고 평가했다. V-Dem 통계에 따르면 한국 민주주의의 진정성은 1986년에 0.367에서 1988년 0.688로 급격하게 증가한 뒤, 2007년까지 0.871로 지속적으로 증가하다가 점진적으로 감소해 2014년에는 0.724로 집계되었다.[64] V-Dem 지표가 민주주의를 평가하는 항목은 민주주의의 진정성, 민주주의의 자유의 수준, 민주주의의 참여적 측면, 숙의민주주의적 성격, 민주주의의 깊이 등 5가지로 구성된다.[65]

물론 북한 사회에서 사용하는 '민주주의'의 개념은 남한에서의 개념과 차이가 분명하다. 북한이 남조선혁명을 통해 달성하려는 이상은 '인민민주주의'였으며 1949년 토지개혁에 관한 법령, 노동법령 등도 북한은 '민주개혁'이라고 불렀다.[66] 하지만 당시 남한 사회에 불어왔던 반독재민주화투쟁 등 민주화 움직임은 북한의 입장에서 남조선혁명을 통해 남한 사회에 궁극적으로 '인민민주주의'를 달성하기 위한 수단이었다. 남한의 변화를 설명할 때 북한이 언급한 '반파쇼민주화운동'에서의 '민주화'의 의미는 북한이 사회 내부에서 활용해 온 '사회주의적 민주주의' 개념과 차이가 있다.[67] 변화된 남한 사회에 대한 대응과 전략 마련을 위해 북한도 당시 남한 사회를 객관적으로 인식할 필요가 있었다. 탈냉전기였던 당시 체제경쟁력을 상실해가고 있었던 북한의 입장에서 남한 사회의 민주화라는 변화는 심각한 도전으로 인식되고 있었다.

'민주주의'와 함께 본격적인 논의에 앞서 짚고 넘어가야 할 필요가 있는 개념은 남한의 민주화로 인해 변화된 북한의 '전략', 이와 유사한 개념인 '전술', '정책' 등이다. '전략'이란 주체가 달성하려는 목표와 이익이 무엇이며 이를 위한 수단을 어떻게 마련하고 효율적으로 활용할 것인지 등 방법적인 문제를 모두 내포하고 있는 개념이다. 혁명단계 전 기간에 걸쳐 계획되고 실천해 나가는 투쟁이기 때문에 광범위하고 포괄적이며 목표를 달성하기 전까지는 쉽게 변하지 않는 불변성과 장기적인 성격이 특징이다.[68] 이 글에서는 1980~1990년대에 걸쳐 일어난 대남전략의 변화를 살펴보기 위해 민족해방 인민민주주의혁명론, 민족해방 민주주의혁명론, 자주적 민주정부론, 민족공조론 등 네 가지 대남전략에 주목하고 있다.

1970년 제5차 당 대회 때 처음 등장한 '민족해방 인민민주주의혁명' 전략은 남조선혁명에서 남한의 혁명세력이 주체가 되어야 한다는 지역혁명론이며[69] 미군 철수를 통한 민족해방, 미국에 예속된 남한 정부를 타도해 민주정권을 세운 뒤 사회주의 개혁을 실시하는 것을 의미한다. 이전의 다른 전략들에 비해 남한의 혁명역량을 상대적으로 중시한다는 점이 특징이다.[11] 2010년에는 여기서 '인민'이 공식적으로 삭제되고 '민족해방 민주주의혁명론'으로 당 규약이 개정됐다.[13] 북한이 대남혁명을 성공시키기 위해 더 광범위한 동조세력을 규합하려 남한 주민들이 거부감을 느끼는 '인민'이라는 용어를 의도적으로 뺀 것이라는 분석이 나왔다.[70]

1990년대에는 남한 민주화세력의 집권으로 북한의 기대감이 축적된 결과, 선거 등 합법적인 정치 공간을 활용한 방식까지 포함한 '자주적 민주정부론'으로 나아갔다. 남한의 진전된 민주화를 반영해 자주, 민주, 통일의 과업을 수행하기 위한 '민족민주전선'이 1990년대 이후 북한에 새롭게 등장했는데, 이는 반파쇼 민주화를 이미 달성한 남한 정권에 자주적 민주정부를 수립하는 '반독점민주화운동'을 포괄한 새로운 형태의 통일전선전략이다.[71] 북한은 대남혁명에 의해 달성된 '자주적 민주정부'를 통해 북한이 지향해왔던 '사회적 민주주의'와 다른 '진보적 민주주의'를 실현해야 한다고 주장했으며, 그 방도로 진보적 합법정당, 선거절차 등 다양한 정권수립 수단을 제시했다.[72]

남한의 민주화가 한 단계 도약해 여야 간 수평적 정권 교체로 김대중 정권이 집권한 1990년대 후반에는 '민족공조론'이 등장했다. 북한은 2000년 들어 민족공조를 주장하기 시작한 끝에 2001년 신년공동사설에서 처음 '민족공조'라는 용어를 사용했다.[73] 당시 공동사설에서 "민족자주의 원칙은 통일문제해결의 근본원칙"이라며 '동족과 공조'라는 표현을 처음 사용했고[74] 이것이 '민족공조론'으로 전개되었다. 2000년 남북정상회담 이후 북한의 대남전략이 기존의 민족통일전선에서 민족대단결론으로 전환됐고,[75] 이를 더욱 강화하는 '민족공조론'이 등장한 것이다.

한편, '전략'과 유사한 개념인 '전술'은 전략적인 목표를 달성하기 위해 취하는 원칙이나 행동요령 등을 의미하는데, '전략'의 하위 개념으로 규정할 수 있다. 변화하는 제반 상황에 따라 유동적으로 결정하는 투쟁노선, 표어노선 등 보다 세부적인 투쟁지침이기 때문에 전략보다 상대적으로 단기적이고 가변적인 성격이 강하다는 특징을 가지고 있다.[76] 그리고 '정책'은 '전략'이나 '전술'과 달리 특정 목표를 실현하기 위해 정부, 단체, 개인이 공식적으로 취하는 노선이나 방침 등을 의미한다는 면에서 정치적인 성격이 강하다. 그리고 앞서 언급한 '전략', '전술', '정책' 등은 모두 지도부의 변화된 '인식'에 기반을 두고 있다는 면에서 공통적이다.

본 연구에서 가장 주목해서 다루려는 부분은 바로 남한의 민주화로 인해 변화되는 북한 지도부의 '남한에 대한 인식'이다. 변화된 대남인식이 결국은 대남전략 및 전술, 나아가 정책의 변화에까지 영향을 미치는 것이라는 점에서 가장 근본적인 요소이기 때문이다. 인식의 변화가 전략 및 전술, 정책 변화로 드러나는 경우도 있지만, 단지 인식의 변화에만 그치는 경우 또한 많다는 점에서 가장 폭넓은 변화를 포착할 수 있는 부분이기도 하다. 대남인식과 함께 주목할 부분은 '대남전략'이다. 남한의 민주화라는 요인은 단기적인 사회현상이 아니라 수십 년간 지속적으로 강화돼 사회 전반의 변혁을 불러온 사회적 변화라는 점에서 이에 대한 북한의 대응방식도 단기적인 '전술'보다는 '전략'에 가깝다고 볼 수 있다.

2부

1980년대,
남한 중간층의
대남혁명역량 편입

5.18 광주민주화운동과
북한의 대남인식 및 전략

1장

1. 5.18 광주민주화운동 당시 남한정세

박정희 대통령이 서거한 1979년 10월 26일 직후 최규하 내각은 긴급조치를 해제하면서 개헌 논의를 할 수 있게 됐다. 당시 긴급조치로 활동이 막혀 있던 재야인사들의 상당수가 복권되었고, 유신체제가 끝나면 민주화가 이루어질 것이라는 기대가 국민들 사이에 가득했다. 이른바 '서울의 봄'이었다. 윤보선 등 시민사회 원로들은 최규하 대통령에게 유신헌법 폐지와 민주적 선거를 요구했다. 이 과정에서 여야는 계엄령 해제와 유신헌법 개정 논의를 진행하는 데 합의했다. 하지만 봄은 오래 가지 않았다.[1]

당시 전두환 보안사령관 겸 합동수사본부장은 11월 중순부터 군부를 장악할 계획을 세우고 1979년 12월 12일 밤 노태우, 정호용, 박희도, 장세동 등과 함께 정승화 육군참모총장을 체포하고 군권을 장악했다.[2] 신군부는 지역 계엄을 전국으로 확대해 군이 민간사회를 직접 통제하는 구조를 만들었다.[3] 그리고 이들에 맞서 전국 각지에서 민주화 일정 제시와 전두환의 퇴진 등을 요구하는 대규모 학생 시위가 발생했다. 공수부대원들의 강경 진압은 시민들이 학생 시위에 참여하게 된 직접적인 동기로 작용했다.[4] 5월 17일 이전에는 시민들의 반응이 비교적 냉담했지만 5월 18일부터 사태가 급속히 악화되기 시작했고, 계엄군과의 충돌이 격렬해지기 시작했다.[5]

하지만 신군부는 이에 아랑곳하지 않고 자신들이 세운 집권 시나리오에 따라 5월 초부터 정권을 장악하기 위한 절차에 들어갔다. 5월 17일 24시 비상계엄을 전국으로 확대했고 국회 해산, 비상기구 설치 등을 골자로 하는 시국수습 방안을 마련했다.[6] 5월 20일로 예정됐던 임시국회는 무산됐으며 국가보위비상대책위원회가 설치되었다. 이에 따라 모든 정치활동이 정지됐고, 김대중과 김종필을 비롯한 정치인과 재야인사들은 체포됐으며 김영삼은 연금되었다. 대학들에는 휴교령이 내려졌을 뿐 아니라 전국의 각 대학과 주요 도시에 공수 특전단을 비롯한 군부대가 투입됐다.

공수부대원들의 강경 진압에 분노한 시민들은 5월 19일부터 본격적으로 부대의 진압을 제지하기 시작했고, 시위 대열에 참여해 항쟁을 주도했다.[4] 특히 김대중이 연행되었다는 사실에 시민들은 즉각적으로 반응을 보였다.[7] 김대중은 유신체제가 시작되기 직전에 치러진 1971년 대선에서 신민당의 대통령 후보였는데, 호남 사람들에게는 단순한 야당 대통령 후보 이상의 상징적 인물이었기 때문이다.[8] 하지만 시민들의 수가 늘어날수록 계엄사령부는 계엄군을 증파해 시위를 강력하게 진압했다.[9] 결국 5월 17일 단행된 비상계엄 조치에 항거해 일어난 5.18 광주민주화운동이 무력으로 진압되며 서울의 봄은 막을 내렸다. 당시 광주에 파견돼 시민들에 대한 구타를 강요받은 공수부대원의 수기는 대학가에서 벌어진 참상을 생생하게 묘사하고 있다.

> "집합된 병력에게 다시 구타를 강력하게 하지 않는다고 더 강하게 무자비하게 구타를 하라고 하는 것입니다. 그리고 모 이병을 불러내더니 이 병사는 구타를 전혀 하지 않는다고 "엎드려" 하더니 자신이 휴대한 진압봉으로 엉덩이를 열 대 때리는 것입니다. … 머나먼 광주에서까지 자기 부하를 구타하는 중대장이 죽도록 미웠습니다. 시위대에 대한 증오심은 더 강하게 생각만 나는 것입니다."[10]

5.18 광주민주화운동을 진압하는 데 성공한 전두환 대통령은 집권 직후인 1980년 8월 27일 국회를 해산시키고 국가 보위 입법 회의를 발족했다. 새로운 정치체제를 구축하기 위해 법적 조치들을 마련하기 시작한 것이다. 당시 야당 정치인들을 정치활동 금지 대상자로 지정한 특별조치법, 집회 및 시위에 관한 법률, 중앙정보부법, 반공법을 흡수 통합한 국가

보안법 등의 법률들도 이때 제정되었다.[11] 이 중 특히 국가보안법은 저항세력에게 가장 막대한 타격을 줄 수 있는 강력한 처방이었다.

전두환 대통령은 계엄령 해제 시기 검토와 함께 1981년 1월 기자회견을 갖고 전향적인 대북 제의를 해야 한다며 안기부와 보안사를 실무적으로 포함시켜 준비를 지시했던 것으로 알려졌다.[12] 당시 전 대통령은 국정 연설을 통해 '남북한 당국 최고 책임자의 상호 방문'을 제의하고 '김일성 주석의 조건 없는 서울 방문'을 초청했다. 1985년 시작된 북한 한시해 수석대표와 6년여에 걸친 남북 비밀 회담의 시발점인 것이다. 당시 전두환 대통령은 최초의 통일방안인 '민족화합 민주통일방안'을 발표하기도 했다. 하지만 비슷한 시기에 제6차 당 대회를 통해 '고려민주연방공화국 창립방안'을 내놓은 북한은 서로 다른 사상과 제도를 인정하자고 주장하면서도 국가보안법 폐지, 주한미군 철수, 남한에서의 공산당 합법화 등 전제조건을 변함없이 요구하며 남한의 독재정권을 인정하지 않는 모습을 보였다.[13] 시간이 지날수록 남북 간 불신과 증오는 계속 커졌고, 이는 1983년 미얀마 아웅산 묘소 폭탄테러로까지 번지며 긴장감이 증폭됐다.

박정희 대통령 서거로 빚어진 권력의 공백기를 틈타 집권에 성공한 전두환 신군부 정권은 권력을 장악해가는 과정에서 지하혁명당들을 비롯한 기존의 정당들을 해체하고 신생 정당들을 결성하도록 했다. 안정적으로 정권을 유지하기 위해 체제에 순응적인 성격의 야당 설립을 추진한 것이다.[14] 하지만 이는 북한이 남한에 요구조건으로 내걸었던 '남한에서의 공산당 합법화'와 명백하게 배치되는 조치들이었다.

당시 해체된 거대 지하조직인 남조선민족해방전선(남민전) 역시 박정희 유신정권의 말기였던 1979년 10월에 발각됐던 지하 혁명조직이다. 남민전은 신식민지 상태를 극복하기 위해 반외세 혁명을 일으켜 '민족자주적이고 민주적인 연합정부'를 세워야 한다고 주장했는데, 혁명 시기가 성숙

되면 김일성에게 북한군의 지원을 요청하고 남한의 혁명세력과 북한군의 배합으로 투쟁을 강화해 사회주의 국가체제로 남북연합 정부를 수립하려 했던 것으로 알려졌다.[15] 당시 김일성의 남조선혁명노선을 따르는 대표적인 지하혁명당이었던 것이다.

이처럼 군부독재세력이 민주화세력을 삼엄하게 통제했던 1980년대 초중반에는 극소수의 시민단체들만이 투쟁적으로 활동하며 명맥을 이어 갔지만, 이 일부 단체들이 1980년대 후반 더욱 주도적으로 활동할 수 있도록 싹을 틔우는 시간이기도 했다. 북한은 독재세력 타도를 주장하면서도 일부 학생운동, 노동운동 세력들로부터 남한 사회를 내부로부터 변화시킬 수 있다는 가능성을 조금씩 발견하기 시작했다.

2. 대남인식 · 대응 : 독재세력 타도와 남조선 민주화 주장

북한 매체의 반응 : 반정부·반미시위 선동

남한의 민주화운동은 북한과 관계없이 시작되어 진행되고 있었지만, 북한은 남한의 민주화운동에 영향력을 행사하려 시도했다.[16] 남한체제를 미국의 식민지로 인식하며 남조선혁명론을 정당화해왔던 북한은 1980년대 남한의 민주화운동을 독재정권을 무너뜨리기 위한 공세 수단으로 적극적으로 활용했다. 4.19 혁명으로 분출된 남한 민중의 힘으로부터 남한 내부에서의 혁명 가능성을 일부 발견했던 북한은 서울의 봄에 이은 광주민주화운동에 다시 한번 주목하는 모습을 보였다. 북한은 당시 5.18 광주민주화운동을 "민주주의를 실현하기 위한 동방 인민들의 근대 역사에서 처

북한 김씨 일가가 민주주의를 만난다면

음 있는 가장 역사적 사변"[17]이라고 평가하며 조직적인 무장투쟁으로 전개됐다는 점을 강조했고, 미국책임론으로까지 나아갔다.

북한은 남한에서 발생했던 5.18 광주민주화운동이 "반미자주화운동을 남한 사회에 확산시키는 계기적 사건"이었다고 강조하며 반미투쟁을 촉구하는 데 5.18 담론을 적극 활용했다.[18] 실제로 북한 매체들은 남한 사회에서 벌어졌던 대중들의 투쟁을 반미 자주화, 반파쇼 민주화로 규정하고 있는데, 여기서 가장 우선되어야 할 투쟁의 방향을 반미자주화투쟁이라고 시종일관 강조했다. 북한에서는 5.18 광주민주화운동을 1997년 국가기념일로 지정해 '광주인민봉기'로 부르며 해마다 기념하고 있는데 반미투쟁으로만 북한 주민에게 선전하다 보니, 탈북자들도 북한에서 5.18 광주민주화운동을 반미투쟁으로만 잘못 알고 있다가 남한에 와서야 실제 성격을 알게 됐다고 고백하기도 했다.[19]

> "남조선 인민들의 진출이 반정부적 성격뿐 아니라 반미적 성격도 띠고 있는 것이 특징적이다. 남조선 사람들은 남조선이 민주화되며 **미국이 남조선으로부터 물러가고 그 누구도 외부로부터 나라의 통일을 방해받지 말 것을 요구**하고 있다. 미국은 미국의 울분에 의해 무너져 가고 있는 괴뢰정권을 어떠한 대가를 치르어서라도 남조선에 그냥 남겨두려고 시도하고 있다."[20]

북한은 남한 민주화운동 연구를 통해 '4.19 인민봉기' 이후부터 1987년까지 남조선에서 제기된 반미적 구호의 내용을 분석해 매 시기 제기된 구호 건수들 중 미군 철거를 요구한 내용이 1960년대에는 4%, 1970년대에는 1.6%를 차지했다면 1980~1987년에는 40% 이상을 차지했다는 결과를 내놓기도 했다.[21] 5.18을 계기로 남한 사회에 반미투쟁이 본격적으로 시작되었으며, 남조선 인민들의 투쟁도 반미자주화투쟁을 주축으로 하되 반파쇼 민주화와 조국통일을 위한 투쟁을 유기적으로 결합시켜야 한다고 주장했다.[22] 또한, 광주민주화항쟁 탄압에 대한 미국의 직접적인 조정과 적극적인 비호가 청년학생들과 인민들의 반미자주화투쟁을 폭발시킨 기본 동기가 됐으며, 이를 계기로 남한 사회의 반미자주화투쟁은 새로운 길로 들어서게 됐다고 평가했다.[23]

당시 『로동신문』 보도를 살펴보면 통상적으로 대남기사가 실리는 5면 뿐만이 아닌 1, 2면에까지 5.18 광주민주화운동 관련 기사를 집중적으로 게재하는 등 북한은 남한의 사태에 큰 관심을 보였다. 본 연구에서는 5.18이 발생한 날로부터 한 달 동안 매일 게재된 로동신문 기사 수를 집계하고 시위상황, 해외 반응, 북한 사회 반응 등의 기사 이슈별로 분류해 게재 빈도를 측정했다. 본 연구가 관련 기사 게재 빈도를 정리하며 분석대상 기간을 한 달로 설정한 것은 짧게는 일주일, 길게는 약 한 달간 보도가 가장 활발하게 이루어졌기 때문이다.

사건 발생 당일 이후 약 일주일간은 매일 20건에 가까운 기사가 실릴 정도로 보도가 활발하게 이루어졌다. 5월 18일에는 18건, 19일에는 15건의 기사가 보도된 데 이어 사건 발생 9일 뒤인 27일에도 여전히 16건의 기사가 보도되었다. 열흘간의 시위가 27일에 진압된 뒤 28일 이후로는 보도 건수가 한 자릿수로 떨어져 양적으로는 급격히 줄어드는 모습을 보였지만 그 뒤로도 비중 있는 보도가 꾸준히 이어졌다. 2주가 지난 6월 1일 자에는 통일혁명당 중앙위원회 명의로 격문을 발표하며 여전히 남한 주민들을 반파쇼민주화투쟁으로 선동하려는 모습을 보였고,[24] 한 달 가까이 지난 6월 14일 자 역시 3면 전면을 할애해 광주에서 일어났던 만행을 고발했다.[25] 그 결과 광주민주화운동이 발발한 날부터 한 달간 보도된 기사 건수는 308건에 달한 것으로 나타났다.

당시 『로동신문』에 게재된 남한 관련 기사를 이슈별로 분류해 살펴보

았을 때 시위상황에 대한 보도가 절반 가까이를 차지해 가장 비중이 높았
다. 시위가 진행된 열흘 간 북한 매체는 총을 든 광주 시민들이 시내를 질
주하는 장면과 남한 매체들의 보도 등 구체적인 시위상황을 연일 보도했
다. 5.18 광주민주화운동에 관한 해외 매체들의 보도에 관한 기사도 40%
가 넘는 비중을 차지하며 매우 높게 나타났다. 당시 북한은 남한 독재정권
의 민주화운동에 대한 무자비한 탄압을 비판하는 전 세계 여론을 취합해
보도하며 비판의 층위를 확대하려 시도했던 것으로 보인다. 북한 사회 내

표 2-1. 5.18 광주민주화운동 당시 『로동신문』 기사 집계(1980년 5월 18일~6월 17일)

날짜	기사 수	날짜	기사 수
5/18	18	6/3	10
5/19	15	6/4	12
5/20	12	6/5	9
5/21	8	6/6	8
5/22	15	6/7	8
5/23	14	6/8	13
5/24	13	6/9	3
5/25	17	6/10	–
5/26	14	6/11	7
5/27	16	6/12	10
5/28	10	6/13	8
5/29	6	6/14	9
5/30	10	6/15	6
5/31	13	6/16	10
6/1	5	6/17	7
6/2	2		
합계		308	

표 2-2. 5.18 광주민주화운동 당시 『로동신문』 기사 이슈별 분류(1980년 5월 18일~6월 17일)

이슈별 분류	기사 수(백분율)
시위상황	146(47.40%)
해외 반응	125(40.58%)
북한 사회 반응	17(5.52%)
사설·논평	14(4.55%)
기타	6(1.95%)
합계	308(100%)

부의 반응에 대한 기사 역시 비중은 상대적으로 낮았지만 17건이 보도되었다.

사설·논평이 처음으로 등장한 것은 시위가 진압된 지 이틀 뒤인 5월 29일이었다. 로동신문은 논설을 통해 "광주인민봉기는 자유와 민주주의를 위한 피압박인민들의 투쟁에서 특출한 의의를 가지는 역사적 사변"이라고 정의했다.[26] 이와 함께 "민주주의를 실현하기 위한 동방 인민들의 근대 역사에서 처음 있는 가장 역사적 사변"이라며 5.18 광주민주화운동에 큰 의미를 부여하고 추켜세우기도 했다. 로동신문뿐 아니라 조선중앙TV 등의 방송 매체들 역시 계엄군이 광주 시민을 마구 죽이는 장면을 조총련을 통해 확보해 매일 보도했던 것으로 전해진다.[27]

로동신문은 27일 시위가 진압된 이후에도 계속 당시의 잔인했던 참상에 관한 보도를 멈추지 않았다.[28] 특히 북한은 지속적으로 '인민봉기' 또는 '반파쇼민주화투쟁'의 성격을 강조하는 글들을 발표했다. 여기에서 북한의 남조선혁명에 대한 강한 집착과 박정희, 전두환 군사독재정권에 대한 비난이 드러나는데, 이는 북한이 당시 남한에서 벌어진 민주화운동을 남조선혁명 전략의 연장선상에서 활용하려 했다는 사실을 보여준다.

"남조선 인민들은 이 해 유신파쑈통치를 반대하고 사회를 민주화하기 위한 애국투쟁에 용감히 떨쳐나섬으로써 민주와 통일의 원쑤들에게 커다란 타격을 주었으며 **반파쑈민주화운동을 새로운 단계로 발전시켰다.** … 이미 전 해의 용감한 투쟁으로 전 독재자에게 비참한 종말을 안긴 **남조선 인민들은 이 해 년초부터 투쟁의 새로운 돌파구를 열기 위하여 광범한 애국적 민주세력의 조직적 결속을 다그치고 새로운 투쟁조직을 내오거나 정비하면서 더 많은 민주력량을 대오에 묶어세웠다.**"[29]

6월 1일 자 로동신문 역시 "모든 애국적인 민중은 반파쇼 구국의 기치 아래 민주화의 아침을 앞당겨 오기 위해 총분기하라"는 격문을 통일혁명당 중앙위원회 명의로 발표하며 시민들을 선동하는 모습을 보였다.[24] 로동신문은 노동대중은 물론 지성인, 언론인, 장병과 경찰들이 모두 함께 반파쇼 구국투쟁에 참여해 줄 것을 호소하며 선동했다. 이처럼 북한은 남한 각계각층의 광범한 군중이 전례 없는 규모로 투쟁에 참여하고 있다며 남조선 인민들의 투쟁이 새로운 발전단계에 들어섰다고 평가했다.[30]

한편 당시 북한은 통일혁명당 대변인 성명 발표를 통해 광주에서 발발한 소요사태가 자신들과는 아무런 관련이 없다고 강조했다. 로동신문은 5.18 광주민주화운동이 "사회주의 운동이 아니라 민주화를 위한 투쟁"이라며 "남조선 내부의 위기를 우리와 결부시켜 건드리는 것은 결코 허용하지 않을 것"이라는 당시 성명 내용을 보도했다.[17] 광주에서 학생들의 운동에 북한 공산분자들이 침투했다는 남한 내부의 루머가 퍼져나가자 이에 적극적으로 반응하기 위한 조치인 것으로 해석된다. 5월 24일 전두환은 "광주 사태를 무장폭동으로 유도하고 반정부 선전 및 선동을 위해 남파된 북괴 간첩 이창룡을 검거했다"고 발표했다.[31] 이들의 실제 임무가 광주에서의 무장폭동 유도인지는 확인되지 않았지만 당시 남한에서는 광주의 진실에 대해 누설하면 모두 유언비어 유포로 체포되고 신군부의 발표만을 신

뢰해야 하는 상황이었다.[32]

북한은 남한 정부가 북한으로부터의 위협 때문에 폭압조치를 취하는 것이라는 논리에 강하게 반발하며 남한 정권이 민주화 요구를 억누르기 위해 '반공'의 논리를 사용하지 말 것을 경고했다.

> "그들이 흑백을 전도하여 남조선 인민들의 대중적인 민주화투쟁이 마치 공산주의자들 때문에 일어나고 비상계엄령도 북의 위협 때문에 선포되었다는 것을 보여주려는 것이다. 오늘의 남조선사태는 그 어떤 공산주의자나 용공분자에 의하여서가 아니라 바로 군사파쑈분자들 자신에 의해 빚어진 것이다. **군사파쑈분자들은 학생들의 진출에 공산분자들이 침투하였다는 것을 날조하기 위하여 이 투쟁에 사회주의라는 감투를 씌우고 있으나 그것이 사회주의가 아니라 민주화를 위한 투쟁이라는 것은 더 말할 필요도 없다.**"[17]

5.18 광주민주화운동에 대한 김일성의 첫 공식적인 언급은 1980년 10월 개최된 조선로동당 제6차 대회 총화보고에서 이뤄졌다. 당시 김일성은 "광주인민들의 영웅적 봉기는 남조선의 파쑈통치 지반을 크게 뒤흔들어 놓았으며 미제와 그 앞잡이 군사파쑈분자들을 불안과 공포에 떨게 하였습니다"라고 평가했다.[33] 이러한 보도는 1990년대 중반까지도 이어져 매년 5월 18일에는 로동신문 사설을 통해 5.18 광주민주화운동을 꾸준히 언급하는 모습을 볼 수 있다.

기사에서 사용되는 단어의 비중이 변화하는 양상을 통해 북한 사회에서 5.18 광주민주화운동이 갖는 정치적 의미의 변화를 살펴볼 수 있다. 시위 발생 직후인 1980년대 초반에는 '반파쇼민주화투쟁', '반미·반파쇼투쟁'이라는 관점에서 함께 언급하며 남한 정권의 정통성을 부정하고 비민주성을 비판하기 위한 수단으로 활용했다. 민주화운동이 종료된 직후 다양한 논설과 해설보도가 본격적으로 시작되는데, 1주년 사설에서도 "영웅적 광주인민봉기는 반파쇼민주화투쟁사에 길이 빛날 것이다"라는 표현을 사용했다.[34]

하지만 1980년대 후반부터 진행된 민주화 정착으로 남한 사회가 상대적으로 안정을 찾아감에 따라 북한 사회에서 5.18 광주민주화운동은 '반파쇼민주화투쟁'의 상징에서 '반미투쟁'의 상징으로 의미가 변화되어 갔다.[35] 특히 1990년대 중반을 기점으로 북한 언론은 반외세, 반미, 자주통일이라는 관점을 부각시키며 5.18 광주민주화운동의 의미를 재구성하기 시작했다. 1980년대 초중반에는 '반파쇼민주화운동'이라고 추켜세우던 5.18에 대해 1987년 6.10 민주항쟁을 거쳐 김대중 정권으로 들어설수록 '반파쇼', '민주화'라는 표현이 점차 빠지게 됐고 '인민봉기'라는 면만이 강조되기 시작했다.[36]

> "주체69(1980)년 5월 광주인민봉기를 계기로 남조선 청년학생들과 인민들은 미제를 침략자, 략탈자, 살인자로 락인하고 반미투쟁에 힘차게 떨쳐나섰다. 남조선 청년학생들은 부산과 대구, 서울과 광주에서 미국문화원에 대한 방화, 폭파, 점거투쟁을 단행하였다. **그들은 반미자주화투쟁을 점차 미제침략군과 핵무기 철수, 비핵군축시련 등 높은 요구를 제기하면서 그 실현을 위해 보다 광범한 대중투쟁을 힘 있게 벌렸다.**"[37]

북한에서 5.18 광주민주화운동을 연구했던 전문가 한영읍 역시 5.18 발생 10년 뒤에 월간지에 올린 기고문에서 당시 민주화운동 주동자들의 용어인 '반제'가 민족해방운동적인 성격을 띠고 있다고 설명했다. 그는 "반파쇼민주화투쟁은 보다 높은 단계의 투쟁인 반미민족해방투쟁으로 확고히 전환되게 되었다"라며 "남조선 인민들의 투쟁은 본질에 있어서 남조선에 대한 미제의 식민지 지배를 끝내고 민족의 자주권을 완전히 회복하기 위한 반미민족해방운동이다"[38]라고 설명했다.

　한편 남한에 민주주의가 공고하게 자리 잡은 2010년대에는 5.18 관련 보도가 확연하게 줄어든 모습을 보였다. 2011년 김정은 정권에 들어서서는 5.18 광주민주화운동이 '광주대학살', '광주학살' 등으로 정의되며 군부에 의한 민간인 대학살 측면이 강조되기도 했지만, 2019년 로동신문에 보도된 5.18 광주민주화운동 관련 기사는 26건, 2020년에는 6건뿐, 2021년에는 단 한 건도 없다.[36] 북한 대남선전매체인 오늘의 전선, 우리민족끼리, 메아리 등은 "광주인민봉기가 반파쇼민주화운동 투쟁사에서 가장 빛나는 역사적 사변"이라는 보도를 계속 이어가고 있지만,[39] 북한 주민들을 대상으로 한 대내용 매체인 로동신문에서는 보도가 사라진 것이다.

　1980년대 후반부터 남한 사회에 절차적 민주화가 정착되기 시작하고 안정을 찾아감에 따라, 북한은 5.18 광주민주화운동에 대한 보도를 자제했을 뿐 아니라 5.18 광주민주화운동의 의미를 '반파쇼민주화투쟁'의 상징에서 '반미투쟁'의 상징에 국한되도록 변화시켜 나갔다.[40] 남한의 경제력이 급격히 상승하고 민주화 진전으로 인해 시민들의 통일에 대한 관심이 줄어들면서 북한의 선전·선동에 무관심해졌고, 남한 독재정권을 비판하던 북한의 주장이 먹혀들 여지도 점차 줄어들었다는 점이 북한의 5.18 광주민주화운동 활용 방식이 변화하는 데 큰 영향을 미쳤다.

　북한은 과거 남한의 독재정권을 비판하고 정통성을 문제삼기 위한 수단으로 5.18 광주민주화운동을 활용했다. 하지만 남한이 확실하게 민주화를 이룬 현시점에서 당시 민주화운동이 북한 주민들에게 알려지면 오히려 독재정권에 항거해 민주화를 이루고자 했던 한국 시민들의 희생정신이 전파돼 세습 정권에 위협이 될 수 있다고 판단한 것으로 보인다.[36] 하지만 1980년대 당시에는 북한 당국이 5.18 담론의 확산을 통해 남한 정권의 정통성을 부정함으로써 북한 정권의 정당성을 확보하고 국가정체성을 강화하는 계기로 적극 활용했다는 점이 명백해 보인다.

또한 당시 5.18 광주민주화운동 관련 보도를 살펴보면 "민주와 통일에 대한 광주인민봉기자들의 열망은 수령 김일성을 통일조국에 모시고 그 따사로운 품속에 안기려는 숭고한 열망으로 굽이쳤다"[41]고 주장하는 등 5.18의 정신을 김일성에 대한 충성심으로 연결 지으려 시도하는 모습이 보이기도 했다. 1980년대 남한에 주체사상이 들어서면서 김일성이 인민대중의 자주적 요구를 실현하기 위한 지도자상으로 확고히 뿌리내리기 시작했다는 주장[42] 역시 이와 동일한 맥락으로 해석할 수 있다. 이처럼 북한이 5.18 광주민주화운동을 북한 정권의 정당성을 확보하고 국가정체성을 강화하는 계기로 활용하는 과정에서 주체사상에 대한 선전과 김일성 우상화가 결합해 5.18의 의미를 왜곡시키는 결과를 초래하기도 했지만, 실제로 5월 18일부터 27일까지 전개된 광주항쟁의 이데올로기는 반공주의를 전제로 한 자유민주주의였다.[43]

북한 당국의 대응 : 대화 중단·하층 통일전선 강화

대화 중단

북한은 5.18 광주민주화운동이 발생하기 직전인 1980년 1월 남한에 총리 접촉을 제의하는 편지를 전달했고, 당시 최규하 대통령도 긍정적인 반응을 보였다. 남한 신현확 총리도 남북총리회담을 위한 실무대표 접촉을 가질 것을 북측에 제의하기도 했다. 그 결과 2월 6일부터 성사된 남북총리회담을 위한 실무대표들의 접촉은 8월 20일까지 자유의 집과 판문점 등에서 진행됐다. 하지만 이는 북한이 일방적으로 무기한 연기를 선언해 입장 차이를 좁히지 못한 채 중단되었다.[44] 당시 북한이 내세웠던 이유는 5월 18일부터 시작된 광주 시민들의 반정부투쟁과 계엄군의 진압 등 남한의 정세였다.

"8월 20일 우리 측 실무대표들은 판문점 우리 측 지역에서 제10차 실무
대표 접촉문제와 관련한 우리 측의 립장을 남측에 통보하고 최근 남조
선에 조성된 극히 비정상적인 사태가 정상화될 때까지 10차 접촉을 당
분간 연기할 것을 제기하였다.
9월 24일 북과 남의 총리 접촉을 위한 우리 실무대표단은 남조선군사불
한당들의 파쑈와 분렬, 대결 책동으로 말미암아 실무대표 접촉을 계속
할 수 없는 사태가 조성되고 있는 것과 관련하여 성명을 발표하였다. **민
족의 영구분렬을 추구하고 혈육들을 야만적으로 학살하는 인간 백정들
을 대화 상대방으로 간주할 의사가 없으며 남조선에서 모든 것이 정상
화될 때까지 당분간 접촉마당에 나가지 않을 것이라는 립장**을 천명하였
다." [45]

비슷한 시기 발생했던 1983년 아웅산 테러 사건 역시 북한이 대화
상대방인 전두환 대통령을 거부하고 있음을 보여준다. 북한이 제시했던
대화 재개 조건은 시종일관 '현 남조선 정부의 퇴진'[46]이었기 때문이다. 북
한이 아웅산 사건을 일으킨 것 역시 전두환 정권의 비민주적인 설립 배경
으로 인해 대화의 상대를 바꾸려고 시도한 면이 있고, 1980년대 동북아
정세와 남한의 급격한 경제성장이 북한의 도발을 자극한 측면이 있다.[47]
북한은 군이 동원되어서야 진압될 수 있었던 광주에서의 대규모 항쟁을
남한 정권의 전복 가능성까지 보여준 것으로 평가했지만, 남한에 직접 군
사적 공격을 가할 수는 없었다. 북한은 당시 아웅산 폭탄 테러 이전에도
필리핀, 캐나다, 가봉 등에서 이미 세 차례나 전두환 암살을 기도했다.[48]
북한은 아웅산 사건 하루 전날인 10월 8일에는 중국을 통해 3자 회
담을 제안했고, 사건 발생 직후인 1984년 1월에는 미국·한국과 3자 회담
개최, 대미 평화협정 체결, 남북한 간 불가침선언 채택 등을 제의했는데 이

북한 김씨 일가가 민주주의를 만난다면

런 이중적이고 모순적인 북한의 모습이 전두환 정권을 배제하려는 입장을 드러내고 있다. 아웅산 사건이 발생하기 전에 북한은 박정희 대통령 사후 남한과의 대화를 제안했지만 전두환 정권이 성립되자 이를 취소했으며, 이후에도 전두환 정권의 지속적인 대화 제의를 모두 거절했다. 가장 큰 이유는 북한이 '동포를 살육한 피투성이 정권'이라고 표현했던 5.18 광주민주화운동과 비정상적인 제5공화국 성립과정이었다. 이처럼 북한은 동포에게 총부리를 돌리고 동포의 희생 위에 성립된 전두환 정권을 인정할 수 없고, 현 정권과는 대화할 수 없다는 자세를 기본적으로 견지했다.[49]

『조선중앙년감 1981』 역시 전두환 정권의 성립과정과 5.18 광주민주화운동 등에 대해 17면에 걸쳐 격렬하게 비방했다. 대표적인 주장은 전두환 정권이 미국의 배후조종으로 탄생했고, 박정희 정권 때보다 인민들에 대한 탄압이 더 심해졌으며, 광주인민들에 대해 살육에 가까운 인간 백정의 모습을 보였다는 것이다.[50] 이처럼 북한 정권이 1980년대 들어서 개혁·개방을 지향하고 동북아의 데탕트 분위기에 화해의 제스처를 취하는 듯한 모습을 보였을지라도 5.18 광주민주화운동을 지속적으로 문제삼으며 전두환 정권과의 직접적인 대화나 협력은 피하는 모습을 보였다.

반미운동 고조

북한 지도부는 5.18 광주민주화운동의 발발로 반미 반체제 전선 구축에 대한 기대감을 가지게 되었고 '반파쇼민주화운동'으로서 5.18 광주민주화운동을 '반미자주화운동'으로 전환하려 시도하는 모습을 보였다.[35] 김일성은 5.18 광주민주화운동에 대해 공식적으로 처음 언급한 제6차 당 대회에서도 남한의 민주화 움직임을 탄압하고 독재정권을 부추긴 것은 결국 미국이라며 미국의 만행을 비난하는 데 주력하는 모습을 보였다.

"광주의 애국적 봉기자들에 대한 야수적 살육만행을 지휘한 것도 미국이며 **남조선의 민주인사들을 가혹하게 탄압하도록 부추긴 것도 미국이며 남조선에서 군사파쑈독재정권을 조작하고 인간 백정을 그 우두머리에 앉힌 조종자도 바로 미국**입니다. … 미국은 남조선에서 민주주의와 인권을 교살하는 장본인이며 남조선 인민들에 대한 학살만행의 배후조종자입니다." [51]

이처럼 북한은 남한 당국이 5.18 광주민주화운동을 탄압한 건 미국의 배후조종이 있었기 때문에 가능했다고 결론 내렸다.[52] 북한의 입장에서 5.18 광주민주화운동이 4.19 혁명 등 다른 남한의 민주화운동과 차별화되는 점은 이처럼 반독재민주화투쟁이 반미투쟁과 결합하기 시작했다는 점이다.[22] 따라서 남한 내부에서 반미의식을 고조시키고 남한 정권의 정통성을 부정하기 위해 5.18 광주민주화운동을 적극 활용하려 했던 북한은 당시 남한 법체계에 대한 연구를 진행하며 이를 대남혁명 전략과 연계시키는 모습을 보였다.

북한은 전두환 정권의 1980년 헌법에 대해서는 "개악된 헌법의 반동적 본질은 우선 전두환 역적의 일일군사파쑈독재와 장기 집권을 합법화하였다는 데 있다. 또한 남조선 인민들의 초보적인 민주주의적 자유와 권리마저 무참하게 짓밟고 있는 데서 드러나고 있다"고 비판했다.[53] 또한, 남한의 권력구조를 '괴뢰통치기구'로 규정하면서 '미제의 신식민주의 정책을 충실히 집행하는 도구'로 정의하기도 했다.[54]

한편 북한 당국자들은 남한 사회뿐만 아니라 북한 사회 내부에서도 반미의식을 고조시키고 남한 독재정권의 정통성을 부정하려 시도했다. 탈북자들의 증언에 따르면 북한은 매년 5월 18일 최고 간부들까지 동원되어 5.18 추모행사를 개최하는데, 거리마다 포스터를 걸어놓고 군중시위를 벌이는가 하면 라디오 방송과 TV는 5월 18일부터 26일까지 일주일간 벌어

북한 김씨 일가가 민주주의를 만난다면

겼던 투쟁 상황과 계엄군의 진압작전을 소개하며 주민들에게 "5.18 광주 폭동은 남조선 인민들이 반미 자주화를 위해 싸운 항쟁"이라고 선전했던 것으로 알려졌다.[55] 이처럼 북한은 5.18 광주민주화운동을 반미운동에 활용하기 위해 전 국가적 역량을 동원해 남한은 물론 북한 인민들에게까지 광범위한 설득에 나섰다.

하층 통일전선 강화

1980년대 북한의 대남 접촉방식은 기본적으로 하층 통일전선에 기반을 두고 있었으며 남한 당국에 대해서는 비판적인 태도를 유지했다.[56] 5.18 광주민주화운동을 계기로 남한 내에서 반독재, 반미운동이 전개되자 북한은 통일전선 구축의 기회로 이를 활용하려 시도했다. 1980년대 남한 사회에서 반정부, 반미투쟁이 심화되자 북한은 1985년 '통혁당'을 '한국민족민주전선(한민전)'으로 개칭하고 반정부, 반체제세력과의 통일전선을 구축해 남조선혁명역량을 강화하려 시도했다.[18]

당시 하층 통일전선을 구축하기 위해 북한이 했던 몇 가지 제안 중 하나가 1981년 납북 인사들로 구성된 재북평화통일촉진위원회가 〈남조선 각 당·각 파·각계 인사들과 해외동포 인사들에게 보내는 편지〉를 채택했던 것이다. 이 편지는 5.18 광주민주화운동 이후 고조된 남한 내부 혁명정세에 맞춰 당시 제6차 당 대회에서 제시했던 고려민주연방공화국 통일방안을 설득하려는 의도 또한 담고 있다.

> "미국에 대한 충심과 환상이 광주의 참변을 가져오고 전두환팟쇼 독재
> 정치를 낳았으며 민족의 분렬을 오늘까지 지속시키고 있다. … 남조선
> 의 각 파, 각 당, 각계 인사들이 강력한 반전두환전선을 형성하여 현 군
> 사파쇼정권을 청산하고 민주, 인권을 옹호하며 평화통일을 지향하는 민
> 주적인 정권을 수립하기 위하여 한결같이 떨쳐나설 것을 열렬히 호소한

다. 남조선의 민족주의자들과 공화국 북반부의 공산주의자들이 얼마든지 합작단결할 수 있다." [57]

같은 해 8월에는 조국통일민주주의전선 중앙위원회가 연합성명을 채택해 민족대통일전선 형성을 제안하며 "전두환 파쑈도당을 제외하고 조국통일을 지향하는 북과 남의 정당, 단체 대표들과 해외동포 대표들로 구성되는 민족통일촉진대회를 소집할 것"을 제기했다. 북한은 남한에서 전두환 대통령이 정권을 잡고 있는 상황에서 조국통일을 앞당기기 위해서는 이 대회를 통해서만 성과를 거둘 수 있다고 강조했다. 당시에도 북한은 전두환 정부를 대화 상대로 인정하지 않았는데, 당국 이외에는 모두를 만날 용의가 있다는 것이다. 하층 통일전선 구축을 강화하는 대신 남한 정부의 대화 제안은 거부하는 이러한 전략은 당국과의 대화에 응할 경우 남한 정권의 정당성과 안정성 확보에 도움을 준다는 판단에 따른 것이었던 것으로 보인다. [58]

뒤이어 조선사회주의로동청년동맹이 호소문을 통해 내놓은 '광주인민봉기'에 대한 평가도 눈길을 끈다. 호소문은 애국적 민주정권을 세울 때까지 공동투쟁을 멈추지 말 것을 강조하며 "전두환 매국도당을 반대하여 통일을 지향하는 북과 남, 해외의 광범한 청소년 대표들이 참가하는 통일촉진청년회의를 가질 것"[59]을 제의하였다. 역시 하층 통일전선의 핵심인 청년들을 결집시켜 군사정권을 압박하기 위한 전술로 볼 수 있다.

이처럼 북한은 5.18 광주민주화운동 이후 남한의 정세를 '최대의 혁명고조기'로 평가하고 통일전선 구축에 모든 역량을 집중시켜 통일에 유리한 국면을 전개하기 위해 노력했다. [60] 북한은 대남통일공작을 펼칠 때 상층 통일전선과 하층 통일전선 모두를 중시했는데 남한의 각계 인사들과 민족통일촉진대회 소집을 제의한 것은 진보적 상층을 겨냥한 상층 통일전

북한 김씨 일가가 민주주의를 만난다면

선이고, 청년들을 대상으로 통일촉진청년회의를 제의한 것은 진보적 하층과의 연대를 시도한 하층 통일전선으로 볼 수 있다.

북한은 사회주의 통일전선의 전형적 방식인 기층민중 중심의 하층 통일전선을 우선시하거나 남한 당국을 중요시하는 상층 통일전선을 우선시했는데, 남북관계가 발전할수록 후자의 중요성을 강조하는 모습을 보여왔다.[61] 하지만 경색된 남북관계에 아직 절차적 민주화조차 제대로 정착되지 못한 남한의 정치적 환경에서 민주화세력들은 집권 기반을 마련하지 못했기 때문에 상층 통일전선은 거의 형성되지 못했고 청년, 노동자 등 하층 통일전선에 집중해 공세를 펼쳤던 것으로 보인다.

고려민주연방공화국 창립방안 제의

북한의 지도부는 1960년 4.19 혁명을 계기로 남조선의 혁명역량 강화 필요성을 느꼈던 것처럼 1980년 5.18 광주민주화운동을 계기로 대남사업을 강화해야 할 필요성을 느끼게 됐다. 북한 지도부는 민주화운동이 다시 고조돼 군사독재를 종식시킬 것을 기대하면서 같은 해 10월 개최된 제6차 조선로동당 대회에서 김일성은 과도적 성격이 아닌 완전한 형태의 '고려민주연방공화국 창립방안'을 제시했다. '민주주의'를 지향하는 남과 북의 공통된 정치이념을 반영한다는 의미에서 붙여진 이름이다.[62] 민족통일정부 아래서 남한과 북한이 각각 지역자치제를 실시한다는 것으로, 연방제를 과도적인 것으로 간주했던 종래의 생각에서 전환한 것이었다.[63]

남북이 각각 다른 체제를 유지한 채 군사를 통합하고 외교관도 연방국가가 갖는 형태로 통일을 한다는 것이 핵심적인 내용이다.[64] '남조선혁명' 등 사회주의적 용어의 사용은 현저하게 줄어들었고 '민족대단결', '민족대통일전선' 등 민족주의적 용어들의 빈도가 증가하는 모습을 보였다. 1980년대 들어 북한은 마르크스주의적 민족 개념을 비판하면서 혈통과 언어를 중시하는 북한식 민족 개념을 정당화했는데, 이는 민족 개념을 통일문제와 한반도 문제로까지 확장시킨 것으로 1980년 제6차 당 대회 때 제안된 '고려민주연방공화국 창립방안'과도 연관성이 크다.[65] 이러한 변화는 자본주의 민족, 사회주의 민족 등으로 구분한 동독의 민족구분론을 비판하는 것인데 계급보다 민족이 우선이라는 논리와도 연결된다.[66]

> "우리 당은 북과 남이 서로 상대방에게 존재하는 사상과 제도를 그대로 인정하고 용납하는 기초 우에서 북과 남이 동등하게 참가하는 민족통일정부를 내오고 그 밑에서 북과 남이 같은 권한과 의무를 지니고 각각 지역자치제를 실시하는 련방공화국을 창립하여 조국을 통일할 것을 주장합니다. … **민족통일전선을 형성하여 고려민주련방공화국을 창설하기 위하여서는 남조선에서 군사파쑈통치가 청산되고 사회의 민주화가 실현되여야 합니다.**" [67]

앞선 다른 통일방안들이 남북한의 두 정부에 강조점을 두었던 반면, 고려민주연방제 통일방안은 남북한의 두 정부를 지역자치정부로 설정하며 연방정부에 강조점을 두고 있다. 또한 남과 북에 같은 수의 대표들과 적절한 수의 해외동포들로 '최고민족위원회'를 구성하고 상임기구로 '연방상설위원회'를 조직해 남북한 모두는 물론 해외동포까지 포함해 전 민족적인 참여를 보장하도록 규정하고 있다. 무엇보다도 남북한체제의 현격한 차이를 인정하면서 연방제를 '완성된 통일국가의 형태'로 제시하는 방안이라는 점이 다른 통일방안들과 가장 차별화되는 특징이라고 볼 수 있다.

하지만 북한이 고려민주연방공화국 창립방안을 제시한 것은 진정성이 담긴 제안이라기보다 남한 내 반정부세력의 남조선혁명을 이루기 위한 투쟁에 힘을 보태기 위한 제안으로 볼 수 있다. 기존 남조선혁명론의 목표를 포기한 것이 아니라 이 방안 자체가 남조선혁명론을 원활하게 추진하

북한 김씨 일가가 민주주의를 만난다면

기 위한 한 가지 수단으로 볼 수 있다. 우선 이전의 다른 통일방안들과 마찬가지로 자주적 평화통일을 위한 선결조건으로 남한의 반공법, 국가보안법 등의 폐지, 모든 정당 사회단체들의 합법화, 민주인사 석방, 군사파쇼정권의 민주주의적 정권으로의 교체 등을 주장하고 있으며, 이와 함께 긴장상태의 완화와 전쟁위험의 제거를 명분으로 삼아 정전협정을 평화협정으로 바꾸기 위한 미국과의 협상 등도 조건으로 제시하고 있다.[68]

또한, 정당과 사회단체 등의 광범위한 참여를 제안하면서도 남한 정권의 참여에 있어서는 '정권 내부의 파쇼세력 및 반공세력을 배제한다'는 전제조건을 걸었다.[69] 북한이 전두환 정권이 아닌 새로운 민주정권만을 대화 상대로 인정하겠다는 점을 다시 한번 강조한 것이다. 북한은 이처럼 통일방안을 통해 남한 사회의 민주화를 강조함으로써 민주화세력과의 연계를 모색하고 정권에 대한 저항심을 고취하는 한편, 통일에 대한 기대감을 불러일으키는 선동 효과를 기대한 것으로 풀이된다. 북한이 당시 고려민주연방공화국 창립방안 실현을 위한 제안을 담은 편지를 남한 민주화 인사들과 해외동포들에게 별도로 전달한 점을 통해서도 알 수 있다.

"고려민주련방공화국 창립방안을 실현하기 위한 중대한 제안을 담은 편지는 5차에 걸쳐 남조선 정치인들과 각계 인사들 그리고 감옥에 갇혀 있는 민주인사들과 각계각층 인민들 1천 366명에게 발송되였으며 … 편지 발송과 관련하여 조국통일민주주의전선 중앙위원회 대변인은 지난 시기 대화와 접촉을 제의하여 남조선의 각계 인사들에게 편지를 보낼 때마다 **남조선 당국자들이 중도에서 편지를 압수하여 본인들에게 전달되지 못하게 방해한 사실에 류의하여 이번에는 부득이 편지를 보내는 대상들을 신문, 방송, 통신으로 내외에 공개**하는 조치를 취하게 되였다고 지적하였다."[70]

또한 북한의 정치사전에서 연방의 구성요건으로 강력한 연방헌법, 연방최고주권기관, 연방최고집행기관의 설치를 전제로 하고 있는 반면에, 고려민주연방공화국 창립방안은 연방헌법에 대한 언급을 회피하고 있다.[71] 이는 연방제 형태로 합작통일이 이뤄진다고 하더라도 북한 당국이 이를 지속시키지 않고 신속하게 조선로동당 주도의 강력한 중앙집권적 단일 정부형태로 변화시킬 의도를 가졌음을 시사한다.

북한이 당시 전두환 정부를 비판하고 전복을 선동한 것은 고려민주연방공화국 창립방안을 추진하더라도 그 대상인 남측 지역 정부가 최소한의 민주주의적 질서에 입각한 것이어야 한다는 점을 강조하고 남한 민중을 유혈적으로 진압하고 있는 미국의 앞잡이 전두환 정부와는 연방제를 논의할 수 없다는 의지의 표명이었다.[72] 실제로 북한은 당시 남북총리회담을 위한 실무대표 접촉도 일방적으로 중단시키고 재북평화통일촉진협의회나 조국통일민주주의전선 등을 통해 반전두환 전선을 구축하자고 제안하는 등 통일전선을 구축하고 남한 내에 저항의식을 불러일으키려 시도했다.[73]

당시 북한은 이처럼 고려민주연방공화국 창립방안을 동원해 남한정세를 4.19 이후 최대 혁명고조기로 보고 정통성에 결함을 가졌던 전두환 정권을 압박하면서 남북 정치인들과의 접촉을 통해 혼란을 극대화시키려 시도했다. 따라서 북한의 실제 의도를 파악하지 못하고 담화에 나타난 일부 표현 변화에 주목해 북한이 남조선혁명에 기초해 패권적 통일을 지향하는 혁명통일 전략을 포기하고 남북한이 동등한 연방통일 전략으로 전환을 모색했다고 주장하는 건 맞지 않다.[74] 당시 1980년 10월 김정일이 공식 후계자로 처음 대중 앞에 모습을 드러냈는데 남한 사회의 변동이 북한의 후계체제 가속화에도 영향을 미쳤음을 보여준다는 해석도 나왔다.[75]

북한은 이처럼 1980년대 전두환 정부 집권 시기에 고려민주연방공화국 창립방안을 제시해 그들의 통일전략이 애초 공세적인 차원에서 남한

북한 김씨 일가가 민주주의를 만난다면

당국에 제안된 것이었음에도 불구하고 공존적인 성격을 강조하는 모습을 보였다. 하지만 실제로는 남북 간 대화를 통해 정당성 결여를 완화하려 시도했던 전두환 정권의 대화 시도를 차단하고 있었다. 당시 남한정치는 민주화투쟁 세력과 정부 간 대립으로 혼란이 극대화돼 있었고 학생운동도 급진화되어 1980년대 중반부터는 운동권에서 주사파의 영향력이 급속도로 증대된 상태였기 때문에 북한의 대남전략에 일정 부분 성과가 있었다고도 평가할 수 있다.[76] 북한은 당시 정전협정 체결 이후 그 어느 때보다 남조선혁명의 가능성에 대한 기대에 부풀어 공세적인 전략을 펼치고 있었다.

　　5.18 광주민주화운동의 발발에 따른 북한의 대응을 정리하면 〈그림 2-1〉과 같다.

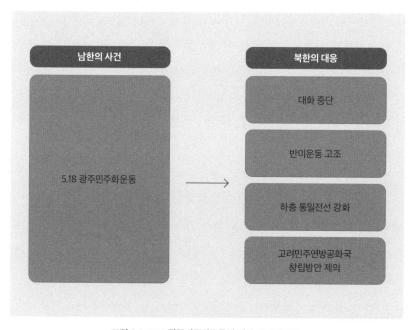

그림 2-1. 5.18 광주민주화운동에 대한 북한의 대응

3. 대남전략 : 민족해방 인민민주주의혁명론

북한의 남조선혁명 전략은 지난 70여 년간 북한 지도부의 대남인식 변화에 따라 수정을 거듭해왔다. 1950년대 '민주기지론'과 1960년대 '반제 반봉건 민주주의혁명 전략'은 남한을 타도해야 할 '적'으로 상정하고 있는데[77] 이는 북한의 남한에 대한 경제적 우위와 자신감에서 비롯됐다. 민주기지론은 북한의 혁명역량을 강조하며 이를 토대로 남한 지역에 혁명을 확산하는 방식으로 통일을 실현하겠다는 구상이다.[78] 해방 직후 모든 면에서 북한이 남한에 비해 우세한 상황이었으며, 이러한 유리한 정세를 최대한 활용하는 것이 한반도 공산화 통일 실현의 지름길이라는 북한 지도부의 판단이 뒷받침된 데 따른 것이었다. 1950년 6월 25일 감행했던 한국전쟁 역시 이 민주기지론에 기반을 두고 북한이 남침을 감행한 결과였다.

뒤이어 전후 복구사업에 역량을 집중한 북한은 1958년에 이르러 전후 복구사업과 사회주의 개조를 통해 사회주의 혁명이 완성되었다는 판단 아래 '반제반봉건 민주주의혁명'을 추진하기 시작했다.[79] 북한은 해방 전부터 한반도가 일본 제국주의의 식민지 통치를 받고 있는 식민지 반(半)봉건 사회라는 인식을 갖고 있었는데,[80] 이는 한국전쟁 이후에도 이어졌다. 미군의 남한 주둔에 따라 북한은 남한을 미국의 식민지로, 자본주의 요소보다 봉건적 잔재가 더 많이 남아있다는 의미에서 반(半)봉건사회로 평가했다.[81]

하지만 4.19 혁명으로 발현된 남한 민중의 정치적 역량을 마르크스-레닌주의적 전위당 구축을 통해 활용해야 한다는 주장은 민주기지론과 차이가 있다.[82] 북한은 1960년대 중반부터 남조선혁명론과 3대 혁명역량 강화를 주장하기 시작했는데, 이는 남한의 혁명역량을 상대적으로 중요시하여 남한 내부의 혁명세력이 정권을 장악하고 난 뒤 북한 사회주의 역량과의 합작을 통해 통일을 실현하겠다는 전략이다.[83] 북한은 박정희 정권 때 남한이 급속도로 경제성장을 이뤄냄에 따라 북한과 경제력이 역전된 남한 정부를 상대해야 했다.

이런 배경에서 1970년 11월 제5차 당 대회 때 등장한 새로운 남조선 혁명 전략이 '민족해방 인민민주주의혁명 전략'이다. 민족해방 인민민주주의혁명 노선은 남조선혁명에서 남한의 혁명세력이 주체가 되어 수행해야 한다는 일종의 지역혁명론을 의미한다. 1단계로 남한에서 민족해방 인민민주주의혁명을 수행한 다음, 2단계로 사회주의 혁명을 진행한다는 '단계적 혁명론'으로 평가할 수 있다.[84]

민족해방 인민민주주의혁명 전략은 미국이라는 제국주의에 반대하는 민족해방혁명인 동시에 자본주의적이며 봉건적인 경제관계를 청산하기 위한, 즉 제국주의와 자본주의에 모두 반대한다는 의미를 포함하고 있다.[85] 구체적으로는 미군 철수를 통해 민족해방을 달성하고 미국에 예속된 남한 정부를 타도해 민주정권을 세운 후 사회주의 개혁을 실시하는 것을 의미하는데, 이전의 전략들에 비해 남한의 혁명역량을 상대적으로 중시한다는 점이 특징이다. 민주기지론 시기만 해도 북한의 역량이 남한보다 월등히 우세하다는 전제가 깔려있었으며 남한 민중의 저항과 역량에 대한 평가가 전혀 발견되지 않았던 것과 대조적이다.[86]

> "조선로동당의 당면 목적은 공화국 북반부에서 사회주의의 완전한 승리를 이룩하여 전국적 범위에서 민족해방과 인민민주주의혁명 과업을 완수하는 데 있으며 최종 목적은 온 사회의 주체사상화와 공산주의 사회를 건설하는 데 있다."[87]

5.18 광주민주화운동이 일어났던 당시 북한 당국자들의 남한에 대한 인식과 대남전략은 이 '민족해방 인민민주주의혁명론'에 기반을 두고 있다. 북한은 남한 혁명과정에서 통일전선이 민족해방 인민민주주의혁명의 기

본 요구를 반영한 최저 강령이 되어야 한다고 주장하며, 통일전선의 기본 강령으로 자주, 민주, 통일을 내세웠다. 여기서 자주란 외세인 미 제국주의의 축출을 의미하며, 민주란 남한 사회의 민주화를 위해 독재파쇼정권인 현 정권을 타도하고 민족자주정권이라는 인민정권을 수립하자는 것이고, 통일이란 전 민족의 통일을 위해 북한식으로 연방제 통일을 하자는 의미다.[88] 남한 사회의 민주화라는 변화는 통일전선 기본 강령 중 하나인 '민주'의 위상에 영향을 미칠 정도로 남한에 대한 인식 및 전략에 큰 영향을 미치는 변화인 것이다.

로동신문 등 당시 매체들의 보도내용과 같은 해 10월 북한이 내놓은 고려민주연방공화국 창립방안 등을 미루어 볼 때, 북한 지도부는 5.18 광주민주화운동을 계기로 남한의 민주화운동이 다시 고조되어 군사독재를 종식시킬 것을 기대했던 것으로 보인다. 진보적인 청년층과 지식인 등 남한 중간층을 보조적 역량으로만 인식했던 북한이 남한의 5.18 광주민주화운동을 지켜보며 이들의 변혁적 지향성을 인식하기 시작한 것이다.[89]

북한의 남조선혁명론이 '민족해방 인민민주주의혁명론'으로 정식화된 1970년 제5차 당 대회 때 기조가 당시까지 이어지고 있었다고 평가할 수 있지만, 북한이 남한 민주화운동 세력으로부터 보조동력이 아닌 주력군으로서의 가능성을 발견하게 된 시발점은 5.18 광주민주화운동으로 볼 수 있다. 5.18 광주민주화운동이 발발하기 직전인 1979년만 해도 북한은 자신들의 혁명을 보조할 수 있는 남한의 지하정당 건설을 독려할 뿐이었다.

> **"남조선 인민들은 광범한 군중 속에 깊이 뿌리박은 로동자, 농민의 독자적인 당을 가져야 하며 그 합법적 지위를 쟁취하여야 합니다.** 남조선 혁명가들과 애국적 인민들은 오래동안 진통과 우여곡절을 겪어온 피어린 투쟁의 력사적 경험과 교훈에 기초하여 주체형의 당을 창건하기 위한 투쟁을 적극 벌렸다. 남조선혁명가들은 지하에서 통일혁명당의 창건

을 발기하고 1964년 3월 15일 서울에서 우선 통일혁명당 창당준비위원
회를 결성하였다. 이것은 남조선에서 첫 주체형의 혁명정당 건설의 력사
적인 출발이었다." [90]

북한은 이처럼 대외적으로는 지하당 구축 전술이 남한 인민 스스로
독자적인 당을 결성하고 스스로의 힘으로 혁명을 완수하기 위함이라고
밝히고 있다. 하지만 통일혁명당과 인민혁명당 등 북한의 지령에 의해 구
축된 지하당들은 당시 북한 공작을 일부 대신 수행하는 연락당 정도의 위
상을 지니는 데 불과했다는 평가들도 있다. [91]

곽인수도 그의 연구에서 1960년대 초 도예종이 조직한 인민혁명당
이나 1960년대 중반 김종태, 최영도 등이 구축한 통일혁명당은 혁명역량
을 합법적으로 구축하는 것이 불가능했던 당시 상황을 타개하기 위해 북
한이 남파공작원을 파견해 비합법적 방법으로 혁명역량을 구축한 전위당
조직에 불과하다고 설명했다. [92] 남한 혁명을 자체 혁명으로 위장하기 위한
수세적이고 방어적인 대남공작으로 평가할 수 있다.

하지만 5.18 광주민주화운동이 발발하자 북한은 이를 "피압박 인민들
의 투쟁에서 특출한 의의를 가지는 력사적 사변" [93]이라고 평가하며 남한
의 노동자, 농민, 청년학생 등의 가능성을 새롭게 발견하기 시작했다. 혁명
을 수행함에 있어 주력군과 보조동력은 근본적인 차이를 가진다. 주력군
은 혁명의 완수를 위해 가장 철저하게 싸울 수 있는 세력으로 혁명에 가
장 절실한 이해관계를 가지는 반면, 보조동력은 끊임없이 동요하는 특징
이 있기 때문에 항상 주의를 기울여야 하는 대상으로 평가된다. [94]

북한 혁명이론은 미 제국주의와 투쟁을 벌이는 민족해방투쟁에 있어
서 주력군의 힘만으로는 혁명을 수행하기 어렵고 보조동력도 통일전선으
로 함께 묶어 투쟁에 나서야 혁명투쟁을 승리로 이끌 수 있다고 보았지만,
보조동력은 1단계 혁명이 성공하고 나면 곧바로 '혁명의 대상'으로 숙청해

야 한다고 규정했다. 일단 주적 타도라는 목적이 달성된 후에는 제휴·연합했던 모든 비공산주의 세력을 제거하는 것이다. 베트남 혁명 직후에 혁명을 지지하던 일부 종교인과 지식인들이 혁명 성공 후 가장 먼저 숙청의 대상이 된 것도 이 때문이었다. 따라서 북한이 남한 민주화세력들을 보조동력에서 점차 주력군으로 활용하려 시도하는 모습은 큰 의미가 있다.

한편 5.18 광주민주화운동 직후 북한이 제시한 통일방안은 당시 남조선혁명 전략이 '민족해방 인민민주주의혁명론'이었음에도 불구하고 분단의 장기화와 남북한의 체제 고착화에 따라 상이한 두 제도가 장기적으로 공존하는 형태가 될 수밖에 없는 현실을 반영하고 있음을 알 수 있다.[95] 북한은 1960년 4.19 혁명 발생 후 얼마 지나지 않아 남북연방제를 제시했던 것과 유사한 방식으로 1980년 조선로동당 제6차 당 대회에서 자주, 평화통일, 민족대단결의 원칙에 기초한 '고려민주연방공화국 창립방안'을 제안했다. 이 방안에서는 1980년대 들어 급격하게 심화된 남북 간 국력 격차를 반영해 남북체제를 그대로 유지한 연방국가라는 현실화된 목표를 제시했다.

하지만 이전의 방안들과 마찬가지로 외세 의존 척결, 민주인사 석방, 군사파쇼정권의 민주주의적 정권으로의 교체 등을 조건으로 내세운 점을 통해 고려민주연방공화국 창립방안 역시 반제민족해방투쟁의 연장선에 있음을 알 수 있다.[96] 남한 내에서 민주화운동이 활발하게 벌어진 직후에 이 연방제 방안을 내놓았다는 사실도 이를 뒷받침한다.[97]

남한에서 군사 파쇼통치가 계속되고 민주주의가 말살되는 상황에서는 민족의 진정한 화해와 단결이 불가능하며 "남조선에서 유신체제를 청산한 기초 위에서 군사파쇼정권을 광범한 인민대중의 의사와 이익을 옹호하며 대변하는 민주주의적인 정권으로 교체"해야 대화에 응할 수 있다는 요구였다.[69] 군사파쇼정권의 통치가 여전히 지속되는 정치적 조건을 의식한 북한이 남한 '민주정부'와의 연방을 통일의 완성적인 형태로 고려민주연방공화국 창립방안에서 제시한 것이다.

"남조선에서 인민들의 투쟁에 의하여 사회의 민주화가 실현되고 민주인사가 정권의 자리에 올라앉으면 우리나라는 평화적으로 통일될 수 있습니다. **남조선에서 민주인사가 정권의 자리에 올라앉으면 우리는 북과 남에 있는 두 제도를 당분간 그대로 두고 최고민족회의를 조직하는 방법으로 나라를 통일할 수 있습니다.** … 우리 당은 북과 남이 서로 상대방에 존재하는 사상과 제도를 그대로 인정하고 용납하는 기초 우에서 북과 남이 동등하게 참가하는 민족통일정부를 내오고 그 밑에서 **북과 남이 같은 권한과 의무를 지니고 각각 지역자치제를 실시하는 련방공화국을 창립하여 조국을 통일할 것을 주장합니다.**"[68]

그럼에도 불구하고 이 방안이 '1민족, 1국가, 2제도, 2정부' 형태로 남북한의 사상과 제도를 그대로 인정한다는 원칙은 1950년대의 민주기지론이나 1960년대의 반제반봉건 민주주의혁명 전략과는 차별화되는 큰 변화였다. 과거 민주기지론과 반제반봉건 민주주의혁명 전략에서 나타났던 자신감이나 남한에 대한 우월감은 상대적으로 나타나지 않고 있다.[98] 고려민주연방공화국 창립방안은 남한에 대한 북한의 경제적 열세로 인해 과격한 혁명보다는 공존으로, '선 남조선혁명, 후 합작통일'로부터 '선 남북공존, 후 연방통일'로 대남정책의 목표를 조정하는 한편,[99] 남한 사회 민주화에 대한 가능성과 진전을 고려하는 모습을 보였다.

북한의 연방제 통일방안을 김일성이 1950년대에 주장했던 통일을 위한 두 가지 방안인 '평화적 전도'와 '비평화적 전도' 중 무력을 동원하지 않는 전자의 방식으로 바라보는 시각도 있다. 당시 김일성은 평화적 방법에 의한 통일을 염원하며 그 실현을 위해 투쟁하고 있다고 주장하는 동시에 민주기지로서도 남한에 대한 정치 사업을 강화할 것을 강조했다.[100] 그리고 평화적 전도의 유형 중 하나로 남조선 당국이 인민의 압력에 굴복해 북한의 통일방안을 받아들이는 경우를 함께 명시했다. 하지만 당시 한국전쟁을 통해 무력통일의 한계를 절감한 북한이 내놓은 이 방안은 '평화를 위장한' 전략에 불과하며, 실제로는 남한 내부혁명을 전제로 하고 있다. 고려민주연방공화국 창립방안 역시 외형상으로는 남한을 인정하는 듯 보이지만, 남한 당국이 북한의 통일방안을 받아들이는 상황을 전제로 삼고 있다는 점에서 공세적이다.

1960년대만 해도 북한은 남한 사회의 변화상을 포착하지 못하고 식민지 반봉건사회가 계속되고 있다는 안이한 분석 아래 놓여있었다. 남한의 변혁을 북한에 종속시켰고 4.19 혁명과 5.16 군사정변도 전혀 예상하지 못했다. 북한은 이에 대한 반성 끝에, 무력통일에 입각한 '민주기지론'과 남한 사회가 식민지 반(半)봉건사회라는 인식에 기반을 둔 '반제반봉건 민주주의혁명'에서 벗어난 것이다. 따라서 1970년대에 등장한 '민족해방 인민민주주의혁명'에 기반을 두고 있는 5.18 광주민주화운동 시기에 북한은 남한 인민들을 남조선혁명의 주체로 여기며 1960년대와 확연히 달라진 모습을 보여주고 있다.

이러한 맥락에서 조선로동당 제6차 당 대회 중앙위원회 사업총화보고 당시 김일성이 강조했던 것은 바로 5.18 광주민주화운동에 대한 미국의 책임론이었다.[33] 당시 북한이 보다 현실적인 목표를 내세운 고려민주연방공화국 창립방안을 제안하며 남조선혁명 전략을 점진적인 방향으로 대체하기 시작하는 듯 보였지만, 외부로 표명된 선언의 내용에도 불구하고 북한이 급진적인 남조선혁명의 가능성을 완전히 포기한 것은 아니라는 사실을 보여주었다. 5.18 광주민주화운동을 계기로 남한 사회의 민주화운동이 확산되자 북한 당국은 민주화운동이 체제 전복으로 진행되기를 기대했

북한 김씨 일가가 민주주의를 만난다면

던 것으로 보인다.

이처럼 1980년 5.18 광주민주화운동은 북한이 당시 남한 사회에 표면화되기 시작했던 반미 감정을 끌어내 남한 내 혁명 활동을 강화하려 시도했던 사건으로 평가된다.[101] 민주화운동이 체제 전복으로 진행되기를 기대했던 북한 지도부는 반미자주화투쟁의 확산을 바라보며 반미 반체제 통일전선의 구축에 대한 기대감을 가졌다. 1970년대 후반 남한의 북한에 대한 경제력 역전과 거세진 민주화 열기 등 남한 사회의 정치·경제적 변화상을 고려해 북한 대남전략의 공세적인 성격이 과거에 비해 약화됐을지라도 민주화가 실현되기 이전이었던 당시에는 대남혁명이 여전히 폭력적인 방법을 통해서 달성 가능한 목표로 간주되었으며,[92] 남한의 자생적인 혁명조직이 주도적으로 혁명세력으로 역할을 할 수 있는 가능성을 발견하게 됐다.[102]

1981년 김일성이 등소평과의 회담에서 했던 발언도 당시 북한이 5.18 광주민주화운동을 어떤 방식으로 활용하려 했는지 보여준다. 당시 김일성은 전두환 정권의 정통성을 부정하며 "우리는 남조선혁명가들에게 무조건 문제를 너무 단순하게 보아서는 안 된다고 설득했다. 우리는 남조선 인민들로 하여금 민주화투쟁을 강화할 것을 요구했다"고 발언했다.[103] 이처럼 북한은 남한 정권의 정통성을 부정하고 비민주성을 비판하기 위한 수단으로 5.18 광주민주화운동과 이에 참여했던 남한의 혁명세력을 적극적으로 활용하는 모습을 보였다.

4. 소결

1960년대에 4.19 혁명으로 남한 민중의 민주주의에 대한 염원이 분출된 바 있지만, 이들을 '민주기지를 통해 구원받아야 할 수동적 존재'로 바라보았던 북한의 인식을 바꿔놓기에는 역부족이었다. 이미 남한 내부에서 혁명의 가능성을 발견했던 북한은 5.18 광주민주화운동에 다시 한번 주목하는 모습을 보였다. 북한은 당시 5.18에 대해 "민주주의를 실현하기 위한 동방 인민들의 근대 역사에서 처음 있는 가장 역사적 사변"[17]이라고 보도하며 다른 민주화운동들과 달리 조직적인 무장투쟁으로 전개됐다는 점을 높이 평가했다. 그리고 노동대중은 물론 지성인, 언론인, 장병과 경찰들이 모두 함께 반파쇼 구국투쟁에 참여해 줄 것을 호소하며 선동하는 모습을 보였다.[24]

북한 지도부는 5.18 광주민주화운동을 계기로 남한의 민주화운동이 다시 고조되어 군사독재를 종식시킬 것을 기대했던 것으로 보인다. 4.19 혁명과 5.16 군사정변 때만 해도 진보적인 청년층과 지식인 등 남한 중간층을 보조적 역량으로만 인식했던 북한은 남한의 5.18 광주민주화운동을 지켜보며 이들로부터 변혁적 지향성을 발견했다. 따라서 이들을 더욱 조직화해 확고한 대남혁명역량으로 만들어야 한다고 인식하게 되었다. 북한이 남조선혁명론을 '민족해방 인민민주주의혁명론'으로 정식화한 1970년 제5차 당 대회 때의 기조가 당시까지 이어진 것이다.

북한은 5.18 광주민주화운동 이후 남한의 정세를 '최대의 혁명고조기'로 평가하고 통일전선 구축에 모든 역량을 집중시켜 통일에 유리한 국면을 전개하기 위해 노력했다. 북한은 본래 사회주의 통일전선의 전형적 방식인 기층민중 중심의 하층 통일전선을 우선시하거나 남한 당국을 중요시하는 상층 통일전선을 우선시했는데, 남북관계가 발전할수록 후자의 중요성을 강조하는 모습을 보였다. 하지만 당시 군부독재정권 아래 절차적 민주화조차 제대로 정착되지 못한 남한의 정치적 환경에서 민주화세력들은 집권의 기반조차 마련하지 못한 상황이었다. 따라서 북한은 상층 통일전선보다는 청년, 노동자 등 하층 통일전선에 집중해 공세를 펼쳤다.

이처럼 1960년대만 해도 남한 사회는 식민지 반봉건사회라는 안이한 분석 아래 남한의 변혁을 북한에 종속시켰던 북한이 민주기지론의 프리즘에서 벗어나 본격적으로 대남전략을 변화하기 시작한 계기가 바로 1980년 5.18 광주민주화운동이었다고 볼 수 있다. 북한은 5.18을 "낡은 유신파쇼통치를 청산하고 새로운 민주정치를 실시하기 위한 가장 높은 형태의 반파쇼민주화투쟁"이자 "전례 없는 지속성과 완강성, 격렬성을 띠고 진행된 인민들의 대중적 봉기"로 규정했으며, 참가 범위와 투쟁 규모에 있어 전례가 없었다는 점을 강조했다.[104] 이러한 평가에 기반을 두고 북한은 남한 민주화운동 세력들을 대남혁명역량으로 끌어들이고 공조 대상으로 활용하려 시도했다.

5.18 광주민주화운동 직후에 북한이 제시한 '고려민주연방공화국 창립방안' 역시 변화된 대남혁명 전략의 연장선상에 놓인 대응조치 중 하나로 볼 수 있다. 남북한의 두 정부를 지역자치정부로 설정하며 연방정부에 강조점을 두는 등 과거보다 현실화된 목표를 제시하면서도 이전의 방안들과 마찬가지로 외세 의존 척결, 민주인사 석방, 군사파쇼정권의 민주주의적 정권으로의 교체 등을 조건으로 내세웠다.

이러한 점들을 통해 고려민주연방공화국 창립방안 역시 공존적으로 보일지라도 반제민족해방투쟁의 연장선에 있음을 알 수 있다. 북한은 당시 정전협정 체결 이후 그 어느 때보다 남조선혁명의 가능성에 대한 기대에 부풀어 있었고 공존적 모습처럼 보이는 공세적인 전략을 펼치고 있었다. 실제로 당시 북한은 동포의 희생 위에 성립된 전두환 정권을 인정할 수 없고 현 정권과는 대화할 수 없다는 자세를 시종일관 견지했다.

북한은 이처럼 5.18 담론을 확산시킴으로써 남한 독재정권의 정통성을 부정하는 동시에 북한 정권의 정당성을 대내외에 확보하고 국가정체성을 강화하는 계기로 활용했다. 그리고 1980년대 후반부터는 민주화 정착으로 남한 사회가 상대적으로 안정을 찾아감에 따라 5.18 광주민주화운동의 의미를 '반파쇼민주화투쟁'의 상징에서 '반미투쟁'의 상징으로 변화시켜 나갔다. 북한 지도부는 5.18 광주민주화운동의 발발로 반미 반체제 전선 구축에 대한 기대감을 가지게 되었고, '반파쇼민주화운동'으로서 5.18 광주민주화운동을 '반미자주화운동'으로 전환하려 시도하는 모습을 보였다.

김일성은 5.18 광주민주화운동에 대해 공식적으로 처음 언급한 1980년 제6차 당 대회에서도 남한의 민주화 움직임을 탄압하고 독재정권을 부추긴 것은 결국 미국이라며 미국의 만행을 비난하는 데 주력하는 모습을 보였다. 특히 1990년대 중반을 기점으로 북한 매체들은 반외세, 반미, 자주통일이라는 관점을 부각시키며 5.18의 의미를 재구성하기 시작했다. 남한 당국이 5.18 광주민주화운동을 탄압한 건 미국의 배후조종이 있었기 때문에 가능했다고 판단한 데 따른 것이다. 이처럼 반독재민주투쟁이 반미투쟁과 결합했다는 점은 5.18 광주민주화운동이 4.19 혁명을 비롯한 다른 남한의 민주화운동들과 가장 차별화되는 지점이기도 하다.

한편, 남한 사회에 실질적 민주화가 정착되기 시작하고 안정을 찾아감에 따라 북한은 5.18 광주민주화운동에 대한 보도를 자제하는 경향을 보였다. 남한의 경제력이 급격히 상승하고 민주화 진전으로 인해 시민들의 통일에 대한 관심이 줄어들면서 북한의 선전·선동에 무관심해진 점을 감안한 조치로 보인다. 남한 독재정권을 비판하던 북한의 주장이 남한 시민사회에 먹혀들 여지가 줄어든 것이다. 과거에는 남한의 독재정권을 비판하

북한 김씨 일가가 민주주의를 만난다면

고 정통성을 문제삼기 위한 수단으로 5.18 광주민주화운동이 활용됐지만, 남한이 확실하게 민주화를 이룬 현시점에는 당시 민주화운동이 북한 주민들에게 알려지면 오히려 독재정권에 항거해 민주화를 이루고자 했던 남한 시민들의 희생정신이 전파돼 세습 정권에 위협이 될 수 있다고 판단한 것으로 보인다.

6.10 민주항쟁과
북한의 대남인식 및 전략

2장

1. 6.10 민주항쟁 당시 남한정세

전국적으로 19일간 계속됐던 1987년 6.10 민주항쟁은 규모나 시위기간이 1960년 4.19 혁명보다 컸다. 노태우 대통령의 6.29 선언 발표에도 불구하고 6.10 민주항쟁 직후에 대규모의 노동자 대투쟁이 이어지기도 했다. 당시 한국의 민주화는 학생운동과 노동운동을 중심으로 한 민중운동이 결합해 만들어 낸 '운동에 의한 민주화'로 표현될 수 있다. 분단과 냉전 반공주의가 지배적이었던 1980년대 헤게모니에도 불구하고 군부 권위주의의 항구적인 지배를 거부할 수 있었던 것은 운동에 의한 민주화 덕분에 가능했다.[105]

6.10 민주항쟁에는 급진적인 요소가 내재되어 있었지만, 국민적 투쟁으로 발전하기 위한 시도 속에서 처음에는 직선제 개헌 등 낮은 수준의 국민적 쟁점을 중심으로 이어졌다.[106] 그리고 6.29 선언은 바로 이 최소한의 요구를 수용함으로써 민주항쟁 연합을 균열시키고 항쟁을 종결시키고자 시도했던, 위로부터의 수동적인 대응이었다고 평가할 수 있다. 당시 정권 내의 강경파와 급진적 반대세력들은 노동자들의 분출로 인해 조성된 불안사태를 막기 위해 재빨리 헌법 개정 협상을 마무리 지음으로써 선거 정치로 국면을 전환하고 아래로부터의 압력에 대응하는 모습을 보였다.[107] 이 6.29 선언에 의해 일차적인 민주항쟁은 소강 국면으로 접어들게 되고 민주항쟁에서 연합했던 제도정치 세력은 급진적 운동세력과 분리되면서 개헌 및 선거의 규칙을 정하기 위한 협상 테이블로 들어서게 된다.

6.10 민주항쟁은 과거 군부 권위주의 정권을 퇴진시키고 직선제에 의한 민선 정부를 도래시켰으며, 자율적인 정치적 공간을 창출해 시민운동 등 각종 사회운동의 공간을 확보했다는 점에서 큰 성과를 이뤄냈다.[108] 하지만 과거 군부 권위주의 정권의 유산을 철저하게 청산하는 데는 실패했

고, 집권세력의 지배를 지속할 수 있다는 계산 아래 '제한된 민주화'가 이뤄졌다는 점은 한계로 지목된다.[109] 구세력들이 주도하는 '위로부터의 보수적 민주화'의 길로 가게 되었던 것이다. 당시 보수 언론들 역시 초기에는 반군부, 반권위주의적 목소리를 내다가 점차 체제 보호에 안간힘을 쓰기 시작하며 왜곡 보도를 일삼았다.[110] 노태우 정부가 수립된 후 1988년 초까지는 민중운동 진영에 이로 인한 패배적 정서가 강하게 존재했다.

하지만 노태우 정부 시기를 거치면서 사회운동이 역동성을 회복하기 시작했다. 합헌적인 방식으로 집권함으로써 높은 정치적 정당성과 안정성을 보일 것으로 예상했던 노태우 정부가 다시 정치적 불안정에 노출됐기 때문이다. 이는 집권과정의 허구성이 부각되고, 변형된 군부정권에 반대하는 국민들의 비판의식이 커지기 시작했음을 의미한다. 특히 1988년 4.26 총선을 계기로 출범한 여소야대 국회가 노태우 정부의 정치적 불안정을 촉진시켜 시민사회를 억압하는 정부 기능을 약화시킨 결과, 사회운동이 되살아나기 시작했다.

저항적으로 활성화된 시민사회는 자신들의 이해관계를 달성하기 위해 조합을 결성하거나 단체를 조직하는 등 주체적으로 활성화되어 나갔다. 특히 청년과 노동자들이 시위세력의 주축을 이루었던 1980년 5.18 광주민주화운동에 비해 시민사회 내에 다양한 직업, 계급, 계층별 조합들과 결사체들이 생겨나고 조직화됐다는 점이 1987년 6.10 민주항쟁 이후 시민운동이 보이는 특징이었다. 1980년 시민사회가 독재정권의 탄압에 대응하는 '저항적 활성화'를 보였다면 1987년 시민사회는 광범위한 시민사회가 보다 '주체적 활성화'를 보였다고 해석할 수 있다.[111]

대표적인 예로 1987년 7월에서 9월까지 진행된 노동자 대투쟁을 들 수 있다. 그 직후 활성화된 민주노조운동은 생산직 영역뿐 아니라 사무직과 전문직으로, 중소기업뿐 아니라 대기업으로, 국내기업뿐 아니라 공기업

북한 김씨 일가가 민주주의를 만난다면

이나 외국기업으로까지 확산되었다. 노동조합의 조직화가 급속도로 증대되면서 1987년 6월에 2,752개였던 단위노조가 같은 해 12월에는 4,086개, 1989년에는 7,783개로 증가했다.[112] 이 과정에서 광범위한 시민사회의 민주적 전환을 위한 토대가 마련되었다. 이처럼 1990년대에는 급진적 민중운동의 조직적 발전과 함께 시민운동의 다원화가 진행되었으며, 민주주의라는 시대정신이 거부할 수 없을 정도의 단계까지 이행되었다.

하지만 당시 시민운동의 괄목할 만한 성장에도 불구하고 민주화세력이 집권에 성공할 정도의 정치적 기반은 형성되지 못했다. 당시 유일한 선택은 독자적으로 후보를 공천하는 것이었는데 무소속으로 출마했던 백기완은 선거 막판에 김영삼, 김대중의 단일화를 요구하며 사퇴할 의사를 보였다.[113] 기존의 민주사회당이 내세웠던 후보 역시 야당 후보의 단일화를 주장하며 김영삼 지지 입장으로 돌아서고 말았다.

결국 진보세력은 1987년 12월에 실시된 제13대 대선에서 후보가 없는 상태로 선거를 치를 수밖에 없었고, 전두환 대통령의 후계자인 민주정의당 노태우 후보의 승리로 대선이 끝났다. 대선을 마친 후 진보정당을 창당하려는 움직임이 나타나기도 했지만 민중의당은 단 한 석도 얻지 못했으며, 한겨레민주당은 선거로 지역구 의석수 한 석을 확보했는데 통합을 이루는 데 실패했다. 민중당 역시 원내정당으로 도약하는 데 실패하고 2000년대에 들어와서야 비로소 민주노동당이 원내 진입에 성공했다.[114]

한편 민주화 열기 속에서 민중들의 통일에 대한 요구가 제대로 제기될 수 있을 때 민족통일운동 역시 민주화운동과 함께 진행될 수 있다는 인식도 생겼다. 이때 민족통일운동과 민주화운동의 관련성 속에서 가장 유의해야 할 것은 과연 어떤 성격의 주체가 어떤 힘을 가지고 이를 구체적으로 끌고 갈 것인지의 문제다.[115] 특히 통일운동에 있어서는 재야 운동권의 움직임이 정치적 민주화운동과 함께 수반되지 못하면 일반 시민들이 느끼기에는 갑작스러운 통일문제의 제기로 여겨질 수 있기 때문에 제도권의 변화도 함께 뒷받침되어야 하는 것이다. 하지만 1987년 민주화를 거치면서 민중들과 그들을 대변해주는 운동세력의 역량이 괄목할 만한 성장을 이루었을지라도 제도권에서는 실질적 의미의 민주주의를 아직 달성하지 못한 상태였다.[116]

6.10 민주항쟁 직후 진보 및 중도 성향의 재야인사들이 주동적으로 결성한 한겨레민주당은 자주 민주 통일을 핵심으로 하는 10대 강령과 5대 기본정책을 채택하며 1972년 남북공동성명에서 분명히 천명한 자주, 평화, 민족대단결의 원칙에 입각한 3단계 한겨레공동체 통일방안을 제시하기도 했다. 민중당 역시 남북 민중 주체의 민주화 실현과 연방제 방식의 통일을 주장함으로써 북한의 고려연방제 방안과 동일하다는 비판을 받기도 했다.[117] 이처럼 진보정당들이 저마다의 통일방안들을 내놓으며 통일에 대한 관심에 계속 불을 지피긴 했지만, 뿌리가 빈약한 데다 유권자들에게 정체성을 부각시키는 데 실패해 총선에 참패하고 일찍이 해산하고 말았다.

따라서 당시 통일운동은 학생들을 비롯한 시민사회를 중심으로 불이 지펴졌다. 1987년 6.10 민주항쟁 이후부터 1992년까지 노태우 정부 시기는 진보단체들이 합법적인 시민단체로서 우후죽순처럼 등장한 시기다. 1989년 1월 발족한 전국민족민주운동연합(전민련)은 참여 단체가 건국 이래 최대 규모였는데 반외세 자주화, 반파쇼 민주화, 조국통일운동 등의 3대 과제를 제시하며 남북이 범민족대회를 개최할 것을 제안하기도 했다.[118] 하지만 이러한 급진적인 노선에 대해 보수진영은 경계했고 정부와 민정당, 재계 등 우익진영 역시 비판적인 태도를 보였다.

또한 문화계에서는 독일에 있는 작곡가 윤이상이 휴전선에서의 남북합동음악축전을 제안했고, 이외에도 종교계를 중심으로 남북 공동행사 제의가 잇따랐다.[119] 이러한 움직임들로 인해 통일문제를 심각하게 받아들이

북한 김씨 일가가 민주주의를 만난다면

지 않았던 일반 시민들도 이를 자신의 문제로 인식하기 시작했고 고정관념을 깨는 계기가 됐다. 과거에는 정부가 국내 정치적 관점에서 통일문제를 일방적으로 이용하기만 했다면, 이제는 시민의 입장에서 먼저 제안하고 정부가 이를 따르는 양상이 된 것이다.

물론 문익환이 방북해 대한민국 정부의 통일방안에 배치되는 연방제 통일방안을 수용하고 북한 측 입장을 지지하면서 국론이 양분돼 남남갈등이 일어나기도 했다.[120] 당시 민간 주도로 제안했던 범민족대회 또한 남과 북에서 각각 분산되어 개최된 데다 남한 정부가 반정부 행사로 규정하는 등 순탄하지 못했던 측면들도 많이 있었다. 이러한 일련의 사건들로 인해 시민사회에서의 움직임이 성급하다는 비판적인 반응이 나와 급진적 통일운동 세력을 약화시키는 결과를 초래하기도 했다.[121] 그럼에도 불구하고 통일논의의 주도권을 지배층으로부터 가져온 것은 매우 의미 있는 변화였다.

정권 초기 여소야대 정국으로 인해 약화된 권력을 파고든 민주화에 대한 국민적 요구와 광주 5.18 청문회 등은 노태우 정권의 국정 장악을 가로막는 장애물로 작용했다. 1988년 초반부터 대학생들과 일부 정치인들은 6.10 민주항쟁의 여세를 몰아 민주화운동에 이어 통일운동을 국민적 쟁점으로 부각시키며 정부를 압박하기 시작했다. 이에 정권의 불안정을 느낀 노태우 대통령은 1989년 3월 문익환 목사의 방북과 뒤이어 6월에 발생한 임수경 전대협 대표의 평양축전 참가, 7월 평민당 서경원 의원의 방북사건 등으로 공안정국을 형성해 대대적인 탄압에 나섰다. 공안합동수사본부를 설치해 제5공화국 청산을 요구하는 민주화운동 세력을 탄압하는 한편, 반공이데올로기를 활용해 보수세력의 지지를 도모한 것이다.

한편 시민사회에서의 활발한 통일운동이라는 배경을 바탕으로 1988년 7월 7일 남북대화 모색과 북방정책 추진의 시발점이 된 노태우 대통령의 특별선언이 나오는 성과도 있었다. 노 대통령은 "북한 측에서 제시해 온 방안 중에서도 통일에 도움이 된다고 생각되는 부분은 긍정적으로 수용할 수 있다"며 "북방관계 개선과정에서 결코 북한의 고립화를 추구하지 않을 것"이라고 전향적인 태도 변화를 보여주는 발언을 했다.[122] 당시 노태우 정부가 정권 초기 정통성 회복과 이슈 전환을 위해 선택한 북방정책과 7.7 선언은 반대파로부터는 비교적으로 환영받았지만 지지층 및 같은 노선을 따라오던 정치인들에게는 비판을 받으며 동일 집단 내부에서 갈등을 일으켰다.

당시 여당이었던 민주정의당은 북방정책 추진이 국가보안법 등 관계 법규와 괴리되는 면이 있는 데다 국내 여론을 분열시킨다며 비판하고 나섰다.[123] 야당보다 오히려 여당 내에서 갈등을 빚으며 한국의 정치세력 재편을 촉진시키는 요인으로 작용한 것이다. 1989년 MBC와 윌슨경제연구소가 공동으로 실시했던 여론조사 역시 북방정책이나 7.7 선언 자체에 대해서는 90%가 넘는 국민들이 '필요성이 있다'고 판단했지만, 추진 시점에 대해서는 '시기상조'라는 입장을 견지하는 국민들이 60%가 넘는 것으로 나타났다.[124] 하지만 노태우 정부는 북한과 국내 급진세력의 통일공세를 차단하고 남북관계를 주도하기 위해 7.7 선언을 강행했다.

이처럼 노태우 정부의 가장 큰 성과로 판단되는 7.7 선언과 북방정책은 처음으로 북한을 교류협력의 대상으로 인정했다는 면에서 의의가 있지만, 남북관계 개선뿐만 아니라 국내 정치상황을 고려해 이뤄진 결과물이었고, 이념 갈등을 초래했다는 비판으로부터는 자유롭지 못했다.[125] 당시 노태우 대통령은 직선제를 통해 당선됐어도 김영삼 통일민주당 후보와 김대중 평화민주당 후보 간 단일화 실패, 그리고 이후 불거진 잡음으로 인해 정통성 문제가 끊이지 않고 제기됐다. 이러한 상황에서 국내 정치적 입지 강화를 위해 북방정책을 공세적으로 추진한 측면이 있는 것이다.

따라서 당시 북방정책은 여당 및 언론을 비롯한 범여권 성향 세력의 강한 반발에 부딪혀 어려움을 겪었고, 한반도 평화를 둘러싼 이념 갈등을 오히려 더욱 키우는 계기로 작용했다. 그럼에도 불구하고 1991년 12월 남북기본합의서와 비핵화공동선언 등은 노태우 정부가 추진한 유화적 대북정책의 최대 성과로 평가받는다. 그 직후 이뤄진 선거에서 대결적 북한 변수가 아닌 평화적 변수가 등장했다는 점 역시 주목할 만한 현상이었다.

2. 대남인식 · 대응 : 남한 중간층의 대남혁명역량 편입

북한 매체의 반응 : 광범위한 남한 동조세력 규합

6.10 민주항쟁이 일어나기 이전 해인 1986년부터 이미 남한의 국내 정치는 매우 소란스러운 상태였다. 당시 경인 지역 대학생 1천여 명이 서울대학교에서 '86전학련 신년투쟁 및 개헌서명운동추진본부 결성대회'를 갖고 시위를 벌이다 187명이 구속된 가운데 김영삼 민추협 공동의장이 신민당에 입당했고, 김종필 전 공화당 총재가 귀국한 상황이었다.[126] 대학생들의 정부에 대한 반대 투쟁이 거세짐에 따라 숨죽이고 있던 정치인들이 본격적으로 정치에 복귀하기 시작한 것이다.

야당과 재야운동권은 대통령 직선제로의 개헌을 요구하며 전두환 정권을 거칠게 몰아붙였다. 하지만 여당인 민정당은 88서울올림픽을 성공적으로 치르고 나서 국민들의 뜻을 물은 후에 개헌하겠다는 입장이었다. 이런 가운데 야당 인사들이 학생들의 극렬한 반미 구호에는 동조할 수 없다며 일정 부분 선을 긋는 태도를 드러내자, 학생들은 신민당을 기회주의 정당이라 비판하며 본격적으로 시위에 나서기 시작했고, 간선제 선거를 통해 민정당 대통령 후보로 노태우 대통령이 선출되었다.[127]

여기에 불을 지핀 건 연세대에서 시위 중이던 학생 이한열이 최루탄에 맞아 피를 흘리며 동료에게 의지하던 모습이었다. 당시 이 사진이 군사정권의 집권에 종지부를 찍는 촉매제 역할을 했다는 평가도 나왔다.[128] 6.10 민주항쟁은 미국 언론이 연일 보도할 만큼[129] 전 세계에서 크게 보도되었을 뿐 아니라 북한도 6.10 민주항쟁이 시작된 날부터 노태우의 6.29 선언으로 사태가 잠정적으로 마무리되기까지 하루도 빠짐없이 남한의 시위상황을 1면에 대서특필로 보도하였다.

6월 10일에 민주항쟁이 발발한 직후 초반에 하루 보도 건수만 집계하면 5.18 광주민주화운동 때보다 소폭 적은 것으로 보이지만, 한 달 중 15일간 시위상황 관련 보도를 1면에 대서특필할 정도로 높은 비중을 차지했다. 6.29 선언 이후에도 비슷한 양의 보도 건수가 계속 집계됐을 뿐 아니라 6월 29일 선언 당일과 다음 날 잇달아 이를 1면에 보도할 정도로 관심을 멈추지 않았다. 시위 발발 일주일 뒤부터 보도 건수가 줄어들었던 5.18 광주민주화운동 때와 달리 6월 29일 민주화선언이 이뤄진 이후는 물론 시위 발발 후 한 달 내내 매일 상당량의 보도 건수가 집계됐다. 북한은 이처럼 남한의 시위와 이에 대한 정권의 탄압을 조명하는 기사를 계속 이어가며 선동하는 모습을 보였다. 이에 따라 한 달간 보도된 기사 건수는 417건으로 5.18 광주민주화운동 때보다 더 많은 것으로 집계됐다.

하지만 6월 29일 이후 보도 내용이 당국의 6.29 선언과 관련된 것은 아니었다. 당시 북한은 노태우 정부가 내놓았던 시국 수습방안에 대해서도 "민주화는 하루아침에 이뤄질 수 없고 남한 시민들 역시 새로운 시대가 왔다고 생각하지 않는다"며 강한 불신을 표시했다.[130] "남한 당국자들의 가짜 민주화, 가짜 문민정치에 기만당하지 말아야 한다"며 민주화투

북한 김씨 일가가 민주주의를 만난다면

쟁을 끝까지 벌어 진정한 민주정권을 쟁취해야 한다고 선동하기도 했다.[131] 북한의 입장에서 노태우의 집권은 군사파쇼독재의 연장에 지나지 않았기 때문에 6월 29일 당일은 물론, 그 이후에도 6.29 선언과 관련된 보도는 보이지 않았으며 남조선 인민들의 투쟁을 적극적으로 지지한다는 보도만 계속 이어졌다.

따라서 전체 보도 건수 중 시위상황 관련 보도가 절반에 가까운 195건으로 집계됐으며 사설·논평도 23건에 달했다. 로동신문 사설은 조선로

표 2-3. 6.10 민주항쟁 당시 『로동신문』 기사 집계(1987년 6월 10일~7월 9일)

날짜	기사 수	날짜	기사 수
6/10	10	6/25	18
6/11	7	6/26	19
6/12	8	6/27	16
6/13	11	6/28	18
6/14	15	6/29	16
6/15	9	6/30	14
6/16	14	7/1	14
6/17	12	7/2	11
6/18	17	7/3	11
6/19	16	7/4	13
6/20	16	7/5	17
6/21	13	7/6	14
6/22	18	7/7	15
6/23	18	7/8	11
6/24	18	7/9	8
합계		417	

표 2-4. 6.10 민주항쟁 당시 『로동신문』 기사 이슈별 분류(1987년 6월 10일~7월 9일)

이슈별 분류	기사 수(백분율)
시위상황	195(46.76%)
해외 반응	148(35.49%)
북한 사회 반응	44(10.55%)
사설·논평	23(5.52%)
기타	7(1.68%)
합계	417(100%)

동당이 표명하는 최초 공식 입장이라는 점에서 중요한 의미를 갖는데, 당 중앙위원회 상무위원회의 결정과 의도를 반영하는 가장 중요한 기사로서 당의 결정과 방향을 제시하는 지령서로 간주되고, 남한 관련 사설이 게재되는 건 통상 1년에 10여 편도 되지 않는다.[34] 즉, 로동신문의 사설은 일반 보도기사와 다른 비중을 차지하기 때문에 당시 6.10 민주항쟁에 대한 북한의 관심이 상당히 높았음을 알 수 있다. 6월 25일에는 "남조선 청년학생들과 각계각층 인민들은 반미 자주화, 반파쇼 민주화의 기치를 더욱 높이 추켜들어야 한다"는 내용의 사설이 1면에 등장하기도 했다.[132]

북한은 민주화세력의 개헌서명 운동을 지지하는 발언을 하면서 개헌을 둘러싼 야당과 재야운동권의 갈등에 불을 지피기도 했다. 전두환 대통령의 '통일헌법' 개헌 움직임에 대해서는 "역적의 장기 집권을 위한 개헌 놀음"이라는 글을 내며 정권 비판의 주요 의제로 제시했다.[133] 과거 전두환 정권의 1980년 헌법에 대해 "남조선 인민들의 초보적인 민주주의적 자유와 권리마저 무참하게 짓밟고 있는데서 드러나고 있다"[53]며 비판했던 시각을 1987년 헌법에 대해서도 그대로 유지하는 모습을 보인 것이다.

당시 보도를 통해 북한은 전두환 대통령의 장기 집권 야욕을 비판하면서도 뒤이어 집권할 노태우 역시 4.19 혁명 진압과 5.16 군사정변, 12.12 군사반란을 주도한 인물이라며 전두환과 동일하게 취급하고 있다는 사실을 알 수 있다. 노태우가 1987년 6.10 민주항쟁 이후 직선제로 선출된 최초의 대통령일지라도 남한에서 이러한 절차적 민주주의의 성과는 북한에 의미가 없었으며 단지 군사파쇼독재의 연장에 지나지 않았다.

> "남조선 괴뢰들이 로태우를 다음 기 대통령 후보로 지명하고서는 엄청난 정치 발전이니 뭐니 하며 저들끼리 떠들어대고 있다. 남조선 인민들은 로태우는 다른 하나의 전두환이라고 규탄하면서 그를 다음 기 대통령 후보로 내세운 것은 민정당 군사파쇼독재를 연장하기 위한 것으로 폭로하고 있다. **남조선 인민들이 로태우 놈을 전두환 역도와 똑같은 놈으로 보며 배격하고 있는 것은 당연하다. 똑같이 동족의 피로 온 몸뚱아리를 매닥질한 군사불한당, 파쇼살인악당이다.**" [134]

북한은 이처럼 새로 집권할 노태우 역시 전두환과 다름없다는 사실을 선전하며 남한에서의 시위가 지속되도록 선동하기 위해 6.10 민주항쟁을 촉발시킨 중요한 두 사건이었던 박종철 고문치사사건, 이한열 열사의 죽음을 6.29 민주화선언 이후에도 계속 상기시켰다.[135] 이는 독재정권에 대한 분노를 유발하며 남한에서 시위가 이어지도록 선동하기 위한 것이었다. 실제로 당시 남한의 급진적인 청년운동 세력들과 반체제 인사들은 5.18 광주민주화운동 때 기억을 끊임없이 상기시키며 시위의 동력을 얻고 있었다. 5.18 9주년을 맞은 광주의 상황에 관하여 미 국무부가 작성한 기밀자료 역시 남한의 시위상황에 대해 이렇게 적시하고 있다.

> "Tensions are rising in Kwangju as the May 18~27 anniversary period of the Kwangju uprising approaches. … President Roh

has skillfully handled the crackdown on violence, but the situation remains volatile and highly charged. Radical students and other dissidents are exploiting memories of the Kwangju massacre and the recent death of a student activist to mobilize large anti-government protests during the anniversary period." [136]

한편 북한은 시위 주체와 규모가 급속도로 확대되는 6.10 민주항쟁 상황을 연일 보도하며 5.18 광주민주화운동 때와 마찬가지로 반미시위로서의 성격에 집중하는 모습을 보였다. 반미 감정을 활용해 남한 내 혁명 활동을 강화하려 시도했는데, 이를 통해 북한의 궁극적인 목적은 남한 독재정권을 몰아내는 것뿐만 아니라 주한미군 철수 등 미국세력들을 몰아내는 데 있음을 알 수 있다. 북한은 5.18 광주민주화운동 때도 탄압에 대한 미국의 직접적인 조정과 적극적인 비호가 청년학생들과 인민들의 반미자주화투쟁을 폭발시킨 기본 동기가 되었으며, 이를 계기로 "남한 사회의 반미자주화투쟁이 새로운 길로 들어선 것"이라고 평가한 바 있다.

이를테면 6일째로 접어든 항쟁 상황을 보도하는 6월 16일 로동신문의 1면 기사를 보면 기사 제목과 내용이 상당 부분 배치되는 모습을 보인다. 기사의 내용에는 대학생들이 외친 구호가 '군사독재 타도', '민주주의 수호' 등이라고 적시되어 있지만, 막상 기사의 제목은 '미국 놈들을 몰아내라', '우리는 조국통일을 원한다'라고 적어 시위세력의 주요 의제가 반미인 것처럼 몰아가고 있다. [137] 또한, 반파쇼민주화투쟁 앞에도 늘 '반미'라는 수식어를 붙이는 모습을 보였다. 북한의 궁극적인 목적은 단순히 '남한 독재정권을 몰아내는 데 있는 것이 아니라 정권의 배후조종자 역할을 하는 미국세력을 몰아내는 데 있다는 사실을 알 수 있다.

"남조선 청년학생들과 인민들이 독재자들의 설교와 위선에 속지 말고 진정한 민주화가 실현될 때까지 완강히 싸우며 민주를 위한 투쟁의 예봉을 **이 모든 불행과 화근의 배후조종자이며 원흉인 미제에게 돌리고 반미구국항전을 거세차게 벌릴 것을 열렬히 호소하였다.**" [138]

특히 북한은 청년과 노동자들이 시위세력의 주축을 이루었던 1980년 5.18 광주민주화운동에 비해 1987년 6.10 민주항쟁은 시민사회 내 다양한 직업, 계급, 계층별 조합들과 결사체들이 생겨나고 조직적으로 참여했다는 점에 주목했다.[139] 당시 시민사회는 자신들의 이해를 실현하기 위해 조합을 결성하거나 단체를 조직하는 등 스스로를 주체화시키는 방향으로 활성화되어 나갔다.[111] 이처럼 6.10 민주항쟁을 거친 뒤에는 급진적 민중운동의 조직적 발전과 함께 시민운동의 다원화가 진행되었기 때문에 민주주의라는 시대정신이 거부할 수 없을 정도의 단계까지 이행되었다.

이후 우후죽순처럼 등장한 시민단체들은 북한에 대해서도 적극적인 태도를 보였다. 시민사회의 자율적 공간을 통해 민주화운동이 자연스럽게 통일운동으로 확장되었기 때문이다. 정부에 의해 철저하게 관리되고 통제되었던 통일문제는 이제 시민사회 내 다양한 세력, 계층, 세대들에 의해 공개적으로 논의되기 시작했다. 북한 역시 남한 시민사회에서 활발하게 이뤄지는 통일에 대한 논의에 주목하기 시작했다.

"반파쇼민주화투쟁은 반미투쟁과 결합되여 진행되였으며 로동자들의 투쟁이 민주화투쟁으로 승화되고 청년학생들과 **각 계층 인민들의 대규모 련대, 공동투쟁이 힘 있게 벌어졌으며 거기에 광범한 중산층까지 적극 합세해 나섰다.** … 민주화를 위한 투쟁이 고조되는 가운데 인민들 속에서 반공국시를 배격하고 련공, 련북을 주장하는 목소리가 높아갔으며 괴뢰들의 남침위협설을 부정하며 **온 민족의 단합된 힘으로 통일을 이룩할 데 대한 민중통일론이 광범히 대두하였다.**" [139]

이처럼 남한 중간층을 보조적 역량으로만 인식했던 북한은 1980년 5.18 광주민주화운동보다 광범위한 남한 시민들이 참여해 벌인 6.10 민주항쟁을 계기로 이들의 변혁적 지향성을 발견하기 시작했다. 북한은 남한의 청년학생과 진보적 지식인 등이 대남혁명을 직접 주도적으로 이끄는 모습을 지켜본 결과, 이들을 주력군에 포함시키고 더욱 조직화해 확고한 대남혁명역량으로 만들어야 한다고 인식하게 되었다.[89] 이는 당시 대남혁명역량을 최대한 확대해야 한다는 현실적인 판단도 작용한 것으로 보인다. 6.10 민주항쟁 2년 전인 1985년에 출범한 대남혁명전위대 한국민족민주전선(한민전)도 보조역량 1순위였던 진보적인 청년학생이 주력군으로 격상하게 된 계기로 분석된다.[94]

1987년 당시 상황을 설명한 『조선중앙년감』 역시 6.10 민주항쟁이 전례 없이 광범위한 각계각층의 참가 아래 대규모 투쟁으로 전개되었다며 "참가 인원수가 1960년 4.19의 두 배를 넘는 전 인민적인 항쟁"이었고 "청년학생뿐 아니라 노동자, 사무원, 기업가 등 남한의 거의 모든 계급과 계층이 참여했다"고 강조했다.[140] 특히 노동운동으로서도 괄목할 만한 발전이 있었다며 "30여 년 노동운동 역사에서 처음 보는 최대 규모의 노동운동"이었다고 과거 여타 항쟁들보다 높이 평가하였다.

북한은 이런 시민들의 높아진 역량을 통일운동에도 활용하려 시도했다. 민족의 정당성을 더욱 강조하며 남한 내의 범진보 민주화세력과 힘을 합쳐 한반도 통일정책을 수립하겠다는 점을 분명히 했다. 하지만 여전히 군부독재정권의 연장선일 뿐인 남한 정부와 당국자는 규탄 대상으로 삼으며 날을 세웠고, 오로지 재야 민주화세력들만을 공조의 대상으로 활용하려 시도했다. 당시 김일성의 연설을 통해서도 미국과 공조하는 남한 정부를 비판하는 동시에 재야세력에 공세적으로 접근하며, 이를 북한 당국의 정통성을 부각시키고 체제를 안정시키는 수단으로 삼는 모습이 드러난다.

"남조선 청년학생들은 방송을 통하여 나의 연설도 듣고 우리가 내놓은 조국통일방안도 연구하고 있습니다. 우리는 조선의 통일을 고려민주련방공화국을 창립하는 방법으로 실현하려고 합니다. 조선의 통일을 실현하는 데서 고려민주련방공화국 창립방안보다 더 좋은 방안은 없습니다. 남조선 신문들도 그렇게 론평하고 남조선 언론인들도 그렇게 말하고 있습니다. 남조선 당국자들에게는 조국을 통일하기 위한 아무런 방안도 없습니다." [140]

하지만 고려민주연방공화국 창립방안은 남한의 통일방안과 대치되는 점 또한 많았기 때문에[141] 남한 시민들이 이를 최선의 통일방안으로 여긴다는 북한의 주장은 사실과 달랐다. 한편 북한은 이러한 통일방안을 실제로 관철시키기 위해 민주화세력이 제도권에 진입할 수 있도록 간접적으로 지원하는 모습을 보이기도 했다. 전두환 집권 내내 김대중을 비롯한 민주화 인사들의 석방을 강하게 주장했던 북한은 1987년 통일민주당을 창당한 김대중[142]과 김영삼[143]을 지속적으로 언급했다. 이는 남한 사회가 절차적 민주화를 이루어가는 과정에서 현재 집권세력인 노태우 정부는 인정하지 않을지라도 민주인사들이 집권한다면 대화 상대로 인정할 것이라는 사실을 보여준다. 전두환 대통령은 당시 4.13 호헌을 발표하며 통일민주당 창당 방해공작을 펼치는 등 이들을 상당히 눈엣가시로 여겼는데, 북한은 군부독재정권을 몰아내기 위해 이들에게 큰 기대를 걸고 힘을 실어주었던 것으로 보인다.

이는 조국통일을 위해 남조선의 혁명역량을 강화해야 한다는 북한 남조선혁명론의 연장선상에 있지만, 정권에 맞서는 인민들의 혁명역량과 투쟁을 강화하는 차원이라기보다는 제도권에 진입할 수 있도록 정치세력을 지원했다는 면에서 5.18 광주민주화운동 때와 차이가 있다. 남한이 직선제 개헌이라는 절차적 민주주의를 달성한 1987년에 처음으로 나타나기 시작한 이런 북한의 움직임은 향후 이들 민주인사들이 1990년대에 실제로 집권에 성공하면서 더욱 노골적으로 드러났다.

북한 당국의 대응 : 대화 시도·남한 중간층 역량 강화

전대협 등 학생운동단체 역량 강화

1987년 6.29 민주화선언 이후 우후죽순처럼 등장하기 시작한 시민단체들은 북한에 대해서도 적극적인 태도를 보였다. 시민사회의 자율적 공간을 통해 민주화운동이 자연스럽게 통일운동으로 확장되었기 때문이다.[144] 군부독재에 의해 철저하게 관리되고 통제되었던 통일문제는 이제 시민사회 내 다양한 세력, 계층, 세대들에 의해 공개적으로 논의되기 시작했다. 특히 8개 전국 단위의 부문운동 단체와 12개 지역 단위의 연합단체에 소속된 총 2백여 개의 개별단체가 참가한 전국민족민주운동연합(전민련)은 규모도 큰 데다 북한에 대해서도 급진적인 제안들을 많이 펼쳤는데, 이들에 대해 북한 역시 호의적인 태도를 적극적으로 표시했다.[118]

당시 북한의 조국평화통일위원회(조평통) 위원장 허담은 실무회담을 갖자는 전민련의 제안에 대해 판문점을 통해 긍정적인 답장을 보냈다. 6.29 선언 이듬해인 1988년 2월에 이 논의가 시작되었는데, 북한은 전민련이 제안한 범민족대회 개최를 위한 3월 1일의 판문점 실무대표 접촉에 동의한다고 밝혔다. 하지만 전민련과 조평통이 합의했던 판문점 실무대표 접촉은 사전에 관계 당국과의 협의를 거쳤던 것이 아니기 때문에 정부는 결국 이를 허가하지 않았고, 대회는 순탄하게 진행되지 못했다.[145] 하지만 북한이 남한 민주화운동 세력과 함께 민간 주도의 통일운동을 위한 기틀을 다지기 위한 시도였다는 점에서 의미 있게 평가할 수 있다.

1987년 6.29 민주화선언 직후 결성된 전국대학생대표자협의회(전대협)는 적극적인 행보로 특히 북한의 주목을 받았다. 전대협은 출범 초부터 정부에 의해 불법단체로 규정돼 지도부가 검거대상이 됐지만, 이에 아랑곳 하지 않고 민통련 등 재야단체 및 북측의 학생단체와 손잡고 주한미군 철 수 및 연방제 통일방안을 주장하는 운동을 벌였다. 1988년에는 판문점에 서 북측 학생대표와 6.10 남북청년학생 체육회담을 개최할 것을 제안하기 도 했다.

> "남조선의 대학총학생회의 련합조직인 〈전국대학생대표자협의회〉(전대
> 협)는 1988년 6.10, 8.15 남북학생회담, 국토종단대행진을 실현하기 위한
> 투쟁으로 남조선 청년학생들을 불러일으켰다. 용감한 청년학생들은 **괴
> 뢰도당의 가혹한 파쑈적 탄압에도 굴하지 않고 〈양키는 제 집으로, 남
> 북은 통일로〉,** 〈가자 한나에서, 오라 백두에서, 만나자 판문점에서〉라는
> 구호를 높이 들고 판문점으로 진출하기 위하여 피어린 싸움을 벌리었
> 다." [146]

이에 북한은 1988년 12월, 이듬해 7월 평양에서 열리는 제13차 세계 청년학생축전에 전대협 대표를 초청한다는 편지를 보내왔고, 실무협의를 위한 남북학생회담을 판문점에서 갖자고 제의했다. 정부는 전대협 대표의 축전 참가를 허가하지 않았고 살벌한 공안정국이 형성됐다.[147] 하지만 북 측은 이러한 정부의 결정을 거부하며 전대협 대표와의 접촉을 고집했다. 전대협 역시 정부의 결정에 아랑곳하지 않고 여대생 임수경을 대표로 파 견했다. 임수경의 방북은 당시 북한 사회 내부에서도 큰 반향을 일으키며 체제 선전의 기회로 활용됐다.

> "지금 북과 남, 해외동포들 속에서 조국통일의 기운이 그 어느 때보다도
> 고조되고 있습니다. 지난해에 남조선의 전대협 대표 **림수경 학생이 사**

선을 뚫고 평양을 방문하였는데 이것은 우리 인민들의 통일열망이 얼마나 높은가 하는 것을 온 세계에 그대로 보여주었습니다. 림수경 학생은 평양으로 올 때에는 분단의 장벽 때문에 멀리 에돌아왔지만, 돌아갈 때에는 자기 조직의 결정에 따라 죽음을 무릅쓰고 판문점을 거쳐 갔습니다. 그래서 **나는 그의 애국적 소행을 높이 평가하여 그를 통일의 꽃이고 조선의 딸이라고 하였습니다.**"[148]

북한은 이처럼 거대조직체로 성장한 전대협을 적극적으로 활용해 민주화세력의 제도권 진입까지는 어려웠던 남한 사회를 움직이려 시도했다. 당시 전대협을 움직인 것은 공식 기구가 아닌, 주사파 지하세력의 방계조직인 '정책위원회'였으며, 이들은 주체사상으로 무장한 인물 가운데 선발되어 집행부 간부들을 배후에서 조종했다는 증언이 나오기도 했다.[149] 진보, 보수진영을 막론하고 전대협 출신 인사들의 증언을 종합해 볼 때 조직 내에 주사파 그룹이 실존했다는 것은 사실에 가까워 보인다.

이런 가운데 북한은 민족의 정당성을 강조하며 남한의 범진보 민주화세력과 함께 통일정책을 수립하겠다고 주장했다. 남한 사회의 민주화 역량이 증진되어 감에 따라 낮은 형태의 공동투쟁을 점차 높은 형태의 공동투쟁으로 발전시키며, 이와 동시에 부분적인 연합을 전면적인 연합으로 발전시키려 시도한 것이다.[150]

"현실적으로 남조선 당국자들은 범민족대회에 참가하기 위하여 북으로 올 것을 신청한 남측 대표들을 한 사람도 들여보내지 않았습니다. … **지금 남조선에서는 전민련과 전대협을 비롯한 진보적인 단체들과 광범한 인민들이 자주, 민주, 조국통일의 구호를 들고 투쟁하고 있는데 이 구호가 매우 정당합니다.**"[151]

당시 남한 정부가 민간 차원의 대화를 허용하지 않는 가운데 국내 정치적으로 공안정국이 형성되기도 했지만, 김일성 주석은 1990년 1월 1일 노태우 대통령에게 전면개방 자유왕래와 콘크리트 장벽 제거를 제안하며 남한 내 통일운동의 확장을 유도했다.[152] 그러나 당시 김일성의 실제 의도에 대한 해석이 분분했다. 민간교류를 빌미로 삼아 남한 정부의 창구단일론을 약화시키고 국가보안법 등 남한의 반통일적인 제도를 부각시키려는 의도에서 비롯된 제안이라는 해석도 나왔다.[153]

대화 시도

남한 정부의 '창구단일론'을 약화시키고 반통일적인 제도를 부각시키려는 북한의 의도를 파악한 노태우 대통령은 이에 대응하기 위해 교류를 제안하는 김일성 주석의 제안에 파격적으로 호응하고 나섰다. 1990년 8월 13일부터 17일까지를 민족대교류 기간으로 정해 남북대화와 교류를 허용하자고 주장한 것이다.[154] 이를 통해 남한 정부는 탈정부적 성향의 통일세력과 진보적 민주화세력의 저항을 상쇄하고 과거 군부정권으로 회귀하지 않을까 걱정했던 국민들의 두려움을 해소시킬 수 있었다.

뿐만 아니라 노태우 대통령은 당시 집권여당인 민주정의당과 야당인 통일민주당, 신민주공화당 간의 3당 합당을 통해 국내 정치적 주도권을 확보하고 진보적인 대북정책을 제안함으로써 급진적인 통일운동 세력을 약화시키려고 시도했다. 3당 합당으로 인한 민주화의 진전과 신정치연합의 형성으로 인해 민주적 정당성에 대한 자신감을 갖게 되면서 대외정책 역시 주도적으로 끌고 나갈 수 있게 된 것이다. 대북정책을 추진할 수 있는 안정적인 환경과 절차적인 정당성도 확보할 수 있었다. 과거 군부독재정권 때와 달리 3당 합당의 과정을 통해 확보된 입법 권한으로 국내 정치에서의 입지가 강화됐다는 사실을 북한도 인지하고 있었기 때문이다.

노태우 대통령이 3당 합당을 성사시키고 입지를 강화함에 따라 결국 북한 역시 야당과 재야세력만을 대상으로 삼아왔던 기존 교류운동의 한계를 인정하고, 노태우 정부를 대화의 파트너로 인정하지 않을 수가 없게 되었다.[155] 즉, 3당 합당 이후 노태우 정부의 국내 정치적 입지가 강화되고 급진적인 통일운동 세력이 약화되자 북한은 유일한 대화창구로서 노태우 정부와의 대화에 보다 진지하게 임하게 되었다. 1988년 12월 28일 강영훈 총리가 북한 연형묵 총리에게 대북서한을 보내 고위당국자회담을 제의한 것이 시작이었다.[156]

남북한은 1989년 2월 8일부터 1990년 7월 26일까지 8차례의 예비회담과 실무대표 접촉을 통해 양측 총리를 수석대표로 하는 남북고위급회담을 개최했고, '남북한 간 정치·군사적 대결상태 해소와 교류협력'을 의제로 삼기로 합의했다.[157] 남북기본합의서와 한반도 비핵화공동선언 등 당시 이뤄낸 기념비적인 성과는 이러한 분위기 속에 가능했다.

> "만일 남조선 당국자들이 대화의 막뒤에서 북과 남 사이의 대결을 고취하며 민족의 분열을 고정화하려는 그릇된 입장을 버리고 민족의 단합과 통일을 위한 성실한 립장으로 돌아선다면 북남대화는 실현될 수 있으며 좋은 결과를 가져올 수 있습니다. **우리는 언제나 대화의 문을 열어놓고 있습니다. 우리는 앞으로도 북남대화를 실현하며 그것을 여러 분야에 걸쳐 확대·발전시키기 위하여 적극 노력할 것입니다.**"[158]

북한이 1988년 신년사에서 '북남 최고위급 정치군사회담'을 제안하며 군비 경쟁 중지와 교류 합작을 주장한 데 이어 민족적 단합을 위한 5개 항의 방안을 제기한 것 역시 남한에 대한 변화된 인식을 보여준다.[159] 북한은 이 방안에서 "남조선에 민주정권을 세우는 기초 우에서 서로 대화의 문을 활짝 열어야 한다"고 강조하며 이를 남한 각계각층 인민들에게 편지로 보내기도 했다. 남한 시민사회가 1987년 6.10 민주항쟁으로 직선제 개

북한 김씨 일가가 민주주의를 만난다면

헌을 이뤄내는 모습을 바라보며 북한은 대화에 대한 기대감을 품기 시작했던 것이다.

당시 미국 역시 북한과 대화를 시도하는 남한 정부를 적극 독려했던 것으로 보인다. 1989년 9월 19일부터 사흘간 이어진 댄 퀘일(Dan Quayle) 미국 부통령의 방한을 앞두고 미 국무부가 상부에 보고한 기밀자료에도 "남북 간 직접대화는 한반도의 지속 가능한 평화와 통일을 담보할 수 있는 유일한 수단"이라며 "미국은 북한, 소련, 중국, 동구권과 대화에 나서는 노태우 대통령을 강력하게 지지한다"고 적시되어 있다. 남한의 정치상황에 대해서도 "다원주의적 다당제 민주주의로 상당히 발전했다"며 "남한의 민주화 발전이 한미관계의 장기적인 발전에 기반을 제공해 줄 것"이라고 높이 평가했다.[160]

하지만 남한 정부 및 당국자와의 대화에 대한 북한의 기대감은 오래 가지 못했다. 남한이 민주정치로 도약하며 국제사회의 지지를 얻는 모습과 서울올림픽 개최 움직임은 북한 당국의 불안감을 불러일으켰다. 대화 국면도 잠시, 곧 선거의 정당성 자체를 문제삼는 북한의 공세적 비난이 이어지면서 한반도의 긴장감이 다시 높아졌다.

대한항공 여객기 테러

북한은 1987년 11월 대한항공 858편 보잉 707기를 미얀마 근해인 안다만(Andaman) 해역 상공에서 공중 폭발시키는 테러를 감행했다.[161] 당시 테러로 인해 탑승객과 승무원 115명이 전원 사망했다. 북한은 6.10 민주항쟁의 와중에 남한의 정치적 혼란을 근거로 대며 올림픽 남북 공동개최를 적극적으로 시도하던 중이었다.[162] 당시 대한항공기 폭파범 김현희가 평양을 떠나기 전 조사부장으로부터 "이번 임무는 친애하는 지도자 김정일 동지께서 친필로 지령하신 과업이니 어떠한 문제도 제기해서는 안 된다"는 다짐을 받았다고 증언한 가운데,[163] 서울 올림픽 개최를 방해하고 남한의 혼란스러운 상황을 더욱 악화시키기 위해 북한이 극단적인 테러까지 감행한 것이라는 분석이 나왔다.

> "제24차 올림픽경기대회를 남조선의 서울에서 하기로 한 것은 올림픽 운동의 리념에 맞지 않습니다. 분렬된 나라의 어느 한쪽 지역에서 올림픽경기를 하는 것은 민족의 화합과 통일 위업에 리롭지 못합니다. 더욱이 남조선은 외국군대가 강점하고 있고 전쟁연습소동이 그칠 새 없이 벌어지는 지역이며 인민들의 초보적인 민주주의적 자유와 권리마저 여지없이 말살되고 군사파쑈독재와 민주세력 사이의 대결과 전쟁이 격화되여 정치정세가 매우 불안정한 곳입니다." [164]

1987년 6.10 민주항쟁 시기는 광주민주항쟁에 이어 남한 사회 민주화에 한 번 더 도약을 가져온 시기다. 당시 남한은 군사독재시대를 극복하고 민주화의 시대로 넘어가는 중요한 시점이었던 데다 1986년 아시안게임을 치르고 난 뒤 1988년 서울올림픽을 준비하고 있었다. 이에 북한은 남한 사회가 민주정치로 이행하고 서울올림픽 개최로 한 단계 더 도약하는 상황을 막기 위해 혼란을 초래해야 할 필요가 있었다. 북한이 당시 민주화세력의 집권을 지원해 이들을 혁명역량으로 활용하려 시도했던 것은 맞지만, 막상 민주화된 남한 사회가 통일을 향해 나아가는 모습에 불안감을 느꼈기 때문에 이중적인 대남전술을 펼친 것으로 해석할 수 있다.

여기에는 1983년 북한이 아웅산 폭탄 테러를 일으켰던 때와 비슷한 의도가 포착된다. 당시에도 1980년대에 들어서면서 남한이 체제우위 경쟁에서 북한을 앞지르기 시작했는데, 북한은 남한의 국제적인 지위 상승을 막기 위해 아웅산 폭탄 테러 사건을 일으켰다.[165] 와다 하루키 역시 남한 학생운동 속에서 주사파가 대두된 1983년 무렵, 김일성 사상을 지지하는 학생들의 움직임이 두드러지는 현상을 처음으로 목격한 북한 지도부가 남한에 전두환 대통령에 대한 반감과 증오가 고조되고 있다고 판단한 결과 아웅산 테러 사건을 일으켰다고 설명하고 있다.[166]

북한은 남한 사회주의 혁명역량의 극대화를 유도하는 시기에 이러한 테러 행위를 다양하게 자행해왔다.[167] 북한은 1987년 말에도 여전히 남한 시위세력들에게 6.10 민주항쟁의 성과는 제한적이었을 뿐이며 투쟁을 계속 이어갈 것을 강조하던 상황이었다. 북한 단체들은 1987년 11월 10일 성명을 통해 "남한에 민주정권이 성립되고 그 정권 아래 올림픽이 열린다면 올림픽에 갈 용의가 있다"고 밝힌 바 있지만, 그 직후 대한항공기 폭파 사건을 일으켰고 이에 대해 남한이 북한을 비난하자 이를 '군정 연장을 위한 파쇼도당의 음모'라며 혐의를 전면 부인했으며 그 직후 대선에서 노태우가 당선되자 "남조선 군부 지배자의 책동이 강화되고 있다"며 올림픽에 참가하지 않겠다고 밝혔다.[168]

> "남조선 인민들이 반파쇼민주화투쟁에서 성과를 거두었지만 아직 군사 파쇼독재체제는 그대로 남아있으며, 또한 미국의 지배와 간섭이 계속되고 있습니다. 남조선에서 미국의 지배와 그 앞잡이들의 군사파쇼통치가 계속되는 한 남조선 인민들은 반미 자주화, 반파쇼 민주화의 기치를 높이 들고 **진정한 민주주의와 나라의 자주독립을 쟁취할 때까지 계속 억세게 투쟁할 것입니다.**"[169]

선거를 코앞에 두고 일어난 북한의 도발에는 선거 정국에서 혼란을 야기하려는 의도도 있었다. 여야가 합의해 대통령 직선제를 골자로 하는 헌법을 개정하고 성공적으로 선거를 치러내는 것은 남한의 민주정치를 한 단계 도약시키는 것을 의미했기 때문이다. 당시 테러범으로 지목된 김현희는 TV 기자회견을 통해 본인이 KAL 858기 폭파범이며 북한 김정일의 사주로 88올림픽 방해, 선거 분위기 혼란 야기, 남한 내 계급투쟁 촉발 등을 목적으로 폭파했다고 직접 밝히기도 했다.[170]

1987년 6.10 민주항쟁으로 이루어진 대통령 직선제 개헌 이후 처음으로 치러진 대선 막판에 벌어진 이 사건은 국민들의 안보의식과 대공심리를 자극해 여당 후보인 노태우의 당선에 결정적인 기여를 하고[171] 오히려 군사정권의 연장에 도움을 주었던 것으로 평가된다. 2006년 국정원과거사위원회에서 KAL 858기 폭파 사건을 조사했던 안병욱 가톨릭대 교수는 "17년 만의 직선제 대통령 선거를 앞두고 권위주의 정권이 계속될 것이냐 민주화가 될 것이냐의 기로에 서 있을 때 마침 KAL기 폭파 사건이 일어났다"며 "정권의 최첨병이었던 안기부 입장에서는 이를 정치적으로 이용하려는 생각이 더욱 강했다"고 증언하기도 했다.[172]

당시 남한 내 혼란상황으로 인해 IOC 역시 서울 올림픽 개최 연기를 제의하기도 했지만, 북한의 고군분투에도 불구하고 6.29 민주화선언으로 정치적 혼란이 수습되면서 올림픽은 예정대로 서울에서 개최될 수 있었다. 북한은 당시 KAL기 폭파 사건으로 국제사회의 비난에 직면한 데다 사회주의 국가들이 서울 올림픽에 대거 참가한 데 큰 충격에 빠졌다. 게다가 미국이 1988년부터 북한을 매년 테러지원국 리스트에 올려 북한은 국제사회로부터 여러 가지 불이익을 감수해야만 했다. 1987년부터 시작된 제3차 7개년 계획에서 연평균 10%라는 성장 목표를 유지하지 못했던 북한의 1인당 GNP는 같은 시기 한국의 5분의 1 정도에 불과할 정도로 경제가 붕괴 직전인 상황이었다.[173]

이에 북한은 다시 입장을 바꾸고 '조선의 자주적 평화통일을 촉진하기 위한 포괄적인 평화방안'을 제의하며 통일 지향, 외군 철수, 북남 군축, 당사자 협상을 내용으로 하는 평화보장 4원칙과 남북한의 정치·군사적 대결상태 완화를 제안했다.[174]

낮은 단계 연방제 제의

북한의 방해공작에도 불구하고 결국 성사된 1988년 서울에서의 올림픽 개최는 북한의 지도부에 심각한 고립감을 안겨준 사건이었다. 중국, 러시아를 포함한 북한의 사회주의권 동맹국들이 대부분 올림픽에 참가하였고, 이 대회를 계기로 남한과 동구권 국가들의 관계 개선이 급속도로 전개되었다.[175] 1987년 6.10 민주항쟁을 계기로 남한 사회가 이룬 민주화의 도약이 국제사회로부터 높이 평가받기도 했다. 이로 인해 1980년대 후반 북한의 혁명역량은 약화되는 수준을 넘어 남한에 비해 불리한 방향으로 진전되고 있었으며 북한의 외교적 고립감은 날로 심화되었다. 1990년 6월 5일 노태우 대통령과 소련의 고르바초프 대통령이 국교수립 방침에 합의했을 때도 위기의식이 극에 달했던 북한은 침묵을 지키는 대신, 자신들도 남한과 관계를 맺음으로써 패배했다는 인상을 지우려 시도했다.

이를 위해 북한은 한반도에서 동독과 서독의 방식으로 통일이 이루어질 가능성을 지적하는 국제사회 여론의 관심사를 불식시킬 필요가 있었다. 냉전 해체와 남한의 힘의 우위가 확연하게 드러난 1990년대 초반에는 기존의 '고려민주연방공화국 창립방안'을 부분적으로 보완한 '낮은 단계의 연방제'를 제시함으로써 현실을 수용하는 모습을 보였다.[176]

김일성은 1990년 10월 18일 제2차 남북고위급회담 남측대표단과 회견할 당시 '하나의 민족, 하나의 국가, 두 개의 제도, 두 개의 정부에 기초한 연방제 방식의 통일'을 제시하였고, 그 이듬해 신년사에서도 "하나의 국가, 하나의 제도에 의한 제도통일론은 분열을 끊임없이 지속시켜 결국 통일을 하지 말자는 것이기 때문에 제도통일은 후대에게 맡기자"고 주장했다.[177] 사실상 남북연합과 같은 내용으로 볼 수 있는, 외교 및 군사적 권한을 남북한이 각각 보유하는 매우 낮은 단계의 방안인 것이다.

"력사적으로 면면히 이어온 민족적 공통성을 기초로 한다면 두 제도는 얼마든지 하나의 민족, 하나의 통일국가 안에서 공존할 수 있습니다. 이러한 가능성을 보지 않고 동질성 회복이라는 구실 밑에 제도가 단일화되기 전에는 두 개 국가로 갈라져 있을 수밖에 없다고 하면서 하나의 국가, 하나의 제도에 의한 **제도통일론을 주장하는 것은 나라의 분렬을 끝없이 지속시키자는 것이며 결국 통일을 하지 않자는 것입니다.**" [178]

북한이 당시 이처럼 제도통일은 흡수통일이라며 강하게 비판하고 나서며 지역자치정부가 외교권, 군사권, 내치권을 갖는 '지역 자치정부 권한 강화론'을 들고나온 것은 독일의 흡수통일에 충격을 받고 이를 절대 수용할 수 없다는 사실을 명백하게 밝히기 위한 것이었다. 이는 남한과 미국의 군사력 증강에 대한 경계심과 함께 드러난 방어적 차원의 조치로 볼 수 있다.[179] 김일성이 국가연합 방식의 통일을 추구하지 않으면서도 1980년 고려민주연방공화국 창립방안을 수정해 더욱 낮은 단계의 연방제 방안을 제시한 것은 외형적으로 국가연합에 가까운 형태로라도 통일을 해서 미군을 철수시키고 중립적인 비동맹국가를 창설한다면 군사력에 의한 흡수통일의 기반이 마련될 수 있을 것이라는 계산에서 비롯된 것이었다.[180]

1990년대 초반 북한은 이처럼 남한 사회 내부에 균열을 조장하기 위한 통일전선전술을 구사하는 동시에 국제사회에서의 고립으로부터 벗어나 체제 생존을 보장받기 위해 보다 수정된 통일방안을 제시하며 현실주의적인 방향으로 나아갔다. 당시에 연방제가 북한체제의 유지와 존속을 얻어내기 위해 남과 북의 상호 체제 인정과 평화공존을 주장하는 논리로 평가절하된 측면이 있는 것이다.[102]

6.10 민주항쟁의 발발에 따른 북한의 대응을 정리하면 〈그림 2-2〉와 같다.

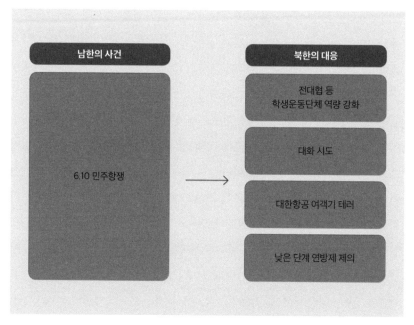

그림 2-2. 6.10 민주항쟁에 대한 북한의 대응

3. 대남전략 : 민족해방 민주주의혁명론

　1980년대 말은 탈냉전시기의 도래와 함께 북한의 외교적 고립과 경제
난이 한층 더 심해지던 시기였다. 이에 북한에서는 이미 1987년 6.10 민주
항쟁으로 절차적 민주주의를 달성한 남한과의 타협이 더욱 절실한 문제로
부각됐다. 이에 따라 1991년 김일성이 신년사에서 제안한 통일방안이 바
로 '낮은 단계 연방제'다. 기존의 고려민주연방공화국 창립방안이 대남 통
일전선전술 차원에서 더 이상 효력을 발휘하지 못하고 있다는 판단 아래,
남한 사회에 계속 영향력을 미칠 수 있는 점진적이고 단계적인 차원의 새
로운 연방제 개념을 필요로 했던 것이다. 이 느슨한 연방제는 각 지역 정

부가 외교와 국방, 중요 정치 문제들에 더 많은 힘을 갖도록 하는 일종의 국가연합적 성격을 띤다는 점에서 남한 당국의 호응 역시 얻을 수 있다는 계산이 깔려있었다.[181]

이처럼 탈냉전 이후 힘의 관계에서 남한이 경제력이나 외교력 모두에서 우위를 차지하고 남한의 민주화가 공고화되어 가는 과정에서 북한의 대남인식과 대남전략은 과거에 비해 상대적으로 공존적, 타협적인 방향으로 변화해갔다.[182] 대남혁명이라는 목표를 추구하면서도 동시에 국제사회에서의 고립과 남한의 민주화 진전 등 여러 가지 상황들이 북한을 보다 현실적이며 타협적인 남북관계로 유도했음을 보여준다. 당시 '낮은 단계의 연방제'가 국제정세의 변화를 반영한 측면도 있지만, 1987년 6.10 민주항쟁을 통해 절차적 민주주의로 이행한 남한과의 공존, 북한의 체제 유지를 전제로 한 통일방안이 필요했다는 점 역시 결정적으로 영향을 미친 것으로 보인다.

하지만 남한에서 민주화가 공고화되었던 시기에 북한이 보인 이러한 변화만을 놓고 실제로 북한이 남한 정부와 당국자를 대화 상대로 인정했다고 해석하는 데는 무리가 있다. 당시 남한과 북한의 통일방안이 팽팽한 평행선을 달리고 있었던 상황에서 국제사회와의 접점을 넓히려는 의도 또한 갖고 있었기 때문이다. 따라서 당시 북한이 통일방안에서 주도권을 놓치지 않고 자신들의 통일방식을 적극적으로 선전하기 위해 낮은 단계의 연방제 안을 내놓았다며 오히려 이를 공세적인 제안으로 보는 시각도 있다.[183]

이는 북한이 6.10 민주항쟁 이후 오히려 더 광범위한 남한 인민들을 대남혁명역량으로 끌어들이려 시도했다는 점을 통해서도 드러난다. 1980년 제6차 당 대회에 명기된 '민족해방 인민민주주의혁명론'에서 '인민'이 공식적으로 삭제되고 '민족해방 민주주의혁명론'으로 당 규약이 개정된 시점은 2010년이다.[184] 하지만 실제로는 남한 사회의 민주화 역량이 상당 수준으로 올라서고 절차적 민주주의가 달성된 1980년대 후반부터 이미 변화가 감지되고 있었다고 볼 수 있다. 1987년 6.10 민주항쟁으로 이룩한 절차적 민주주의의 달성으로 북한은 5.18 광주민주화운동 때보다 더 많은, 다양한 남한 중간층들을 대남혁명역량으로 끌어들이려 시도했다.

북한이 '인민'이라는 단어를 삭제한 이유는 대남혁명을 성공시키기 위해 소수의 핵심역량만이 아닌 더 광범위한 동조세력을 규합하기 위한 것이며, 이를 위해 남한 주민들이 거부감을 느끼는 '인민'이라는 용어는 의도적으로 뺀 것으로 평가할 수 있다.[185] 탈냉전시대의 도래와 함께 북한의 국제적 역량이 상대적으로 약해진 상황을 반영한 것이다. 대남혁명에 성공하려면 소수의 핵심역량뿐 아니라 남한의 더 많은 대남혁명 동조세력과 친북세력들이 필요해졌기 때문이다.

또한 사회성격론에 따르면, 70여 년 전 북한이 바라보는 남한의 사회성격은 '식민지 반(半)봉건사회'였지만 1980년대 중반 이후 '식민지 반(半)자본주의사회'로 바뀌었다.[186] 이러한 사회성격의 변화에 따라 남한의 혁명주도 세력도 농민계급에서 노동자계급 중심으로 변화했으며, 노동자 중심의 정당이 만들어져서 혁명을 일으켜야 한다고 주장하는 등 혁명의 성격도 전환되었다.[81] 즉, 북한이 인민이라는 단어를 삭제한 이유를 '민족해방 인민민주주의혁명'을 통해 추구했던 목표를 포기했기 때문이라고 해석해서는 안 되며, 남한의 민주화 등으로 인한 사회성격의 변화에 따라 혁명주도 세력을 확대하려는 전술적인 의도로 표현을 삭제한 것으로 볼 수 있다.[187] 북한이 당시 아래로부터의 민주화투쟁들을 지켜보면서 종교인, 인텔리, 자본가 등 보다 많은 이들을 포함한 중간층을 대남혁명의 보조역량으로 인정하기 시작한 점은 대남혁명 전략이 과거보다 유연해진 것으로 평가할 수 있다.[188]

특히 북한이 당시 '진보적 지식인'까지 남한 혁명을 주도할 주력군으로 격상시킨 것은 1990년대 들어 북한이 로동신문 등 각종 매체 논설을 통해 인텔리 계층에 대한 사상개조 사업을 강화하고 사회주의혁명 과정에서 인텔리의 지위와 역할을 강조했던 사실과도 관련 있어 보인다. 두 차례 민주화운동을 이끌며 1980년대 남한 사회 변혁을 주도했던 청년학생들이 사회 각계각층에 진출해 활발한 활동을 하는 점을 감안해 북한은 이들을 남한 혁명 주력부대로 견인하고 고무하려 시도했다.[94]

즉, 6.10 민주항쟁이 일어난 뒤인 1980년대 후반은 남한 민주화운동 세력이 한 단계 더 성장함으로써 이들을 공조 대상으로 적극 활용하려는 북한의 노력이 그 어느 때보다 적극적으로 발휘되었던 시점으로 보인다. 북한이 1989년 9월 '정부, 정당, 사회단체' 연석회의를 통해 조국통일방도에 관한 전 민족적 합의를 마련하자며 남한에 민족통일 정치협상회의를 제안했던 것도 이러한 노력의 일환이라고 평가할 수 있다. 북한은 당시 민족통일협상회의를 제의하는 이유와 관련해 "다른 통일방안 등에 대해서도 허심하게 대하고 진지하게 협의할 것"이라고 밝혔다.[189] 또한, 고려민주연방제만이 민족통일을 위한 유일한 방안이라고 고집해왔던 종전의 태도와 큰 차이를 보이며 남한 단체들과 적극적으로 대화에 나섰다.

> "나라의 통일을 바라는 **각 당, 각 파의 정치세력과 각계각층 인민들은 조국통일을 위한 거족적인 대중운동을 힘 있게 벌려나가야 합니다.** …
> 북을 방문하였거나 해외에서 우리와 만나 통일문제를 론의하였다고 하여 체포 투옥한 각계 인사들을 지체 없이 석방하고 모든 남조선 인민들에게 북과 자유롭게 접촉하고 대화할 수 있는 균등한 권리를 보장하여야 합니다."[190]

한편 북한의 행보는 민주화세력의 합법적인 정치활동이 불가능했기 때문에 폭력혁명 위주의 대남혁명 전략을 사용하며 당국의 탄압을 피할 수 있는 지하당을 바탕으로 삼아왔던 군부독재정권 때와 달라진 모습을 보였다. 1987년 6.10 민주항쟁을 계기로 직접선거제가 도입되면서 남한 사회 민주화가 진전되었고 한겨레민주당, 민중의당과 같은 진보정당이 공식적으로 창당되어 1988년 제13대 총선에 후보를 공식 출마시키기에 이르렀다.[114] 이에 북한은 남한 사회의 민주화로 인해 이처럼 진보세력의 합법적인 정치활동과 선거를 통한 정권 교체가 가능해졌고, 쿠데타 등 폭력적인 방식을 활용한 정권 교체만을 고집할 필요가 없다는 판단을 하게 됐다.

즉, 선거와 같은 합법적이고 평화적인 방법을 통해서도 대남혁명의 목적 중 하나인 정권 교체가 가능하다는 인식을 처음으로 하게 된 것이다. 당시 북한은 진보정당 창당으로 제도권에 대한 북한의 영향력을 강화할 수 있는 가능성에 기대를 갖게 되었다. 이는 1991년 5월 24일 김정일이 조선로동당 대남 공작 부서에 남한 내 종북세력을 양성하고 확대하기 위한 구체적인 지침을 내린 문서인 '5.24 문헌'을 통해서도 알 수 있다. '5.24 문헌'은 종북세력을 포섭하기 위한 대남공작 방법과 지하당 조직, 반미 반정부 단체 확대 방안에 대한 구체적인 전략과 전술을 담고 있는 것으로 알려졌다.[191] 곽인수 역시 2010년 9월 로동당 제3차 대표자회에서 발표된 대남혁명 전략은 '5.24 문헌'을 통해 이미 밝혔던 내용을 20년이 지난 후 "전국적 범위에서 민족해방 민주주의혁명 과업을 수행한다"라는 문장으로 간략화해 공식 발표한 것에 지나지 않는다고 밝힌 바 있다.[192]

최근 북한 정찰총국 대좌 출신인 고위 탈북자 김국성이 증언한 내용도 민주화된 한국 사회에서 이처럼 제도권에 대한 영향력 확장을 통해 남한의 정치를 점진적으로 북한에 예속화시키려 시도한 대남혁명 전략을 뒷받침한다. 김국성은 "1990년대 초반 북한에서 직파한 공작원이 남한의 청와대에 잠입해 5~6년간 근무하다 무사히 복귀한 적이 있다"며 "이들이 남한에서 공작 임무를 수행한 것이 여러 건이고 공작원은 조선로동당 314 연락소에서 근무했다"고 증언했다. 또한, 그가 개발했던 북한의 대남전략 목표가 '남조선 정치의 북한 예속화'였다고도 주장했다. 당시에는 청와대에 남파 간첩이 근무했을 뿐 아니라 북한에서 권력 서열 22위인 남파 간첩 이선실이 국내에서 조선로동당 중부지역당을 조직해 395명의 사회 지도층을 입당시켰다가 발각되는 사건이 일어나기도 했다.[193]

한편 남한 사회에서는 1987년 민주화 바람을 타고 1988년부터는 대학생들을 중심으로 통일논의가 활발하게 이루어졌다. 노태우 정부는 급진세력의 통일공세를 차단하고 88올림픽을 성공적으로 개최하는 동시에 남북관계를 주도하기 위해 7.7 선언을 발표했다. 1988년 당시 올림픽을 2개월 앞두고 노태우 정부는 '민족자존과 통일번영을 위한 특별선언(7.7 선언)'을 발표했는데, 1989년 9월에 발표된 새로운 통일정책인 '한민족공동체통일방안' 역시 이 선언을 기반으로 한 것이다.

하지만 북방 사회주의 국가들과의 관계정상화를 겨냥한 7.7 선언에 대해 북한은 강도 높게 비난했다. 주변 국가들과의 교차접촉에 의해 남북관계 개선을 추구하는 것은 두 개의 한국으로 분열을 영구화하는 방식이라는 입장이었다. 북한은 조국평화통일위원회 위원장 허담의 성명을 통해 "우리는 7.7 특별선언이 두 개 조선을 위한 분렬주의적 단계론으로 시작되고 단계론으로 관통되어 있으며 교차접속으로 결속되고 있는 사실에 특별히 주목하지 않을 수 없다"고 지적했다.[194]

> "남조선 대통령이 7.7 선언이요 뭐요 하면서 좋은 말을 하였지만 70 고령의 목사와 나이 어린 처녀학생을 평양에 왔다 갔다는 죄 아닌 죄를 씌워 감옥에 넣었고, 또 많은 청년학생들과 량심적인 인사들을 마구 체

　　　　　　　　北韓 김씨 일가가 민주주의를 만난다면

포 구금하고 있는 데 대하여 우리가 어떻게 좋게 생각할 수 있겠습니까.
… 그들이 하는 행동이 지나치기 때문에 말하는 것입니다."[195]

북한은 7.7 선언과 북방정책 등을 정부여당이 단독 추진한 것이 아니라 야당과의 합동작품이었다는 사실에 큰 충격을 받았던 것으로 전해진다.[196] 남북한 관계를 '혁명적 투쟁기'로 바라보고 있었던 북측의 입장에서 이러한 평화의 움직임은 묵인할 수 없는 분노를 유발했다.[197] 북한은 당시 민주화세력의 집권을 지원해 이들을 혁명역량으로 활용하려 시도하면서도, 동시에 막상 민주화된 남한 사회에서 여야 정치세력이 합작해 단계적이고 현실주의적으로 통일을 향해 나아가려는 모습에 불안감을 느꼈다. 따라서 당시 북한은 보다 광범위한 남한 중간층을 영입해 펼치는 대남혁명과 당국자들과의 대화를 시도하는 평화공존 추구 사이를 오락가락할 수밖에 없었다.

4. 소결

북한은 광범위한 남한 시민들이 참여해 벌인 6.10 민주항쟁을 계기로 이들의 변혁적 지향성을 발견하게 되었다. 1980년대에 5.18 광주민주화항쟁과 6.10 민주항쟁이라는 두 민주화운동을 지켜본 뒤에는 남한 중간층들까지 대남혁명역량으로 편입시키고 이들을 더욱 조직화해 확고한 대남혁명역량으로 만들어야 한다고 인식했다.

북한은 6.10 민주항쟁이 전례 없이 광범위한 각계각층의 참가 아래 대규모 투쟁으로 전개되었다며 "참가 인원수가 1960년 4.19의 두 배를 넘는 전 인민적인 항쟁"이었고 "청년학생뿐 아니라 노동자, 사무원, 기업가 등 남한의 거의 모든 계급과 계층이 참여했다"고 강조했다.[140] 특히 노동운동으로서도 괄목할 만한 발전이 있었다며 "30여 년 노동운동 역사에서 처음 보는 최대 규모의 노동운동"이었다고 과거 다른 항쟁들보다 높이 평가했다.

특히 북한은 청년과 노동자들이 시위세력의 주축을 이루었던 1980년 5.18 광주민주화운동에 비해 1987년 6.10 민주항쟁은 시민사회 내 다양한 직업, 계급, 계층별 조합들과 결사체들이 생겨나고 조직적으로 참여했다는 점에 주목했다. 당시 시민사회는 자신들의 이해를 실현하기 위해 조합을 결성하거나 단체를 조직하는 등 주체적으로 활성화되어 나갔다. 이처럼 6.10 민주항쟁을 거친 뒤 남한 사회에서는 급진적 민중운동의 조직적 발전과 함께 시민운동의 다원화가 동시에 진행됐다.

이는 북한이 6.10 민주항쟁 이후 오히려 더 광범위한 남한 인민들을 대남혁명역량으로 끌어들이려 시도했다는 점을 통해서도 드러난다. 1980년 제6차 당 대회에 명기된 '민족해방 인민민주주의혁명론'에서 '인민'이 공식적으로 삭제되고 '민족해방 민주주의혁명론'으로 당 규약이 개정된 시점은 2010년이다. 하지만 실제로는 남한 사회의 민주화 역량이 상당 수준으로 올라서고 절차적 민주주의가 달성된 1980년대 후반부터 이미 변화가 감지되고 있었다고 볼 수 있다. 1987년 6.10 민주항쟁으로 이룩한 절차적 민주주의의 달성으로 북한은 5.18 광주민주화운동 때보다 더 많은, 다양한 남한 중간층들을 대남혁명역량으로 끌어들이려 시도했다.

북한이 대남혁명 전략에서 '인민'이라는 단어를 삭제한 이유도 소수의 핵심역량만이 아닌 더 광범위한 동조세력을 규합하기 위한 것이었다. 남한 주민들이 거부감을 느끼는 '인민'이라는 용어는 의도적으로 뺀 것으로 평가할 수 있다. 또한 70여 년 전 북한이 바라보는 남한의 사회성격은 '식민지 반(半)봉건사회'였지만 1980년대 중반 이후 '식민지 반(半)자본주의

북한 김씨 일가가 민주주의를 만난다면

사회'로 변화됨에 따라 혁명의 성격도 전환된 것이라는 분석도 나왔다.

즉, 북한이 '인민'이라는 단어를 삭제한 것이 '민족해방 인민민주주의 혁명'을 통해 추구했던 기존의 목표를 포기했기 때문이라고 해석해서는 안 되며, 남한의 민주화 등으로 인한 사회성격의 변화에 따라 혁명주도 세력을 확대하려는 전략적인 의도라는 것이다. 북한이 당시 아래로부터의 민주화투쟁들을 지켜보면서 종교인, 인텔리, 자본가 등 보다 많은 이들을 포함시킨 중간층을 대남혁명의 주력군으로 인정하기 시작한 점은 대남혁명 전략의 유연해진 모습으로 평가할 수 있다.

노태우 정부 시기 우후죽순처럼 등장한 시민단체들은 북한에 대해 적극적인 태도를 보였다. 시민사회의 자율적 공간을 통해 민주화운동이 자연스럽게 통일운동으로 확장되었기 때문이다. 북한은 민족의 정당성을 더욱 강조하며 남한 내의 범진보 민주화세력과 힘을 합쳐 한반도 통일정책을 수립하겠다는 점을 분명히 했다. 하지만 북한은 그들의 입장에서 여전히 군부독재정권의 연장선일 뿐인 남한 정부와 당국자들을 규탄 대상으로 삼으며 날을 세웠고, 오로지 재야 민주화세력들만을 공조 대상으로 활용하려 시도했다. 즉 미국과 공조하는 남한 정부를 비판하는 동시에 재야세력에만 공세적으로 접근하며 북한 당국의 정통성을 부각시키고 체제를 안정시키는 수단으로 삼는 모습을 보였다.

반면 노태우 대통령은 남한 정부의 창구단일론을 약화시키고 반통일적 제도를 부각시키며 남한 중간층을 광범위하게 대남혁명역량으로 편입시키려는 북한의 의도를 파악한 뒤 교류를 제안하는 김일성 주석의 제안에 호응하고 나섰다. 이에 북한의 입장에서는 남한 야당세력과 재야세력만을 대상으로 삼았던 기존 교류운동의 한계를 인정하고 노태우 정부를 완전한 대화 파트너로 인정하지 않을 수가 없게 되었다. 1990년 성사된 3당 합당 이후 노태우 정부의 국내 정치적 입지가 강화되고 급진적인 통일운동 세력이 약화되었던 시기에 북한이 유일한 대화창구로서 노태우 정부와의 대화에 보다 진지하게 임하게 된 것이다. 당시 북한이 내놓은 '낮은 단계의 연방제' 역시 국제사회에서의 고립으로부터 벗어나 체제 생존을 보장받기 위해 현실주의적인 방향으로 나아갔던 결과로 볼 수 있다.

하지만 당국 간 대화 분위기는 오래가지 못했다. 북한은 7.7 선언에 대해서도 분단의 고착화를 추구하고 있다며 강도 높게 비난했다. 막상 민주화된 남한 사회에서 여야 정치세력이 합작해 단계적이고 현실주의적으로 통일을 향해 나아가는 모습과 그에 대한 국제사회의 지지를 바라보며 북한은 불안감을 느꼈다. 이처럼 1980년대 말은 국제정세와 남한 사회 격변기로 인해 북한의 불안감이 최고조에 이르렀던 시기였다. 따라서 북한의 대남전략도 보다 광범위한 남한 중간층을 영입해 펼치는 대남혁명과 당국자들과의 대화를 시도하는 평화공존 사이를 오락가락할 수밖에 없었다.

북한 김씨 일가가 민주주의를 만난다면

3부

1990년대,
남한 민주화세력
집권에 대한 기대감

김영삼 정부 출범과
북한의 대남인식 및 전략

1장

1. 김영삼 정부 출범 당시 남한정세

김영삼 정부 출범 초기에는 북미 간 핵을 둘러싼 갈등이 고조되면서 국제사회에 혼란이 초래되었다. 하지만 국내 정치상황을 보았을 때는 새로 출범한 정부에 대한 압도적인 지지와 권력의 정당성을 바탕으로[1] 북한을 향해 어느 정도 자신감 있는 정책을 펼 수 있는 분위기였다. 3당 통합이 1992년 12월 대선에서 집권여당인 민주자유당의 김영삼 후보가 당선될 수 있었던 결정적인 기반으로 작용한 것은 사실이지만, 권력뿌리의 정당성을 전면 부정할 정도의 요소는 아니었다.[2]

집권에 성공한 김영삼 대통령은 1993년 취임사에서 "어느 동맹국노 민족보다 더 나을 수는 없다"며 전향적인 대북정책을 예고했다.[3] 전 세계적으로 확산되었던 탈냉전 기조와 직전 노태우 정권의 남북기본합의서, 비핵화공동선언 등 성과로부터 영향을 받은 것으로 볼 수 있다. 당시 조성되었던 통일에 대한 기대에 부응할 것을 요구받던 시점이었기 때문이다. 통일부총리로 임명된 한완상 역시 전향적인 대북정책 기조를 밝히며 남북정상회담을 추진할 의사를 표명하기도 하였다.[4] 뿐만 아니라 김영삼 대통령 취임 직후인 3월에 비전향 장기수 이인모를 조건 없이 북송하면서 남북관계 진전에 대한 기대는 더욱 고조되었다.

새 정부는 출범과 동시에 군부가 정치권으로 다시 진입하는 토양을 제거하기 위한 일련의 개혁조치들을 단행했다. 정치군인에 대한 대대적인 숙청을 펼쳤고 군부의 대표적 사조직인 하나회의 주요 장성들이 예편된 것은 물론, 부정부패에 대한 사정도 진행되어 정관계 거물들이 대거 구속되었는데 이는 '무혈혁명'으로까지 비유됐다.[5] 이에 따라 노태우와 전두환 전 대통령에 대한 비자금 수사뿐 아니라 12.12 군사반란 및 5.18 광주민주화운동을 수사하라는 요구도 높아졌다. 이에 사법부는 12.12가 군사반란이었음을 밝히고 전두환에게는 무기징역, 노태우에게는 징역 17년을 선고했다.[6] 1995년 11월 특별법을 수용한 뒤 12.12 담화에서 김 대통령의 발언에도 역사 청산에 대한 의지가 드러났다.

> "이 나라에 정의와 법이 살아있음을 분명히 하고 진정한 국민화합을 이루기 위해 이제 잘못된 역사를 바로잡아야 합니다. 그래야만 지난 어두운 시대가 남긴 국민적인 아픔과 상처도 좀 더 근본적으로 치유될 수 있을 것입니다. 이 일이 제2의 건국이라는 신념으로 **어떠한 반역사적 반민주적 도전도 분쇄하고 이 과업을 반드시 완수할 것입니다.**"[7]

김영삼은 당시 3당 합당이라는 보수 대야합을 통해 탄생했다는 태생적 한계가 있었기 때문에 반민주, 반통일적 군부정권과 달리 초반부터 위로부터의 개혁을 강력하게 추진할 수밖에 없었다.[8] 3당 합당은 단기적으로는 정권의 위기를 돌파하는 계기로 작용했을 뿐이라는 비판에 직면했지만, 장기적으로는 군부정권의 점진적인 탈군사화에 구조적으로 기여했다는 평가를 받기도 했다.[2] 당시 문민정부의 출범이 5년 뒤 국민의 정부 출범이라는 최초의 여야 정권 교체로 이어질 수 있는 징검다리로 역할을 수행했다는 사실 역시 부정할 수 없다. 이에 민주화와 통일을 열망해왔던 급진세력 역시 김영삼 정부에 대해 기대감을 품기 시작하였다.

하지만 시간이 흐르면서 문민정부는 태생적인 한계를 극복하는 데 실패하고 한계를 드러내었다. 군부 권위주의 통치가 종식된 뒤 민간인에 의한 정부를 창출했던 민주주의 역사상 중요한 시기였다. 이처럼 남한의 민주화가 큰 성과를 거두고 있었으나 북한의 입장에서 김영삼 정부는 여전히 이와 역행하는 민주화세력에 대한 탄압을 자행했다.

정권 내 보수파들은 반북반공의식을 동원하고, 이를 통해 민중 주도의 통일운동 확산을 통제하고 나섰다.[9] 1995년에는 명동성당과 조계사에서 농성 중인 KT 노조 간부들을 전격 연행하는 등 군사정권 때보다 강경한 태도를 보이기도 했다. 정치사회에서도 노동계급의 참여가 줄곧 배제되었고 시민사회 내의 민주진영 조직화 등 구조적 민주화 기반을 구축하는 데 실패했다는 평가가 나왔다.[10]

국가보안법, 노동관계법, 국가안전기획부법 등에 대한 개혁 역시 제대로 이루어지지 못했을 뿐 아니라 이는 정권 말기 공안정국으로 이어졌다. 결론적으로 김영삼 정권은 탈군사화를 통해 절차적 민주주의 수준에서 제한적으로 민주화를 정착시켰지만 그 이상의 진전은 없었다.[11] 출범 당시부터 심화된 북핵 위기와 국내 보수세력의 반발로 인해 대북정책 역시 냉온탕을 오갔다. 결국은 북한과 대결적인 자세로 돌아서면서 남북관계가 급격하게 경색되고 말았다. 이로 인해 김영삼 정부 때는 절차적 민주주의에 다소 진전을 이루었을지라도 민주주의가 오히려 후퇴한 측면도 있었다.[12]

문민정부가 출범한 당일인 1993년 2월 25일에 발생했던 사건 역시 김영삼 정부가 전향적인 대북정책을 펼치는 데 발목을 잡았다. 2월 25일은 국제원자력기구(IAEA) 이사회가 북한이 신고하지 않은 시설 중 핵연료 저장소로 판단되는 시설 두 곳에 대한 사찰을 요구하는 특별사찰을 결의한 날이었다. 북한은 "미국이 조작한 정보에 기초한 IAEA의 부당한 사찰을 그대로 받아들이는 것은 우리의 교전일방인 미국의 정탐행위를 합법화해주는 것이며 미국의 핵 위협을 항시적으로 받고 있는 우리의 특수한 조건에서 군사기지를 적에게 개방한다는 것은 상상할 수 없는 일"이라며 준전시상태를 선포하고 3월 12일에는 NPT(핵확산금지조약)에서 탈퇴하기에 이르렀다.[13]

미국 역시 북핵 위기가 심각해지기 전까지는 남북 간 대화를 적극 지지하고 나섰던 것으로 보이지만, 이는 어디까지나 북한이 IAEA에 협력한다는 조건 아래에서였다. 1992년 11월 미 국무부가 보고한 기밀자료에 따르면 당시 미국은 북한에 "남북대화가 정체되어 있고, 서울과 워싱턴에서 대통령 교체를 앞둔 현재 시기에 혼란의 가능성을 최소화하기 위해 우리는 당국 간 대화 지속을 포함한 전반적인 대북정책 기조를 유지할 것"이라면서도 "북한의 IAEA에 대한 협조를 환영하며, 우리는 이러한 협조가 유지된다는 하에서만 당국 간 대화를 이어갈 것이다"라고 밝혔다.[14]

하지만 남북관계가 돌이킬 수 없이 틀어진 결정적인 사건은 김일성 주석의 사망으로 빚어진 조문파동이었다. 남북정상회담 준비가 한창이었던 1994년 7월 8일 김일성 주성이 갑자기 사망하자 당시 클린턴 대통령은 기자회견을 열고 김일성 사망에 대한 애도를 표시했고, 제네바에서 북미 고위급회담을 진행 중이던 로버트 갈루치 전 국무부 북핵특사 역시 북한 대표부를 방문해 조문했다. 하지만 김영삼 대통령은 군 비상경계령을 발동하며 "어떤 형식의 조의 표현도 국가보안법 위반으로 간주해 처벌하겠다"고 밝혔다.[15] 뿐만 아니라 조문파동이 불거진 와중에 김 대통령이 주사파 학생들에 대한 강력한 척결 의지를 밝히고 북한 붕괴를 대비한 흡수통일 방안까지 준비하기에 이르렀다.[16] 3당 합당을 통해 집권했을지라도 스스로 개혁보수 세력을 자임했던 김영삼 대통령의 이러한 대북 강경정책과 공안 정국 형성으로 인해 문민정부 초반의 개혁적인 분위기가 역전된 것은 물론 재야세력들도 타격을 입을 수밖에 없었다.

북한 김씨 일가가 민주주의를 만난다면

2. 대남인식 · 대응 :
집권세력과 민주화세력 구별 짓기

북한 매체의 반응 : 남한 정부에 대한 기대감 뒤 좌절

1993년 문민정부의 출범으로 남한에서는 군부 권위주의 통치가 종식된 뒤 민간인에 의한 정부가 창출됨으로써 민주화 역사에서 큰 성과를 거두었다. 북한의 입장에서도 남한은 '좁은 의미의 정통성'을 인정받을 수 있는 조건을 마련한 셈이었다. 실제로 김영삼 대통령이 집권한 직후 북한은 전두환, 노태우 대통령 때와는 달리 무자정 비난을 쏟아내기보다는 "김영삼이 다음번 정권을 진정 문민정권으로 되게 하려면 국가보안법과 보안관찰법, 집회 및 시위에 관한 법률과 같은 반민주적이며 반인륜적인 악법들을 개정 또는 폐지하여야 한다"[17]는 등 조건을 제시하는 모습을 보였다. 냉전의 종식에 따른 사회주의권의 몰락, 체제경쟁 과정에서 북한의 우위 상실 등 대내외적 위기를 돌파하기 위해 대남인식과 전략의 변화가 불가피했던 측면도 있지만 민주화한 남한 정부에 대한 기대감이 이를 증폭시킨 것으로 보인다.

하지만 이러한 기대감은 잠시뿐이었고, 북한은 이내 김영삼 정부의 집권 과정과 정통성 결여를 지적하고 나섰다.

> "문민정치를 표방한 이번 정권의 발족을 가져온 지난해 12월의 대통령 선거 역시 국가보안법 등의 악용으로 생겨난 수많은 량심수를 감옥에 가두어둔 채 벌어졌음을 상기시키고, 이런 의미에서 볼 때 **새 정부에 대해서도 그 정통성을 인정할 수 없는 데 대해 지적하였다.** 새로 출범한 김영삼 정권이 진정한 문민정권으로 되기 위해서는 국가보안법과 안기부법을 비롯한 반민주 악법들을 반드시 철폐하여야 한다."[18]

북한은 3당 합당으로 출범한 데다 민주화세력에 대한 탄압을 자행한 문민정부의 정통성, 민주성 결여를 문제삼으며 새로 집권할 노태우 역시 전두환과 다름없다는 사실을 선전하고 남한에서의 시위가 지속되도록 선동했다. 1980년대 후반에만 해도 김영삼, 김대중 등 민주화세력을 종종 언급하며 민주화세력이 제도권에 진입할 수 있도록 간접적으로 지원하는 모습을 보였던 북한이었다. 하지만 막상 문민정부가 출범한 뒤 미국과 변함없이 공조하며 핵 사찰, 팀 스피리트 합동군사훈련 등에 나서자 이들을 비난하고 나섰다. 과거 남한 집권자를 지칭할 때 반드시 붙였던 '괴뢰정부', '파쑈정부' 등의 표현도 다시 등장하기 시작했다.

> "이 해 남조선 인민들은 김영삼의 문민파쑈광의 본색이 드러남에 따라 반파쑈민주화투쟁을 강화하였다. 미제의 쌀시장 개방 압력에 굴복한 사대매국노 김영삼 괴뢰도당을 **력대 군부독재자들보다 더한 문민파시스트로 락인한 남조선 인민들은 반파쑈민주화투쟁을 반미자주화투쟁과 밀접히 결부시켜 진행함으로써 미제와 남조선 괴뢰들에게 심대한 타격을 안겼다.** 1993년에 김영삼 파쑈도당은 력대 통치자들보다 더욱 교활한 방법으로 반민족적, 반민주적, 반통일적 책동을 악랄하게 벌렸다." [19]

김영삼 정부 출범 후 한 달간 로동신문 보도를 살펴보았을 때, 북한은 1980년 5.18 광주민주화운동과 1987년 6.10 민주항쟁 때 남한에서의 시위가 과격하게 이어지던 당시 관련 보도를 활발하게 이어갔던 것과 다른 모습을 보였다.

김영삼 정부 출범 때는 '군부 권위주의 정권 종식 후 첫 민간정부 출범'이라는 성과를 이뤄냈음에도 불구하고 남한정세에 대한 보도 건수가 크게 줄어든 것으로 집계되었다. 전체 보도 건수가 209건으로 집계돼 300건이 넘었던 5.18 광주민주화운동 때나 400건이 넘었던 6.10 민주항쟁 때

북한 김씨 일가가 민주주의를 만난다면

에 비해 크게 적었다.

남북관계가 악화되기 전이었던 김영삼 대통령 집권 직후에는 남한이 북한의 요구조건을 들어줄 수 있다는 기대감이 어느 정도는 깔려있었기 때문에 부정적인 보도를 더 자제했던 것으로 보인다. 따라서 집권 한 달 보도 건수를 살펴봤을 때도 첫 주에 비해 마지막 주로 갈수록 기사 건수가 더 늘어난 것으로 집계됐다.

기사를 이슈별로 정리한 표에 '남한정세'로 집계된 로동신문 보도들 역시 대부분 김영삼 정부의 출범 소식보다 당시 미국과 공조해 이루어진 핵 사찰과 팀 스피리트 훈련에 대해 다루고 있었다. 시위 관련 보도도 간

표 3-1. 김영삼 정부 출범 당시 『로동신문』 기사 집계(1993년 2월 25일~3월 24일)

날짜	기사 수	날짜	기사 수
2/25	4	3/11	7
2/26	6	3/12	7
2/27	3	3/13	7
2/28	8	3/14	9
3/1	4	3/15	8
3/2	9	3/16	8
3/3	3	3/17	9
3/4	8	3/18	5
3/5	6	3/19	9
3/6	9	3/20	11
3/7	4	3/21	12
3/8	6	3/22	8
3/9	8	3/23	11
3/10	8	3/24	12
합계		209	

표 3-2. 김영삼 정부 출범 당시 『로동신문』 기사 이슈별 분류(1993년 2월 25일~3월 24일)

이슈별 분류	기사 수(백분율)
남한정세	57(27.27%)
해외 반응	113(54.07%)
북한 사회 반응	26(12.44%)
사설·논평	13(6.22%)
기타	0(0%)
합계	209(100%)

혈적으로 이어졌지만 5.18 광주민주화운동이나 6.10 민주항쟁 때에 비하면 미약한 수준이었다.

김영삼 대통령 집권 2주째에 로동신문은 "서울지역 총학생회련합 소속 대학생 200여 명이 민주대개혁 촉구대회를 가졌다. 대회에서 학생들은 국가보안법의 철폐와 량심수 석방, 해직교원 복직을 새로 들어선 김영삼 정권에 요구하였다"[20]고 시위상황에 관해 보도했다. 한편, 동일한 날 다른 로동신문 기사는 이들의 시위가 "팀 스피리트 93 합동군사연습과 미국의 쌀시장 개방 압력 책동을 반대한 것"[21]이라고 해외언론을 빌려 보도했다. 같은 날 보도한 두 기사가 남한 시위대의 투쟁 원인을 서로 다르게 보도한 것이다.

이처럼 남한 시위 관련 보도의 대부분이 5.18 광주민주화운동과 6.10 민주항쟁 때처럼 '반미시위'로서의 성격을 부각시키는 모습이었다.[22] 하지만 반미시위 관련 기사의 절대적인 수치 역시 마찬가지로 과거에 비해 줄어들었으며, 남한을 비판하는 보도들도 직설적인 표현을 사용하는 북한 단체들의 반응이나 사설·논평의 비중은 크게 줄어들었다. 대신 해외 단체나 매체들의 보도를 빌려 간접적으로 표현하는 기사들이 대폭 늘어

북한 김씨 일가가 민주주의를 만난다면

나 전체 관련 기사의 절반을 넘는 것으로 집계되었다.

북한의 김영삼 정부에 대한 기대감이 어긋난 것은 비슷한 시기에 터졌던 핵 사찰 이슈와도 관련이 깊다. 문민정부가 출범한 당일인 1993년 2월 25일은 국제원자력기구(IAEA) 이사회가 북한이 신고하지 않은 시설 중 핵연료 저장소로 판단되는 시설 두 곳에 대한 사찰을 요구하는 특별사찰을 결의한 날이었다. 이미 6차례에 걸쳐 북한 핵 시설을 사찰한 바 있는 IAEA가 북한이 신고한 플루토늄 추출량에 의문을 제기한 결과 터진 1차 핵 위기가 막 고조되기 시작한 시기였다.

김영삼 대통령이 핵 문제에 본격적으로 대응을 시작하기 전에는 북한이 '전 남조선집권자'와 '현 남조선집권자'를 명백히 구분하며 모든 비난의 화살을 '전 남조선집권자'인 전두환과 노태우에게만 돌리는 모습을 보였다.[23] 새로운 남조선집권자인 김영삼 대통령은 과거와 다르게 대응할 것이라는 기대감 때문이었다.

> "우리는 침략적인 전 팀 스피리트 93 합동군사연습을 강력하게 반대하고 있지만 그와 관련하여 **남조선의 현 집권자를 욕하지는 않습니다. 미제와 함께 팀 스피리트 93 합동군사연습을 재개하도록 한 것은 현 남조선집권자가 아니라 전 남조선집권자입니다.**
> 판문점에 리산가족들의 상봉을 위한 집까지 짓자고 약속하였으나, 전 남조선집권자는 그에 도전하여 침략적인 팀 스피리트 93 합동군사연습을 재개하도록 하였습니다."[24]

하지만 북한은 기대했던 바와 달리 이전 정부보다 오히려 더 강경하게 핵 문제에 대응하고 미국과 공조체제를 공고히 해나가는 김영삼 정부에 대해 크게 실망했던 것으로 보인다. 김영삼 정부가 출범한 뒤에도 핵 사찰과 팀 스피리트 이슈를 시종일관 언급하며 미국과 남한의 공조체제를 비난했다. 당시 북한은 특사교환을 남한 정부에 제의하면서도 "우리는 남조선 당국자들에게 회담을 하려면 외세와 함께 핵전쟁연습을 하지 말며 〈국제공조체제〉를 운운하지 말아야 한다"[25]고 요구했다고 강조했다.

또한 남한 정부의 자주성 결여를 비난하며 "남조선의 현 당국자가 문민정권을 세우고 무엇을 한다고 하지만 믿을 수 없습니다. 남조선은 아무런 자주권도 없는 미국의 식민지입니다"라고 평가했다.[25] 전두환, 노태우 정부 때와 달리 절차적으로는 민주화한 남한 정부를 대화 상대로는 인정하면서도 이들이 미국과 공조하는 행태는 변함없이 규탄하는 모습이었다. 그러면서도 "남조선 당국자가 미국에 맹종맹동하지 않고 자주적으로 나가려고 한다면 이제라도 그와 손을 잡을 용의가 있습니다"라고 대화의 조건을 밝혔다.[26] 미국과의 공조체제를 정리하고 자주적인 태도를 견지한다면 남한 정부 및 당국자들과도 얼마든지 대화할 수 있다는 의미였다.

북한은 당시 군부 권위주의 통치 종식에 이은 문민정부의 출범을 바라보며 선거 등 '합법적인 정치 공간을 활용한 방식'까지 남조선혁명의 수단으로 기대하고 남한 정부 및 당국자들과의 대화 가능성을 타진했던 것으로 보인다. 당국자, 정당, 사회단체 등과 대화의 필요성을 지적하고 당국자들 간 접촉까지 허용하는 방향으로 나아갔다. 김영삼 정부 출범 직후 김일성은 재미교포들과의 담화에서 "어느 동맹국도 민족보다 나을 수 없다"는 김영삼 대통령의 취임사를 언급하며 남한 당국자와의 단결에 기대감을 드러내기도 했다.[27]

> "지금 우리는 남조선 인민들은 물론 남조선 당국자들과도 될수록 단결하자고 합니다. 그래서 나는 올해 신년사에서 그 누구든지 민족자주의 립장에서 진정으로 조국통일문제를 해결하려는 성실한 태도로 나온다면 **과거를 묻지 않고 마주 앉아 허심탄회하게 나라의 통일문제를 협의할 것이며 조국통일 위업을 실현하기 위하여 함께 노력할 것이라고 하**

였습니다. … 우리는 남조선집권자의 말에 주의를 돌리고 있습니다. 물론 그에 대하여 환상을 가질 필요는 없지만 그가 나를 만나겠다고 한 것은 좋은 일입니다." [27]

미국과 함께 남한 정부와 당국자를 시종일관 규탄 대상으로만 삼아 왔던 북한이 김영삼 정권을 반미공조를 함께 해나갈 대상으로 인정하는 모습을 보였다는 점에서 과거와 큰 차이를 보였다고 평가할 수 있다. 하지만 북한은 자신들의 끈질긴 요구에도 불구하고 이전 군부독재정부와 다를 바 없이 미국과 공조해 핵 사찰, 팀 스피리트 훈련 등을 펼치는 남한 정부와 당국자들에게 큰 실망감을 느꼈다. 따라서 북한은 남한의 급진적 재야세력과 당국자들에 대해 철저하게 구분 지어서 대응했다. 이는 김영삼 정부 출범 이듬해 북한의 신년사에서도 명확하게 드러난다. 약 1년 만에 남한 정부와 당국자들에 대한 인식이 확연하게 달라진 모습이었다.

"남조선의 이른바 문민정권이란 허울뿐이고 실지로는 력대 군부독재정권과 다른 것이 없습니다. **남조선 인민들과 각계 인사들이 현 남조선 정권에 대하여 더 이상 지켜볼 것도 없고 기대할 것도 없다고 하는 것은** 응당한 일입니다. … 남조선 당국자들은 외세와 야합하여 우리 공화국을 반대하는 대규모 군사연습을 빈번히 벌리고 우리의 핵 문제를 구실로 군사적 대응이니 국제공조체제니 하면서 북남관계를 위험한 국면에 몰아넣고 있습니다." [19]

하지만 재야세력들에게는 여전히 미국에 대항해 공조할 수 있다는 기대감을 드러냈다. 김영삼 대통령이 취임하고 한 달 뒤 북한이 내놓은 조국통일을 위한 전민족대단결 10대 강령 역시 "각 당, 각 파, 각계각층에게 동등한 대화의 기회를 주어야 하며 쌍무적, 다무적 대화를 발전시켜야 한다"[28]고 강조했다. 한편 10대 강령을 발표했음에도 불구하고 이에 남한 당국자들은 반응하지 않았다며 비난했다.

정부 당국 간 대화가 결렬된 이후로는 "남조선의 청년학생들을 비롯한 각 계층 인민들은 북남대화와 교류를 정부 승인하에서만 할 수 있다는 괴뢰들의 창구일원화 책동을 배격한다"며 민간 주도의 연북통일을 시종일관 주장했다.[29] 남한 집권세력과 재야 민주화세력을 철저하게 구별한 뒤 상반된 방식으로 대응하는 모습을 보였다는 것이 김영삼 정부 출범 후 북한이 보인 반응의 가장 큰 특징이다.

북한 당국의 대응 : 통미봉남·민간 주도 통일 지향

특사교환 제안

김영삼 정부 출범 직후 남북고위급회담 대표 접촉을 갖자는 제의에 대해 북한 강성산 총리는 최고 당국자들이 임명하는 부총리급 특사를 교환하자고 제의하며 김영삼 정부와 대화를 통해 문제를 해결해 나가려는 의지를 표시했다.[25] 북한이 과거에는 줄곧 소극적으로 대응했던 정상회담 개최 문제를 먼저 명백하게 언급하고 이를 위해 최고위급 당국자 간 특사를 교환하자고 주장한 것은 남북정상회담의 가능성을 강하게 시사하는 것으로 풀이되었다. 당시 강 총리는 서한에서 "북과 남은 이제 더 이상 지난날의 곡절 많은 대화의 길을 걸어서는 안 되며 새 출발을 하여야 할 것"이라고 밝히며 "귀측에서 새 정권의 출범과 함께 과거와는 달리 민족의 이익을 중시하는 입장을 표명하고 있는 것으로 알려지고 있다"[30]며 새로 출범한 문민정부와 기존 군사정권들 간의 차별성을 분명히 했다.

북한은 과거에도 남북고위급회담이 열릴 때마다 고위급회담이 잘 풀리면 정상회담이 열릴 수 있다는 주장을 펼쳐왔지만, 당시 북한의 발언 및 태도에는 분명히 과거에 비해 남한 정부에 대한 기대감이 깔려있었다.

1993년 김일성은 재미교포들과 가진 담화에서도 "우리는 남조선 인민들은 물론, 남조선 당국자들과도 될수록 단결하자고 합니다. 그래서 나는 올해 신년사에서 그 누구든지 민족자주의 립장에서 진정으로 조국통일문제를 해결하려는 성실한 태도로 나온다면 과거를 묻지 않고 마주 앉아 허심탄회하게 나라의 통일문제를 협의할 것"이라고 밝혔다.[23]

물론 당시 북한의 특사교환 제안 등 대화를 향한 노력이 핵 위기 국면으로 접어드는 가운데 국제사회에 과시하기 위한 용도일 뿐 진정성은 부족했다는 평가 또한 있다. 당시는 북미 간 고위급회담을 코앞에 둔 시점이었기 때문에 대화를 적극적으로 모색하는 모습을 국제사회에 보여줄 필요가 있었다. 북한이 겉으로는 남북 간 현안을 대화로 해결하겠다는 의지를 표명하긴 했지만, 최대 현안이었던 핵 문제에 대해서는 거의 언급하지 않았다는 점 또한 북핵 문제에 대한 국제적인 압력에 대응하기 위해 시간을 벌기 위한 의도였을 것이라는 점을 보여준다.[30]

이처럼 특사교환과 고위급회담을 놓고 13차례에 걸쳐 양측이 전화통지문을 교환하며 신경전을 벌였지만 결국 제의는 무산되었다. 당시 상황을 기술한 『조선중앙년감』은 "우리 측의 제의와 적극적인 노력에 의하여 북남 최고위급의 특사교환을 위한 실무대표 접촉이 3차례 있었다. 접촉은 남측의 불성실한 대화 자세로 하여 결렬되었다"라고 기술했다.[31] 강성산 총리도 담화를 통해 "남측이 특사교환을 위한 실무절차 토의에 핵 문제를 넣어 북남 사이의 새로운 대화 마련에 인위적인 난관을 조성했으며, 남측의 부당한 태도로 말미암아 특사교환 제안이 실현될 수 없게 된 데 대해 매우 유감스럽게 생각한다"고 남한의 책임이라는 사실을 분명히 밝혔다.[32] 결국은 양측 간 입장을 좁힐 수 없었던 핵 문제가 대화의 발목을 잡은 것이다.

"우리는 지난해 5월에 북남최고위급의 특사교환을 실현하여 조선반도

의 핵 문제도 해결하고 통일의 방도도 모색하기 위한 합리적인 제안을
내놓았습니다. 우리는 당국 대화도 하고 민간급에서도 대화를 하여 온
민족의 화합과 단합의 분위기를 조성하자고 하였습니다. **그런데 남조선
당국자들은 핵 문제를 전면에 내놓으면서 민간대화는 물론, 당국 대화
까지 모두 막아 나서고 있습니다.**" [33]

당시 북한의 남한에 대한 대화 제의가 단지 국제사회에 대한 과시용
이었는지, 얼마나 진정성이 있었는지에 대한 객관적인 판단은 불가능하다.
하지만 적어도 김영삼 정부가 출범한 직후에는 북한이 과거 군사독재정권
때에 비해 남한 정부를 대화 상대로 인정하고 기대감을 걸었던 것이 사실
로 보인다. 당시 내놓은 전민족대단결 10대 강령에서 주장한 "각 당, 각 파,
각계각층에게 동등한 대화의 기회를 주어야 하며 쌍무적, 다무적 대화를
발전시켜야 한다"는 조항 역시 방점은 재야 민주화세력에 두고 있을지라도
남한 당국자들 역시 대화 상대로 포함하고 있다. [28] 당시 김일성이 전민족
대단결 10대 강령을 발표하는 최고인민회의 자리에서 "어느 동맹국도 민족
보다 나을 수 없다"는 김영삼 대통령의 말을 포함하도록 하고, 이를 남한
각계 인사들에게 편지로 보냈던 사실 역시 이를 뒷받침해 보여준다. [34]

이러한 북한의 대응에 대한 자신감을 얻은 김영삼 대통령은 1993년
6월 고위급 북미대화가 시작된 이후 '북미 간의 어떤 합의에도 남북대화
진전을 조건으로 연계시키도록' 미국 측에 요구하는 등 남한이 어떤 상황
에서도 주도권을 쥐려고 시도했다. [35] 김영삼 정부는 북핵 위기를 해소하기
위해 미국과 북한의 협상을 인정하면서도 남한의 주도성 보장이라는 기대
가 충족되지 않을 경우에는 미국과 북한의 협상 결과에 대해 반발하는 모
습을 보이기도 했다. 이러한 김영삼 대통령의 주도성 확보에 대한 집착과
경직된 대응방식이 북핵 대응에 한계를 가져온 측면이 있다.

통미봉남

김영삼 정부 출범 직후 3월 8일부터 시작된 팀 스피리트 훈련에 북한은 김정일 최고사령관 명령 제34호를 발표하는 등 극도로 예민하게 반응했다. 뒤이어 3월 12일 성명을 발표해 NPT 탈퇴를 선언하면서 북한 핵 문제는 국제사회 초미의 관심사로 떠오르며 긴장이 극도로 고조됐다. 북미 고위급 대화를 통해 NPT 탈퇴 시한을 하루 남기고 북한의 탈퇴를 보류시킬 수 있었지만, 이는 사태의 잠정적인 봉합에 불과했다. 하지만 이러한 일련의 상황이 북한의 입장에서는 미국과의 고위급 접촉을 통해 한반도 안보 문제를 양자 간에 협의할 수 있다는 큰 성과를 이룬 것이었다.

당시는 북한 내부에서 김정일 후계체제에 대한 준비가 군사 부분에서부터 개시되던 상황이었다. 북한은 1992년 4월에 북한 사회에 대한 인식 조정 및 위기 대응을 위해 20년 만에 헌법을 개정했는데, 대외적으로 당면한 위기가 체제를 위협하고 있다는 인식 아래 김정일 후계체제를 공고히 하려는 목적으로 국방 관련 조항을 신설했다.[36] 뒤이어 1993년 4월 9일 최고인민회의에서 김일성은 국방위원회 위원장직에서 물러났고, 1991년 말 당 중앙위 전원회의에서 조선인민군 최고사령관에 추대되었던 김정일이 후임으로 선출됐다.[37] 북한 내부적으로도 중대했던 이 시기에 핵을 카드로 구사하며 미국을 교섭의 장으로 이끌어내는 벼랑 끝 전략을 펼쳤던 것이다.

김일성은 1992년 4월에 가진 워싱턴 기자단과의 담화에서도 미국이 한국전쟁과 정전협정의 당사자로서 한반도 문제에 직접적인 책임이 있기 때문에 한반도의 평화보장과 평화통일을 위하여 남북한의 화해와 신뢰 구축, 북미 간 평화협정 체결, 남북한 군비 축소, 주한미군 및 핵무기 철수 등을 제기하며, 이러한 문제들을 해결하기 위해 북한과 미국이 직접 대화할 필요가 있다고 주장한 바 있다.[33]

당시 김영삼 대통령이 남북 간 특사교환이 이루어져 상호사찰 문제를 협의할 수 있어야 북미회담으로 갈 수 있다는 주장을 고수했음에도 불구하고, 이때 이후로 북한은 모든 핵 문제를 미국과 직접 대화하는 경로로 논의하려 했다. 그 결과 1994년 10월에는 제네바 합의를 타결하기에 이르렀다. 당시 청와대에 있었던 한 관료는 "우리는 완전히 소외된 채 제네바 합의 과정을 지켜만 보다가 나중에 미국으로부터 북한에 돈을 대주라는 청구서를 받는 꼴이었다"고 증언했다.[38]

김영삼 정부는 남한이 주도권을 쥐고 북핵 위기를 해소하려 했지만, 북한에 대해 군사적 압박 조치도 추진할 수 있었던 클린턴 정부에 비해 선택의 폭이 좁았다. 미국으로부터 체제를 인정받는 데 사활을 걸었던 당시 북한에 대해 남북협상 우선 정책을 펴는 것은 오히려 정책의 유연성을 약화시키는 결과를 초래했다.[39] 예를 들어 미국은 북한과 1993년 말 일괄타협안에 합의했지만, 이 안에 포함된 남북협상이 결렬되면서 북핵 위기가 위기상황으로 전개됐다. 그리고 미국과 북한 간 협상을 통한 북핵 문제의 해소에 김영삼 정부가 걸림돌이 되는 듯한 양상마저 초래됐다. 당시 북한도 이러한 남한의 상황을 파악하고 있었던 것으로 보인다.

> "남조선 인민들이 **지금 북조선과 미국이 회담하고 있는데 남조선은 왜 밀려나서 제구실을 하지 못하는가고 들고일어나자 남조선 당국자는 외무부 장관을 미국에 보내여 남과 북이 대화를 하려고 하는데 특사교환을 위한 실무대표 접촉문제를 조미회담의 전제조건으로 내세워달라고 애걸**하고 있습니다."[40]

하지만 군부 권위주의 독재에서 벗어났을지라도 여전히 미국과 공조하는 남한 정부에 대해 불신에 싸여있던 북한의 입장에서는 재야세력과의 대화를 유지하는 것이 더욱 중요했다. 북한은 미국으로부터의 체제 보장이 주요 목표였기 때문에 남한 정부의 의도대로 따라 줄 이유가 전혀 없었다. 또한 북한은 당시 국제사회의 핵 압박에 대해 NPT 탈퇴 선언으로 정면 돌파를 시도하는 과정에서 북미 간 직접대화의 돌파구를 마련하고 중국과도 관계를 회복하는 등 수세에 몰려있었던 자신의 입지를 상당 부분 개선한 상황이었다. 북핵으로 한반도 내 긴장이 고조되는 과정에서 북한의 지정학적 가치가 부각되었기 때문에 냉전 후 비확산체제를 강화하려던 미국은 북한과의 대화에 더욱 집중할 수밖에 없었다.

이러한 상황에서 남한과 미국이 대북 협상의 주도권을 놓고 경쟁을 벌이자, 북한은 이들 간의 갈등이 더욱 증폭되기를 희망했던 것으로 보인다. 1차 북핵 위기가 벌어질 당시 김일성이 방북한 전 미국 대통령 지미 카터(Jimmy Carter)와 가졌던 담화 내용을 통해서도 남한과 미국 사이를 이간질하려는 북한의 의도를 엿볼 수 있다.

> "당신이 서울에 들렀을 때 김영삼이 나를 만나려는 의향을 표시했다고 하는데 나는 그를 만나지 않겠다고 한 적이 없습니다. 그런데 그는 우리가 국제원자력기구의 특별사찰을 받지 않으면, 나를 만나지 않겠다고 … **우리와 악수도 하지 않겠다고 하는 사람을 무엇 때문에 만나주겠습니까. 그래서 나도 그를 만나려 하지 않았습니다.** 그가 나를 만나겠다고 하면서 왜 그따위 허튼소리를 하는지 모르겠습니다."[41]

이런 가운데 김일성과 클린턴이 전면전을 피하기 위한 물밑 협상을 벌인 결과 마련된 해결책이 바로 전 미국 대통령 지미 카터의 방북 승인이었다. 당시 카터 대통령이 전달한 김일성의 조건 없는 남북정상회담 의사는 미국의 대북제재나 미북 고위급회담으로 주도되어 왔던 당시의 북핵 위기 국면을 김영삼 대통령이 원했듯 남북관계 중심으로 전환시킬 수 있는 결정적인 계기가 될 수 있었다.[42] 지미 카터가 김정일 위원장을 결국 만나지 못했고 방북 보따리에도 새로울 것이 없었다며 폄훼하는 의견들도 있었지만,[43] 그럼에도 불구하고 그의 방북을 계기로 6월 28일 남북정상회담을 위한 예비접촉이 개시되어 7월 25일 평양에서 정상회담을 실시하기로 합의한 건 사실이었다. 하지만 정상회담을 코앞에 두고 제3차 북미회담 당일인 7월 8일 김일성이 심장발작을 일으켜 사망하면서 회담이 무산되었다.

아버지의 죽음 이후 후계체제 구축을 위해 고민하던 김정일은 본인이 조선인민군 최고사령관이 되어 군대를 장악하는 데 힘쓰는 동시에 김일성이 남기고 간 과제인 대미교섭을 개시해 경수로 문제를 둘러싸고 미국과 합의를 이루었다. 그러나 남한 측의 태도를 비판하면서 남북정상회담은 사실상 거부했다. 이런 가운데 김영삼 정부는 장례가 거행된 당일 러시아가 제공한 한국전쟁 관련 비밀문서를 발표하는가 하면 김일성의 죽음에 조의를 표하지 않았는데, 이는 김영삼과의 회담을 바라지 않았던 김정일의 입장에서 남한을 배척할 좋은 구실로 작용했다.[44]

민간 주도 통일 지향

북한은 남한 정부에 대해 통미봉남 기조를 이어갔지만, 재야세력들에게는 여전히 미국에 대항해 공조할 수 있다는 기대감을 드러냈다. 북한은 3당 합당이라는 정치적 야합으로 출범한 데다 민주화세력에 대한 탄압을 자행한 문민정부의 정통성, 민주성 결여를 문제삼으며 남한 재야세력들이 시위를 계속 이어가도록 선동했다. 1987년 직선제 개헌으로 이룬 절차적 민주화를 넘어 문민정부의 출범으로 군부 권위주의 통치를 종식시키고 민간인 정부를 창출하는 등 민주화가 큰 성과를 거두고 있었으나, 북한의 입장에서 김영삼 정부는 여전히 이에 역행하며 민주화세력에 대한 탄압을 자행하는 것으로 보였다.[45] 당시 북한은 김영삼 정부와의 대화를 시도했지

북한 김씨 일가가 민주주의를 만난다면

만 민주성을 인정한 것은 아니었으며, 오히려 과거 독재정권의 연장선으로 바라보고 "력대 통치자들의 전철을 그대로 밟고 있다"며 시종일관 민주인사들의 석방을 주장했다.[46]

> **"민주주의적 자유와 권리를 위하여, 조국통일을 위하여 의로운 일을 한 사람들을 감옥에 그대로 묶어두면서 말로만 문민정치를 하고 통일을 하겠다고 하는 것은** 사람들에게 한갓 기만으로밖에 들리지 않을 것이다. 남조선 당국자들은 민주인사들을 비롯한 모든 정치범들을 무조건 지체없이 석방함으로써 민족적 단합과 통일에 대한 자기들의 의지와 자세를 행동으로 보여주어야 할 것이다."[47]

이처럼 남한 내 재야세력을 선동하려는 움직임은 북한이 김영삼 정부와 관계가 악화된 1994년부터 본격적으로 시작된다. 1994년은 북한 내부적으로도 김일성이 사망한 데다 경제적으로 심각한 침체에 빠지고, 외교적으로 고립이 심화되었으며, 사회적으로도 체제가 이완되는 총체적 위기의 시기였다.[48] 북한은 1994년 신년사에서도 "북과 남, 해외의 모든 조선 동포들은 전민족대단결의 기치 아래 한데 뭉쳐 거족적인 투쟁을 벌임으로써 올해에 조국통일의 새로운 국면을 열어나가야 할 것이다"라고 강조하면서 범민련 등 재야단체들을 중심으로 남한 내 반정부세력과 연대하는 통일전선 투쟁을 더욱 강화시키려는 움직임을 보였다.[49]

그리고 북한은 김일성이 사망한 뒤인 1994년 7월 14일 조국평화통일위원회 담화문을 통해 "남조선 각계각층 인사들이 조문을 보내오며 평양에 조문단을 파견하려 하는 데 대해 사의를 표한다"면서 "조문객을 동포애로 정중히 맞이하며 평양 체류기간 동안 신변안전 및 모든 편의를 제공하겠다"고 발표했다.[50] 이는 조문을 주도하는 세력인 일부 야당의원과 재야세력, 한총련 등을 통일전선에 적극적으로 포섭해 활용하겠다는 의지를 나타낸 것으로 해석된다. 당시 김일성 주석 조문파동 역시 남한 내부에서 반정부투쟁을 선동하기 위한 수단으로 활용된 것이다.

남한 재야세력과 연대해 통일전선을 구축하려 시도하는 동시에 남한 당국자들을 비난하는 북한의 전략은 김영삼 정부 집권기 내내 계속되었다. 장기적으로는 상층 통일전선과 하층 통일전선의 유기적인 결합을 추진해 나가야 하지만 하층 통일전선이 튼튼하지 못한 채 상층 통일전선이 이루어진다면 결국 무너지고 만다는 논리에 근거를 두고 있는 것으로 보인다.

북한은 사회주의 통일전선의 전형적 방식인 기층민중 중심의 하층 통일전선을 우선시하거나 남한 당국을 중요시하는 상층 통일전선을 우선시했는데, 남북관계가 발전할수록 후자의 중요성을 강조했다.[51] 하지만 김영삼 정부 집권 초반 핵 위기가 심화되기 이전에는 남한 정부와 대화를 시도하고 민주화세력의 집권을 지원하는 모습을 보였을지라도 후반에는 여전히 상층 통일전선보다 하층 통일전선에 기본을 두는 모습을 보였다. 이는 연합해야 할 상대 당이나 사회단체 지도자들과의 연합보다 그 당을 구성하고 있는 당원이나 단체원들과의 연합이 지도부에 압력을 가하게 만들어야 한다는 통일전선전술의 특징에 기반을 두고 있다.[52]

> "북과 남의 각계각층 사람들이 서로 오가면 조국통일에 도움이 될 수 있을 것입니다. 그런데 남조선 당국자들이 북과 남의 각 계층 사람들이 서로 오가는 것을 반대하고 있는 것이 문제입니다.
> 얼마 전에 남조선의 고려대학교와 연세대학교 총학생회가 주최하는 93 연고민족해방제 행사에 김일성종합대학 학생들을 초청하였는데 남조선 당국자들이 그것을 승인하지 않아 우리 대학생들이 서울에 가지 못하였습니다."[53]

1994년 8월 13일부터 평양에서 개최되었던 제5차 범민족대회 역시 새로 출범한 김정일 정권이 김일성 때와 동일한 전략을 수용하고 있음을 입증해 주었다. 당시 북한은 남북한 간 실질적 화해를 도모하기보다는 남한 정부와 재야세력 간에 균열을 심화시키고 대화 결렬의 책임을 남한 정부에 전가했다. 동시에 북한 인민들에게는 북한 당국의 정통성을 부각시키고 체제의 정치적 안정성을 공고화하는 계기로 활용했다.[54]

전민족대단결 10대 강령 제의

북한에서 '민족대단결'이 처음으로 거론된 것은 1972년 7.4 남북공동성명에서였다. 이는 1991년 조국평화통일위원회와 조국평화통일범민족연합에 의해 구체화되었으며, 1994년 4월 6일 전민족대단결 10대 강령과 1998년 4월 18일 민족대단결 5대 방침을 통해 통일전략으로 정식화했다.[55] 다음 장에서 논의할 민족공조론 역시 이 통일전선전략의 연장선상에 있을 뿐 아니라 이를 더욱 강화하기 위해 제기된 것으로 분석된다.[56]

김영삼 정부 출범 직후 북한이 내놓은 조국통일을 위한 전민족대단결 10대 강령은 "각 당, 각 파, 각계각층에게 동등한 대화의 기회를 주어야 하며 쌍무적, 다무적 대화를 발전시켜야 한다"고 강조하는 한편, "남조선의 청년학생들을 비롯한 각 계층 인민들은 북남대화와 교류를 정부 승인하에서만 할 수 있다는 괴뢰들의 창구일원화 책동을 배격한다"며 민간 주도의 연북통일을 시종일관 주장했다.[29]

1990년대에도 여전히 북한은 상층 통일전선보다 범민련 중심의 하층 통일전선에 집중했던 것으로 보인다. 당시 북한은 '통일애국역량이 분열주의 세력과의 간고한 투쟁을 통해 만든 조국통일범민족연합이 전민족적 통일운동체'라고 규정하며 범민련을 부정했던 남한 정부를 반통일세력으로 비난했다.[57] 전민족대단결 10대 강령에서 북한이 언급한 남북 제 정당, 사회단체, 각계각층 민중의 대표들로 구성된 연합체들 중 1990년대 대남전략에서는 범민련이 주요한 역할을 수행했다고 볼 수 있다.

당시 북한은 남한 매체들을 인용해 "경향신문은 민족대단결은 북이 7.4 공동성명발표 이래 줄곧 주장해 온 문제이지만, 10대 강령을 통해 전면적으로 밝히고 강령으로 구체화한 점이 주목된다"고 하였으며 "중앙일보는 10대 강령에서 민족대단결 문제를 〈전술적 차원을 넘어 강령으로 구체화한 것은 처음 있는 일〉이라고 하였다"라고 보도했다.[29] 전민족대단결 10대 강령에 대한 남한 사회의 반응과 관련해 남한의 보수매체와 진보매체들을 모두 주시하며 상당한 의미를 부여한 것이다.

북한은 전민족대단결 10대 강령이 "북과 남, 해외의 모든 조선동포들을 묶어 세워 조국통일을 이룩하는 데서 만병통치의 약"[58]이라고 표현하며 다양한 세력들을 아우르겠다는 의지를 표명했다. 북한의 민족통일전선 전술은 지역적 범위에서 남북한 모든 지역을 포괄하고 해외교포까지 통일전선 대상으로 보고 있으며 남북한 제 정당, 사회단체를 망라할 뿐만 아니라 남한의 노동자, 농민, 청년, 지식인, 민족자본가, 소자산계급, 군인 등 각계각층의 포섭대상자 전원을 포괄하고 있다. 그리고 북한은 1994년 신년사에서도 남북기본합의서는 거론조차 하지 않고 전민족대단결 10대 강령에만 의미를 부여할 정도로 이를 통일담론의 대안으로 삼는 모습을 보였다.[59]

전민족대단결 10대 강령이 남북의 모든 정당과 단체 등 각계각층이 연합해야 한다며 상층 통일전선과 하층 통일전선을 아우르는 듯 보이지만, 실제로는 남한 집권세력과 재야 민주화세력에 상반된 방식으로 대응한 모습이 곳곳에서 드러난다. 김일성이 전민족대단결 10대 강령을 발표하는 최고인민회의 자리에서 "어느 동맹국도 민족보다 나을 수 없다"는 김영삼 대통령의 말을 포함하도록 하고[34] 이를 남한 각계 인사들에게 편지로 보내는 등 당국자들과의 대화를 시도하기도 했다.

하지만 이 역시 남한 정부와의 대화 자체에 방점을 두고 있었다기보다 국제사회에서 북핵 문제의 해결과 주한미군 철수 등이 궁극적인 목적이었던 것으로 보인다. 북한은 군부 권위주의 통치 종식 후 출범한 남한의 문민정부가 미국과의 관계에서 이전 정부들과 다른 모습을 보이길 기대했다. 김일성의 유일한 관심사는 전민족대단결 10대 강령을 제의한 직후 미국 대학의 연구소장과 가진 대화에서도 드러난다.

> "외세에 의존하지 않고 민족자주의 원칙을 견지하려면 남조선에서 사대주의를 극복하고 **미군을 철수시켜야** 하며 **남조선이 미국의 지배에서 벗어나야** 합니다. 얼마 전에 남조선 당국자가 대통령 취임 연설에서 어느 동맹국도 민족보다 나을 수 없다고 하였는데 민족자주의식과 민족적 량심이 있어서 그런 말을 하였는지 알 수 없으나 그 말 자체는 뜻이 있는 말이라고 생각합니다." [60]

남한 정부를 반미공조전선에 끌어들이기 위해 시종일관 '민족'이라는 연결고리를 강조했지만, 이는 북핵 문제 해결과 주한미군 철수를 달성하기 위한 수단이었을 뿐, 남한 정부가 뜻대로 움직이지 않자 모든 책임을 전가하며 대화를 단절한 뒤 재야세력과의 연대에만 몰두했다.

김영삼 정부의 출범에 따른 북한의 대응을 정리하면 〈그림 3-1〉과 같다.

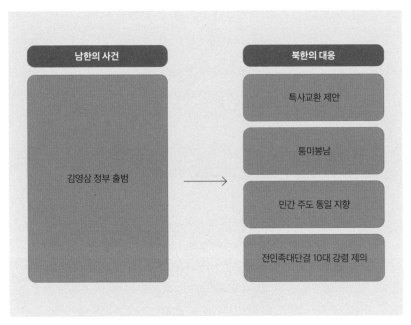

그림 3-1. 김영삼 정부 출범에 대한 북한의 대응

3. 대남전략 : 자주적 민주정부론

남한의 민주화는 1993년 문민정부의 출범으로 군부 권위주의 통치가 종식되면서 한 단계 큰 도약을 이루어 내었다. 김영삼 정부 출범 직후 북한이 내놓은 조국통일을 위한 전민족대단결 10대 강령도 "각 당, 각 파, 각 계각층에게 동등한 대화의 기회를 주어야 하며 쌍무적, 다무적 대화를 발전시켜야 한다"고 강조하며 남한의 정당까지 포함한 다양한 세력들을 아우르겠다는 의지를 표명했다.[29]

이처럼 민주화세력의 집권으로 인한 기대감이 축적된 결과 북한은 선거 등 합법적인 정치 공간을 활용한 방식으로 남조선혁명론을 확장해 '자

북한 김씨 일가가 민주주의를 만난다면

주적 민주정부론'으로 나아갔다. 자주적 민주정부론이 등장하면서 북한은 "남북대화는 남과 북의 당국자들을 포함하여 각 정당, 사회단체 대표들, 각계각층 인사들과 인민들, 해외동포들이 광범히 참가해야 한다"[61]며 남한 당국자들과의 접촉까지 허용하기 시작했다. 미국과 함께 남한 정부와 당국자들을 시종일관 규탄 대상으로만 삼아왔던 북한이 김영삼 정권과의 대화를 시도하며 반미공조를 함께 해나갈 수 있는 가능성을 모색했다는 점에서 큰 변화였다.

이처럼 1980년대 말에서 1990년대 초반에 이르기까지 민주화와 자본주의화가 동시에 진행된 남한 사회에 대해 북한의 인식 자체가 바뀌었기 때문에 북한이 과거처럼 남한체제 전복을 목표로 삼는 급진적인 혁명전략을 유지하기는 어려운 상황이었다. 결국 북한은 적화통일에 의한 한반도 통합이라는 무모하고 비현실적인 주장과 논리를 거두고 남북관계의 정착을 통해 우호적 대외환경을 조성함으로써 체제를 유지하려 시도했다.[62]

이러한 배경 아래 1980년대 후반부터 '자주적 민주정부론'이 싹을 드러내기 시작했고, 북한은 남한에서 대남혁명에 의해 달성된 정권을 '자주적 민주정부'라고 불렀다. 북한은 1980년대 6.10 민주항쟁을 거쳐 1990년대 초까지는 남한의 군부 파쇼통치에 반대하는 '반파쇼민주전선'에 기반을 두고 민주화 과업에 집중해 공세를 펼친 반면, 1990년대 이후에는 남한의 진전된 민주화를 반영해 자주, 민주, 통일의 과업을 수행하기 위해 새롭게 등장한 '민족민주전선'을 기반으로 공세를 펼쳤다.[63] 이는 남한의 민주화가 진전됨에 따라 북한의 구호도 '반봉건 민주화', '반파쇼 민주화'의 단계를 지나 '반독점 민주화'로 변천되어 온 점을 반영한 것이며, 북한이 바라보는 남한의 사회성격이 '식민지 반(半)봉건사회'에서 1980년대 중반 이후에는 '식민지 반(半)자본주의사회'로 바뀌었다고 주장하는 사회성격론과도 연결된다.[64]

이 민족민주전선은 진보적 민주주의 정권 수립을 목표로 삼으며 진보정당이 중심이 된 자주적 민주정부의 토대가 된다. 또한 절차적 민주화를 통해 반파쇼 민주화를 이미 달성한 남한 정권에 대해 새롭게 펼치는 전략수단으로 민족의 자주성을 완성하는 반미자주화운동, 자주적 민주정권을 수립하는 반독점민주화운동, 자주적 평화통일을 실현하는 조국통일운동을 포괄하는 새로운 형태의 통일전선이다.[63] 다른 국가들과 달리 한반도의 통일전선은 분단의 특수성으로 인해 조국통일운동까지 포함되어 있기 때문에 세력이 갈리는 반미 자주화, 반독점 민주화와 달리 모든 세력들이 손잡고 협력할 수 있다는 논리다. 4.19 혁명으로부터 1987년 6.10 민주항쟁까지만 해도 군부 파쇼통치를 철폐하고 민주주의를 실현하는 반파쇼민주화운동으로 진행되었던 통일전선은 1990년대에 이 단계를 넘어 반미자주화운동과 반독점민주화운동의 단계로 진입했으며 그 범위를 조국통일운동으로 확대했다. 통일전선이 이처럼 확대되면서 포괄되는 범위도 제도권의 야당세력까지 확대되었고, 재야세력과 김대중, 김영삼을 대표로 하는 야당정치세력이 주도적 세력으로 등장했다.[63]

그리고 북한은 이 자주적 민주정부가 수행할 민주주의를 북한이 궁극적으로 지향해왔던 진정한 민주주의인 '사회주의적 민주주의'와 다른 '진보적 민주주의'라는 중간 단계로 구별했다.[65] 진보적 민주주의는 혁명을 수행하기 위해 연합전선을 형성한다는 면에서 본질적으로 차이점이 있는데, 최종 목표인 '사회주의적 민주주의'가 배제해야 할 대상까지 연합전선 아래에 포함하고 있다.[66] 이에 따라 당시 북한은 통일전선이 연합의 성격을 가지고 있는 진보적 민주주의 아래에서는 민족 자본가들과 부농들에 의한 착취가 여전히 남아 있고 정치, 경제, 문화 등 사회생활의 여러 분야에 걸쳐 낡은 사회의 유물들이 남아있게 된다고 주장했다.[67]

이처럼 북한은 자주적 민주정부에 의해 진보적 민주주의를 실현하는 방도로 광범위한 통일전선체의 구축을 제시했고, 통일전선체의 전면에 진보적 합법정당이 있어야 한다고 주장했다. 그리고 자주적 민주정부를 수립하는 실천경로로는 선거절차를 통한 방법과 대중투쟁을 통한 방법이 있을 수 있다고 모든 가능성을 열어놓았다. 변화된 정세 속에서 새롭게 시도되는 선거라는 절차를 통한 정권수립 경로를 열어놓은 것이다. 당시부터 북한은 이미 선거 등 합법적인 정치 공간을 활용한 방식으로 혁명전략을 확장하고 선거를 통해 집권한 남한 정부와 공조를 강조하는 방향으로 선회하고 있었다.

이처럼 선거를 통한 집권 가능성을 열어놓은 것은 폭력을 동원한 투쟁을 주장했던 북한의 과거 혁명이론들과 근본적으로 다른 점으로 볼 수 있다. 군사독재정권이 무너지고 무장봉기를 추구하는 급진적 사회주의 세력과 학생운동이 문민정부 들어 약화되기 시작하면서, 1990년대까지 남한의 학생운동과 사회주의 세력에 의한 인민민주주의혁명의 성공 가능성이 크게 줄어들었던 상황이 영향을 미쳤다. 북한이 1988년 신년사에서 남조선해방을 부정하며 민족적 대단결을 강조했던 것 역시 남조선혁명의 내용에 변화가 생겼다는 사실을 보여준다.[68] 즉, 당시 군부독재정권을 물리력으로 타도하는 건 불가능했기 때문에 선거를 통해 민간정부를 토대로 군부독재의 재집권을 저지하자는 주장이 대두되었던 것이다.

당시에는 남한의 민주주의가 발전함에 따라 합법적인 정치 공간에서 친북 정당이 선거를 통해 집권할 가능성이 과거보다 높아졌다. 이에 따라 1990년대 후반으로 갈수록 남한의 합법 정치 공간을 이용하는 정당 건설과 선거전술이 본격화되었다. 1980년 5.18 광주민주화운동 당시 청년이나 노동자들을 중심으로 한 하층 통일전선에만 집중했고 그 대상을 1987년 6.10 민주항쟁 때 대폭 확대했다면, 문민정부가 집권한 뒤에는 정계의 진보적 인사들이나 중간층의 정당 등을 포함한 상층 통일전선까지 관리하기 시작한 것이다. 탈냉전 도래 이후 남한의 우위가 이어졌던 상황에서 남한 민주화의 공고화가 북한의 남한에 대한 인식과 전략을 더욱 공존적이고 타협적인 방향으로 유도할 수 있는 수단으로 작용하였던 것으로 보인다.[69]

당시 김일성 사후 집권한 김정일 역시 전민족대단결 10대 강령 6조의 "민주주의를 귀중히 여기며 주의주장이 다르다고 하여 배척하지 말고 조국통일의 길에서 함께 손잡고 나가야 한다"는 조항을 강조하며[28] 남북관계를 개선하기 위한 중요한 요구사항으로 '남한의 민주화'를 강조했는데, 이는 절차적으로 민주화된 남한 정부가 통일에 대해 더욱 적극적으로 논의할 것이라는 기대감에서 비롯된 것으로 보인다.

> "남북은 민주주의를 존중해야 한다. 민주주의의 참뜻은 그것이 상이한 정견을 가진 사람들이더라도 다 같이 공감하고 수용할 수 있는 정치이념이며 각계각층 민중이 사회적 존재로서 마땅히 누려야 할 신성한 권리라는 데 있다. 통일논의와 활동의 자유를 보장해야 하며 정치적 반대파라고 하여 탄압, 보복, 박해, 처벌하지 말아야 한다. 친북, 친남을 시비하지 말아야 하며 모든 정치범을 석방, 복권시켜 통일 성업에 함께 이바지하게 해야 한다." [70]

하지만 이것이 하층 통일전선에 대한 포기를 의미하는 것은 결코 아니며, 오히려 상층 통일전선의 실현이 하층 통일전선의 강화에 유리한 조건을 만들어 줄 수 있을 것이라는 전략에서 비롯되었다.[71] 당시 북한이 타도대상으로 표명했던 재벌이나 고위 종교인 등 사회지도층 인사들을 연이어 방북 초청하고 대접한 이유는 궁극적으로 하층 통일전선사업을 위한 것이었다. 이들이 반북 적대의식을 버리게 하고 친북 분위기를 유도해 선거에까지 영향을 미치려는 고차원적인 영향 공작인 것이다. 상층 통일전선은 이들을 따르고 있는 많은 추종자들에게 동시적으로 영향을 미칠 수

북한 김씨 일가가 민주주의를 만난다면

있다는 점에서 중요한 수단이었다. 북한은 1990년 8월 판문점 북측 지역에서 '조국의 평화와 통일을 위한 범민족대회'를 개최한 이래로 1999년까지 모두 10번의 범민족대회를 열며 반미 자주화 확산을 시도했는데 이 역시 북한이 상층 통일전선보다 범민련 중심의 하층 통일전선에 집중했음을 보여준다.[72]

또한 자주적 민주정부론이 선거에 의한 합법적 집권에만 의존하고 있는 것은 아니며 투쟁을 동원한 집권의 가능성도 여전히 추구하고 있다. 자주적 민주정부 수립의 과제를 앞당기기 위해서는 필요하다면 전면적인 투쟁 등을 수단으로 활용할 수 있다는 기조다. 선거를 통한 민선민간정부 수립 투쟁론과 범국민 과도정부쟁취 투쟁론을 동시에 추구했던 것이다. 당시 북한이 진보적 청년학생들과 지식인, 애국적 민족자본가 및 도시소자산가를 중요한 혁명역량으로 규정하며, 청년학생들과 지식인들은 진취성이 강하고 혁명성 및 반제의식이 높으며 남한 사회에 대한 불만이 고조되어 있기 때문이라고 주장한 점도 이를 보여준다.[73]

> "남조선 농민들과 각계각층 인민들은 이미 추켜든 자주, 민주, 통일의 기치를 높이 들고 하나로 굳게 뭉쳐 매국반역적인 김영삼 파쑈정권을 타도하고 그 무덤 우에 진정으로 **자주적인 민주정부를 세우기 위한 투쟁을 더욱 과감히 벌려야 할 것이다.**"[74]

북한의 자주적 민주정부론에 의한 남한 혁명의 경로는 우선 통일전선체를 구성해 민주화세력이 집권한 정당을 구성하는 것으로 시작된다. 북한은 "자주적인 민주정권은 자주화, 민주화투쟁에 참여한 광범위한 계급과 계층, 각 당, 각 파, 여러 갈래의 정치세력 대표들로 구성되어야 한다"고 주장했다.[75] 하지만 북한은 정작 문민정부가 출범했을 때는 대화를 시도하며 반미공조를 유도하면서도 뜻이 관철되지 않으면 남한에 모든 책임을 전가하며 비난하는 모습을 보였다. 미국과 공조하는 남한 정부를 비판하는 중에도 재야세력에 대해서는 민족대단결론을 펼쳤다. 남한 당국자와 급진적 재야세력에 대해 상반된 대응을 한 것이다.

남한 재야세력과 연대를 시도하는 동시에 남한 당국자들을 비난하는 북한의 전략은 김영삼 정부 집권기 내내 계속되었다. 북한이 김영삼 정부 집권 초반 핵 위기가 심화되기 이전에는 남한 정부와 대화를 시도하고 민주화세력의 집권을 지원하는 모습을 보였을지라도 여전히 상층 통일전선보다 하층 통일전선에 기본을 두고 있었음을 보여준다.[49]

북한은 남한 재야세력들의 활동 행보를 넓히기 위해 "남한 현실정치를 민주화하지 않고는 남북관계가 개선될 수 없다"며 국가보안법, 집시법 등을 청산해줄 것을 요구했다.[17] 하지만 김영삼 정권 말기에는 공안정국으로 이어져 권위주의 정권 때로의 역행이라는 비난을 자초할 만큼 민주주의 체제로 이행하는 데 걸림돌로 작용했다. 북한은 통일의 중요한 전제조건으로서 남한 사회의 실질적인 민주화 도래가 절실함을 강조했다.

> "**남북관계를 개선하기 위한 중요한 조건의 하나로 남한에서의 사회정치생활의 민주화를 요구하는 것**은 결코 내정간섭도 아니며 이른바 남조선혁명의 전제를 조성하기 위한 것도 아니다. 자주적 평화통일을 이루어 내려면 북의 인민들과 함께 남의 민중이 이 거창한 민족적 대업에 스스로 적극적으로 참여해야 한다. 왜냐하면 그들은 통일의 주인이며 주체적 역량이기 때문이다. … **남한에서 누가 집권하든 파쑈통치가 강행되는 조건에서는 남북 간의 대결상태를 해소할 수 없으며 남한의 각 당, 각 파, 각계각층의 자유로운 통일논의와 행동에 대해서 생각할 수 없는 것이다.**"[76]

여기서 '사회정치생활의 민주화'란 혁명의 기반을 닦는 것을 의미하는 단어로 국가보안법 폐지 혹은 국정원 등 공산주의 활동을 감시하는 기능을 없애거나 무력화해 결국 선전·선동에 장애가 되는 요소들이 없어지는 상황을 의미한다.[77] 대남혁명론에 따르면 주요 전취 목표가 '자주적 민주정부'를 수립하는 것이고, 보조적인 전취 목표가 바로 이 '사회정치생활의 민주화', 차후 전취 목표가 자주적인 민주정권의 성격과 기능을 더욱 발전시키는 것이다.[78] 결과적으로 민주 주도의 민주연립정권 수립과 사회정치생활의 민주화가 파쇼적 정치체제를 개혁하고 민중의 정치적 자유와 민주주의적 권리를 보장해야 한다고 강조하고 있는 것이다.[77] 이는 북한의 대남전략이 성공하기 위해서는 남한의 민주화가 중요한 전제조건이었고, 문민정부가 출범했던 당시에도 북한 입장에서는 남한에는 민주화라는 조건이 전혀 충족되지 않았다는 사실을 보여준다.

> "남조선에서의 민주주의와 인권을 위한 국제법률가위원회가 남조선의 민주인사들의 석방을 요구하여 성명을 발표하였다. 성명은 남조선 당국이 지금 방북인사를 비롯한 수많은 민주인사들을 국가보안법을 걸어 체포 구금하고 있는 데 대하여 썼다. 성명은 **현 남조선 당국이 력대 통치자들의 전철을 그대로 밟고 있다고 하면서 그것은 현 당국이 부르짖고 있는 민주화의 진상을 그대로 보여주고 있다고 폭로하였다.**"[46]

하지만 김영삼 정부는 북한의 끈질긴 요구에도 불구하고 이전 정부들과 다를 바 없이 미국과 공조해 핵 사찰, 팀 스피리트 훈련 등을 펼쳤다. 이에 남한 정부와 당국자들에게 실망감을 느낀 북한은 남북한 간의 실질적인 화합과 화해를 추구하기보다는 남한의 당국자와 급진적인 재야세력 간에 균열을 심화시키고 대화 결렬의 책임을 남한 정부에 전가시켰다. 동시에 북한 인민들에게는 북한 당국의 정통성을 부각시키고 체제의 정치적 안정성을 공고화하는 계기로 활용했다.[54] 이는 사회주의권 붕괴 및 남한의 경제력 역전으로 위기감이 커진 데다, 남한 사회가 민주화를 이루자 남한 정부와 공조에 나서는 모양새를 취함으로써 미국의 한반도 문제 개입 여지를 줄이면서도 남한의 정부와 재야세력 간 분열을 야기하려는 투 트랙 대응으로 해석할 수 있다.

결론적으로 문민정부가 출범한 무렵부터 북한이 합법적인 정치 공간의 가능성을 발견하고 '자주적 민주정부론'이라는 대남전략을 모색하기 시작한 것은 맞다. 하지만 김영삼 정부가 3당 합당이라는 정치적 야합을 통해 탄생했다는 한계와 집권 이래 끊이지 않았던 북한과의 마찰을 감안했을 때 실제로 북한이 남한의 합법 정치 공간을 활용해 대남혁명에 성공할 수 있었던 가능성은 거의 없었다고 평가할 수 있다. 따라서 하층 통일전선을 다지는 데 집중했던 북한은 여야 간 정권 교체가 이루어진 김대중 정부 집권 때 또 한 번의 가능성을 발견할 수 있었다.

4. 소결

김영삼 대통령은 1993년 취임사에서 "어느 동맹국도 민족보다 더 나을 수는 없다"며 전향적인 대북정책을 예고했다. 전 세계적인 탈냉전 기조와 노태우 정권의 남북기본합의서, 비핵화공동선언 등 성과로 조성된 통일에 대한 기대에 부응할 것을 요구받던 시점이었기 때문에 이에 부응한 것으로 볼 수 있다. 새 정부는 출범과 동시에 군부가 정치권으로 다시 진입하는 토양을 제거하기 위한 일련의 개혁조치들을 단행했다. 3당 합당이라는 보수 대야합을 통해 탄생했다는 태생적 한계는 있지만 반민주, 반통일적 군부정권과 달리 초반부터 강력한 개혁을 추진하였던 덕분에 민주화와 통일을 열망해왔던 급진세력 역시 기대감을 품기 시작했다.

이에 북한도 최고 당국자들이 임명하는 부총리급 특사를 교환하자고 제의하는 등 김영삼 정부와 대화를 통해 문제를 해결해 나가려는 의지를 표시했다. 김영삼 대통령이 핵 문제에 본격적으로 대응을 시작하기 전에는 북한이 '전 남조선집권자'와 '현 남조선집권자'를 명백히 구분하며 모든 비난의 화살을 '전 남조선집권자'인 전두환과 노태우에게만 돌리는 모습을 보였다. 현 남조선집권자인 김영삼 대통령은 과거와 다르게 대응할 것이라는 기대감에서 비롯된 것이었다. 김일성도 1993년 3월 재미교포들과 가진 담화에서 "우리는 남조선 인민들은 물론, 남조선 당국자들과도 될수록 단결하자고 합니다. 그래서 나는 올해 신년사에서 그 누구든지 민족자주의 립장에서 진정으로 조국통일문제를 해결하려는 성실한 태도로 나온다면 과거를 묻지 않고 마주 앉아 허심탄회하게 나라의 통일문제를 협의할 것"이라고 밝히며 남한 대통령과 대화의 의지를 직접적으로 드러내기도 했다.

당시 민주화세력의 집권으로 인한 기대감이 축적된 결과, 북한이 선거 등 합법적인 정치 공간을 활용한 방식으로 남조선혁명론을 확장해 '자주적 민주정부론'으로 나아갔다고 평가할 수 있다. 중간세력과 정권까지 동맹세력으로 삼는 '자주적 민주정부론'이 새로운 전략으로 등장하면서 북한은 정당, 사회단체 등과 대화의 필요성을 지적하고 당국자 간 접촉까지 허용하기 시작한 것이다.

북한은 1980년대 6.10 민주항쟁 때만 해도 남한의 군부 파쇼통치에 반대하는 '반파쇼민주전선' 아래 민주화 과업에 집중해 공세를 펼쳤지만, 1990년대 이후에는 남한의 진전된 민주화를 반영해 자주, 민주, 통일의 과업을 수행하기 위해 새롭게 등장한 '민족민주전선'을 기반으로 공세를 펼쳤다. 이는 남한의 민주화가 진전됨에 따라 북한의 구호도 반봉건 민주화, 반파쇼 민주화의 단계를 지나 반독점 민주화로 변화된 점을 반영한 것이다. 민족민주전선은 절차적 민주화를 거쳐 반파쇼 민주화를 이미 달성한 남한 정권에 대해 새롭게 펼치는 전략수단으로 민족의 자주성을 완성하는 반미자주화운동, 자주적 민주정권을 수립하는 반독점민주화운동, 자주적 평화통일을 실현하는 조국통일운동을 포괄하는 새로운 형태의 통일전선이다.

6.10 민주항쟁까지만 해도 군부 파쇼통치를 철폐하고 민주주의를 실현하는 반파쇼민주화운동으로 진행되었던 통일전선은 1990년대에 이 단계를 넘어 반미자주화운동과 반독점민주화운동의 단계로 진입했으며 그 범위를 조국통일운동으로 확대했다. 다른 국가들과 달리 분단의 특수성으로 인해 통일전선에 조국통일운동까지 포함되어 있기 때문에 세력이 갈리는 반미 자주화, 반독점 민주화와 달리 모든 세력들이 손잡고 협력할 수 있다는 논리에 따라 통일전선이 제도권의 야당세력까지 확대되었고, 재야세력과 김대중, 김영삼을 대표로 하는 야당정치세력이 주도적 세력으로 등장했다.

6.29 선언 이후에도 이미 민주 진영 내부에서 다양한 투쟁노선이 제기되었는데 당시 김영삼 계열에서는 여야 민주화 공동선언을 전제로 하는 선거혁명론을, 김대중 계열에서는 거국중립내각 구성을 전제로 하는 선거혁명론을 각각 제시했다. 당시부터 북한은 선거 등 합법적인 정치 공간을 활용한 방식으로 혁명전략을 확장하고 선거를 통해 집권한 남한 정부와 공조를 강조하는 방향으로 선회하고 있었다.

선거를 통한 집권 가능성을 열어놓은 것은 폭력을 동원한 투쟁을 주장했던 북한의 과거 혁명이론들과 근본적으로 다른 점으로 볼 수 있다. 문민정부에 들어서면서 군사독재정권이 무너지고 무장봉기를 추구하는 급진적 사회주의 세력과 학생운동이 약화되기 시작한 상황이었다. 1990년대에 남한의 학생운동과 사회주의 세력에 의한 인민민주주의혁명의 성공 가능성이 크게 줄어들었던 점도 영향을 미쳤다.

하지만 이것이 하층 통일전선에 대한 포기를 의미하는 것은 결코 아

북한 김씨 일가가 민주주의를 만난다면

니었으며, 이는 오히려 상층 통일전선의 실현이 하층 통일전선의 강화에 유리한 조건을 만들어 줄 수 있을 것이라는 고도의 전략에서 비롯되었다. 통일전선을 강화하기 위한 수단의 일환으로 북한이 1994년 제시했던 전민족대단결 10대 강령 역시 "북과 남, 해외의 모든 조선동포들을 묶어 세워 조국통일을 이룩하는 데서 만병통치의 약"[58]이라고 표현하며 남한의 다양한 세력들을 통일전선에 아우르겠다는 의지를 표명하였다. 북한의 민족통일전선전술은 지역적 범위에서 남북한 모든 지역을 포괄하고 해외교포까지 통일전선 대상으로 보고 있으며 남북한 제 정당, 사회단체를 망라할 뿐 아니라 남한의 노동자, 농민, 청년, 지식인, 민족자본가, 소자산계급, 군인 등 각계각층의 포섭대상자 전원을 포괄하고 있다.

하지만 당시 북한은 "남조선의 청년학생들을 비롯한 각 계층 인민들은 북남대화와 교류를 정부 승인하에서만 할 수 있다는 괴뢰들의 창구일원화 책동을 배격한다"며 남한 당국자들을 비난하고 민간 주도의 연북통일을 시종일관 주장했다.[29] 북한의 대남전략이 성공하기 위해선 국가보안법 폐지 및 재야인사들과의 활발한 교류가 이루어져야 했고, 이를 위해서는 남한의 민주화가 중요한 전제조건이었다. 하지만 문민정부가 출범했던 당시에도 북한 입장에서는 민주화라는 조건이 전혀 충족되지 않았다는 사실을 보여준다. 따라서 북한은 김영삼 정부를 과거 독재정권의 연장선으로 바라보고 반정부 시위를 선동하는 모습을 보였다.

또한 김영삼 정부가 북한이 기대했던 바와 달리 이전 정부보다 오히려 더 강경하게 핵 문제에 대응하고 미국과 공조체제를 공고히 해나가는 모습도 북한의 분노를 유발했다. 북한은 5.18 광주민주화운동과 6.10 민주항쟁 때도 남한 시민들의 반독재민주화투쟁을 반미투쟁과 결합하려 시도하는 등 남한 내에서 반미의식을 고조시키는 데 사활을 걸어왔다. 하지만 김영삼 정부가 출범한 뒤에도 상황에 변함이 없자 핵 사찰과 팀 스피리트 이슈를 시종일관 언급하며 미국과 남한의 공조체제를 비난하고 나섰다.

북한은 당시 국제사회의 핵 압박에 대해 NPT 탈퇴 선언으로 정면 돌파를 시도하는 과정에서 북미 간 직접대화의 돌파구를 마련하고 중국과도 관계를 회복하는 등 수세에 몰려있었던 자신의 입지를 극적으로 개선한 상황이었다. 이에 따라 김영삼의 대북정책 주도권에 대한 집착을 조롱하듯 '통미봉남'의 태도로 일관할 수 있었다.

따라서 당시 북한이 발표한 전민족대단결 10대 강령 역시 남북의 모든 정당과 단체 등 각계각층이 연합해야 한다고 주장하며 상층 통일전선과 하층 통일전선을 아우르는 듯 보였지만, 이는 겉으로 드러난 모습일 뿐이었다. 실제로는 남한 집권세력과 재야 민주화세력을 철저하게 구별한 뒤 상반된 방식으로 대응했다. 북한이 남한 내 재야세력을 선동하려는 움직임은 김영삼 정부와 관계가 악화일로로 치달은 뒤 1994년부터 본격적으로 시작된다. 북한은 1994년 신년사에서 "북과 남, 해외의 모든 조선동포들은 전민족대단결의 기치 아래 한데 뭉쳐 거족적인 투쟁을 벌임으로써 올해에 조국통일의 새로운 국면을 열어나가야 할 것이다"라고 강조하며, 범민련을 중심으로 남한 내 반정부세력과 연대하는 통일전선 투쟁을 더욱 강화시키려는 움직임을 보였다.[49]

또 북한은 남한 재야세력들의 활동 행보를 넓히기 위해 국가보안법, 집시법 등을 청산해줄 것을 요구했다. 하지만 김영삼 정권 말기에는 공안정국으로 이어져 권위주의 정권 때로의 역행이라는 비난을 자초할 만큼 민주주의 체제로 이행하는 데 걸림돌로 작용했다. 이에 남한 정부와 당국자들에게 큰 실망감을 느낀 북한은 남북한 간의 실질적인 화합과 화해를 추구하기보다는 남한의 당국자와 급진적인 재야세력 간에 균열을 심화시키려 시도했고, 대화 결렬의 책임을 남한 정부에게 전가하며 비난을 이어갔다.

따라서 당시 문민정부의 출범으로 북한이 합법적인 정치 공간의 가능성을 발견하고 '자주적 민주정부론'이라는 대남전략을 모색하기 시작한 것은 맞다. 하지만 김영삼 정부가 3당 합당이라는 정치적 야합을 통해 탄생했다는 태생적 한계와 공안정국의 형성, 경직된 대북정책, 북핵 위기 및 팀 스피리트 훈련으로 인해 집권 이래 끊이지 않았던 북한과의 마찰로부터 영향을 받지 않을 수 없었다. 이러한 상황들을 감안할 때 실제로 북한이 남한의 합법 정치 공간을 활용해 대남혁명에 성공할 수 있었던 가능성은 거의 없었다고 평가할 수 있다.

김대중 정부 출범과
북한의 대남인식 및 전략

2장

1. 김대중 정부 출범 당시 남한정세

민주화의 정도를 측정할 수 있는 기준에는 네 가지가 있다. 다수 국민의 정치적 의사가 왜곡되지 않게 반영되는 공적인 절차가 확립되어야 하고, 공적 절차에 따른 정치적 경쟁의 공정성이 보장되어야 하며, 다수 국민의 공적 결정에 대한 참여가 사회 각 영역에서 제도화된 뒤, 다수 국민의 공적 결정에 대한 참여가 허구화되지 않도록 사회경제적 평등을 향한 실질적 참여가 보장되어야 한다.[79]

여기서 첫째 조건인 공적인 절차의 확립은 1987년 6.10 민주항쟁 당시 절차적 민주주의의 복원이라는 '최소주의적 전략'을 표방한 결과 달성할 수 있었다.[80] 하지만 두 번째 조건인 공정성의 측면에서는 1987년 대선과 1992년 대선 모두 논란의 여지가 있다. 군부 출신의 노태우 정권과 3당 합당이라는 태생적 한계를 가진 김영삼 정권의 성격을 놓고 진정한 의미의 정권 교체이자 민주화로 평가할 수 있는지 논란이 있었던 것이 사실이다.

따라서 대한민국 정부 수립 이후 최초의 여야 간 평화적 정권 교체였던 김대중 정부의 출범은 민주화를 한 단계 도약시켰다는 점에서 한국 현대사의 뜻깊은 성취로 평가받았다.[81] 김대중 정부는 당시 IMF 위기 속에서도 복수노조, 노조의 정치활동 등 금지 조항을 폐기하고 노사정위의 상설 기구화 등을 단행했으며,[82] 정책 결정 과정에서도 다양한 시민사회의 참여를 적극적으로 추진했다. 남한의 민주주의는 1998년 2월 헌정 사상 처음으로 달성된 수평적 정권 교체를 통해 새로운 질서를 창출하게 되었다.

이러한 변화는 당시 남북정상회담이 최초로 성사됐다는 사실에서도 알 수 있듯이 남북관계에서 가장 극적으로 나타났다. 노태우, 김영삼 정권 때는 북한의 붕괴 가능성이 높다고 판단했고 전반적으로 흡수통일에 대한 인식이 강했다. 반면에 김대중 정권은 북한체제가 위기에 처해 있을지라도 쉽게 무너지지 않을 것이라는 전제 아래 교류협력을 통한 북한의 변화 가능성에 주목했다. 따라서 취임 초부터 일관되게 화해협력을 기조로 한 햇볕정책을 고수했고, 취임사에서 대북정책 3원칙에 의거해 남북한 간 화해협력을 통한 관계 개선을 현 단계 대북정책의 목표로 설정했다.[83] 하지만 대북 퍼주기 논란과 안보 불안에 대한 비난에 직면해야 했기 때문에 불안정한 정세가 이어졌다.

이런 가운데 김대중 정권이 의식해야 할 대상은 야권 정치세력뿐만이 아니었다. 남한 사회가 민주화되기 이전인 획일화된 권위주의 체제하에서는 민족통일이라는 과제에 초당적으로, 범국민적으로 대처해야 한다는 명제가 이론의 여지없이 받아들여져 왔다. 국가가 위기 국면에서 초당적인 협력을 통해 국가의 역량을 모아 난국을 타개하는 건 당연하다는 논리였다. 이에 따라 대북정책을 추진함에 있어서도 국론 합의는 늘 선결조건 혹은 필수조건으로 전제되어 온 측면이 있다.[84]

1987년 6.10 민주항쟁 이후 남한에서 시민사회의 영역은 급격히 확대되었고, 특히 김대중 정부가 출범한 이후에는 시민단체들이 양적으로 뿐만 아니라 질적으로도 큰 성장을 이뤘다. 시민사회와 긴밀한 관계를 유지하려 시도한 김대중 대통령은 야당 시절부터 시민단체들로부터 인물을 충원함으로써 대중적인 지지기반을 확보했다.[85] 이는 사회 전반을 민주적으로 성숙시키는 데 기여했지만, 한편으로는 갈등을 유발해 사회통합을 저해한 측면도 있었다. 민주화를 이룩한 뒤 더 이상 기존의 급진적인 대남선전선동 전략이 먹히지 않는 남한 사회에서 혼란을 유발할 방법을 노리던 북한은 이러한 남한 사회의 변화를 예리하게 파고들었다.

당시 북한이 실제로 변화했는지 여부와 관련된 대북관이 정치권에서 갈등의 중심부에 있었다. 진보 쪽 입장에서는 북한이 표피적이고 전술적인 변화뿐 아니라 본질적인 변화의 과정에까지 들어섰다고 평가했던 반면, 보수 쪽 입장에서는 북한이 변함없이 우리식 사회주의를 그대로 고수하고 있으며 설사 변화하는 듯 보인다고 해도 이는 겉으로 보이는 전술적인 변화에 지나지 않는다는 시각을 유지했다.[86]

특히 통일관과 대북관을 둘러싼 갈등의 정도는 정치권보다 시민사회 차원에서 심각한 양상을 보였다. 보수적 입장을 표방한 '자유시민연대'와 진보적 입장을 표방한 '6.15 남북공동선언 실현과 한반도 평화를 위한 통일연대(통일연대)'는 당시 대북 지원, 상호주의 원칙 관철, 남북회담 방식뿐 아니라 김정일 답방, 국가보안법 개정, 8.15 방북단 사건과 관련해서도 극명한 대립양상을 보였다. 민주주의로 이행하는 과정에서 발생하는 사회 내부의 다양성이 극명한 대립양상으로 불거진 모습이었다.

특히 당시에 계속 진행 중이었던 북한 핵 개발 관련 의혹이 이러한 남남갈등에 불을 지피는 주요 원인으로 작용했다. 1998년 미국의 뉴욕타임스가 북한의 금창리 지하시설 공사문제를 제기하며 제네바 합의 파기로 이어질 가능성을 보도하자[87] 워싱턴 정가뿐 아니라 국내 대북 강경파들은 대북제재가 필요하다고 목소리를 높였다. 하지만 북한은 이에 아랑곳하지 않았고 금창리 지하 핵 의혹시설과 다단계로켓 광명성 1호 발사 등으로 한반도 위기가 고조되었다.[88] 당시 강경파는 제네바 합의 무용론과 함께 대북 전쟁 불사론까지 주창하며, 선제공격을 명문화한 북한침공 시나리오 '5027-98' 작전계획까지 언론에 유포하는 강수를 두었다.

이런 가운데 남한 사회 전반에서 광범위하게 일어난 남남갈등이 대북정책의 추진방식 및 신뢰성과 북한의 반응에 대한 인식을 둘러싸고 계속 심화되면서 사회 내부에 잠복해 있던 보수와 진보 간 이념 갈등도 깊어졌다.[89] 당시 실용주의적인 대북정책의 성과가 가시적으로 나타나기 시작하면서 이를 정권의 업적으로 부각시키려는 정부와 이러한 성과를 폄하하면서 반사적으로 이익을 노리는 거대 야당 간의 대립이 벌어진 것이다. 당시 대북정책에 대한 여야 간, 학자 간, 사회단체 간, 언론 간 국내 반목은 매우 심각한 상태였다.[90] 그리고 국민들의 대북정책에 대한 평가가 그 정책 자체에 대한 평가이기보다는 지역감정을 함께 반영함으로써 정치·사회적 갈등을 더욱 심화시킨 측면이 있었다.

김대중 대통령은 당시 새정치국민회의와 자유민주연합(자민련) 간의 연합을 통해 집권을 달성할 수 있었다. 하지만 이념적 차이가 큰 세력 간의 지배연합 구성은 정책 추진 과정에서 불협화음을 빚어내며 정치적 한계를 드러냈다. 정책성향에 공통점이 없는 정당들이 연합함으로써 공조에 한계를 내포할 수밖에 없었던 것이다.[91] 이들은 중도 입장의 비판을 수용하고 대북포용정책의 성공적 이행을 위해 이를 정책적으로 조정하는 게 아니라 비판 자체에 거부 반응을 나타내는 경우가 많았다.[92] 민주주의 공고화 단계에 놓여있는 남한 사회에서 정당 정치가 발전하고 정책 중심으로 선거를 유도하기 위해선 가장 큰 쟁점이었던 대북정책과 관련해서 명확한 정책적 지향을 보여야 할 필요가 있었다.

하지만 김대중 정부는 당시 16대 총선 불과 며칠 전에 남북정상회담 개최 합의를 발표함으로써 정치적 활용이라는 의심을 불러일으켰고, 총선 이후 거대 야당을 상대로 한 정국 운영에서 정상회담의 성과를 이용한다는 의혹을 받았다.[93] 6월 남북정상회담 개최 소식에도 여당은 '통일 기반 마련의 역사적 전기'라고 환영한 반면, 야당은 남북 간 이면 거래 의혹을 제기하며 총선용이라고 일제히 비난했다. 대북정책을 둘러싸고 벌어진 여야 간 대결은 이처럼 국내 정치 주도권과 권력투쟁의 도구로 변질되면서 여당과 야당 간 불신의 골이 깊어지고 갈등이 첨예화됐다.[94]

대북정책에 대한 정당 간 입장 차이는 주로 통일정책의 속도, 대북 지원의 적절성, 안보문제, 미국의 대북정책 지속에 대한 우려감 등의 문제들

북한 김씨 일가가 민주주의를 만난다면

을 중심으로 나타났다.[95] 야당은 여당의 대북정책에 대해 대북포용정책으로 인해 안보태세가 흐트러졌으며 '일방적으로 주기만 하는 정책'이라며 대표적 사업인 금강산 관광사업도 경제적 시혜에 불과하다고 비판했다.

그럼에도 불구하고 당시 김대중 정부가 민주화의 진전으로 인해 정부의 특권적인 지위가 위협받는 중에도 견제와 균형을 통해 국정 운영의 투명성을 증대시킨 것은 큰 발전이었다. 분점정부의 등장은 의회의 제왕적 대통령에 대한 견제 기능을 강화시켜 대통령과 의회 간 비대칭적 관계를 변화시키는 데 기여했다고 평가받는다.[96] 권위주의 체제하에서는 정부 여당의 정책에 이의를 제기하거나 반대하는 것이 이적행위로 단죄되었고, 반대되는 정책을 당에서 공식화한다는 것이 불가능했기 때문이다. 대만의 사례를 살펴보아도 권위주의 체제 시기에는 중국 본토와의 관계는 초당적으로 대처해야 하고 국론이 분열되어서는 안 된다는 여론이 지배적이었는데, 어느 정도 민주화가 진행된 이후에는 중국 본토와의 관계에 대해서 다양한 대안들이 제기된 바 있다. 대만의 독립을 주장했던 민진당이 대표적이다.[97]

김대중 정부 때는 분점정부를 배경으로 햇볕정책으로 상징화된 대북정책을 선택했을 뿐 아니라 민주화된 사회에서의 열린 공간을 이용해 정당 차원에서 새로운 논의들이 제기되기 시작했다. 절차적 민주주의가 실현되면서 거리에서 독재 타도를 외치고 화염병으로 맞섰던 시위 문화도 점차 합법적인 시위로 변했고, 민주화운동 인사들이 진보정당에 참여하는 등 현실정치에 뛰어들기도 했다. 따라서 정치권에서 불거진 이러한 갈등과 당파성은 범국민적 과제의 성격을 띠고 있는 통일문제의 성격을 고려했을 때 피할 수 없는 요인이었던 측면이 있다.[98]

또한 제도권에 진입한 진보정당들이 상대적으로 열세를 보여왔던 반면, 김대중 정부의 발족으로 인해 그동안 단속의 대상이었던 급진적인 반미친북 통일운동단체들은 보다 자유로운 분위기의 시민사회에서 활동을 벌일 수 있게 됐다. 이에 따라 분야별로 수많은 시민단체들이 결성되어 국가와 정치사회가 독점해왔던 공공의 영역을 시민사회의 개인이나 조직, 단체들의 활동 영역으로 돌려놓았다.

시민사회는 국내 정치의 한계를 보완할 수 있으면서도 북한과의 접촉 및 대화가 용이하다는 이점을 가지고 있었다. 김대중 정부는 대북정책을 추진하는 과정에서 정치권으로부터 강력한 지원을 확보하기 힘든 상황을 극복하기 위해 시민사회의 힘을 동원하기로 했다.[99] 이에 시민단체를 대북정책의 지지 세력으로 편입시켜 공생적 유착관계를 형성하기 시작했으며, 역사상 처음으로 정당과 시민통일운동 단체가 연합해 '민족화해협력범국민협의회'라는 협의체를 결성하여 국민여론을 수렴하는 형식을 취하는 한편, 대북관계 접촉창구로서의 역할을 수행하도록 했다.[100]

민주화의 진전으로 인한 시민사회의 성장이 남북교류에 있어서 민간의 역할을 창출했고, 당국과 민간이 분리될 수 있었던 것이 김대중 정부가 집권 내내 교류의 끈을 놓지 않을 수 있었던 요인 중 하나였다. 민간부문은 정치적 영향력으로부터 자유로울 수 있었기 때문에 남북 간 긴장을 누그러뜨리는 데 중요한 역할을 했고, 경제협력은 한번 시작되면 되돌리기 어려운 특성이 있기 때문이다.

시민사회와 정치권의 남남갈등이 사회적 비용을 초래해 북한에 의해 남한 사회의 혼란을 야기하기 위한 수단으로 사용된 측면이 있지만, 남한 사회에서 권위주의 체제가 해체되고 민주주의 체제를 공고화해 나가는 과정에서 볼 수 있는 정책대결로 인식될 수 있었다. 2000년 남북정상회담 이후에는 국민들의 김대중 정부 대북정책에 대한 지지도가 크게 상승해 시민사회의 갈등이 줄어든 측면도 있었다. 북한의 부정적 반응과 도발에도 불구하고 계속 유지된 김대중 정부의 긍정적인 대북인식이 지난 정부들과 구별되며 중심을 잡아준 것이다.

2. 대남인식 · 대응 :
민주화세력 집권에 대한 기대감

북한 매체의 반응 : 민주화세력 공조 대상으로 인정

1998년 남한에서 최초로 야당으로의 평화적 정권 교체가 이루어지며 김대중 정부가 출범하자, 북한은 김대중에게 미국으로부터 자주성을 지키고 대화협력 정책을 펼칠 것을 요구하며 현실적인 방안을 내놓을 것을 촉구했다. 이는 군부독재 때부터 강하게 지지해 온 김대중이 집권에 성공하자 북한이 기대감을 품고 있었음을 의미했다.

1998년에 북한 당국이 발표한 로동신문과 조선인민군의 공동사설[101]은 김대중 후보가 당선되고 정부 출범을 앞둔 시점에 나온 것인데, 새로운 정부에 대한 최초의 공식적인 입장 표명이었다. 이 사설에서는 이례적으로 대미, 대일 관계에 대해서는 일절 언급이 없었고 남북한 관계만을 언급했다. 사설은 "단순히 정권이나 교체되고 대통령이나 바뀌어선 변화될 것이 아무것도 없다"면서 "북과 남의 사상과 제도를 초월하여 공존, 공영, 공리를 도모하고 전 민족의 단결된 힘으로 조국통일 위업을 성취하려는 우리의 원칙적 입장에는 추호도 변함이 없다"고 밝혔다.

김대중 정부는 평화공존, 평화교류, 평화통일을 대북정책 3원칙으로 밝히며 북한과의 교류협력을 강조하는 햇볕정책을 적극적으로 펼쳐나갔다.[102] 하지만 막상 김대중 정부가 포용정책에 대한 의지를 표명했을 때 이에 대해 북한이 보인 반응은 부정적이었다. 북한은 국가보안법 철폐, 외세와의 공조 중단, 한미군사훈련 중지, 안기부 폐지 등을 선행조건으로 요구하면서 남조선 당국자들의 태도를 지켜볼 것이라고 했다.

"북남 사이의 교류와 협력도 좋고 대화와 협상도 좋은 것이다. 문제는 과거를 바로 보고 거기에서 교훈을 찾는 것이 중요하다. 남조선에서 또 다시 정권이나 교체되었을 뿐 북남관계 개선과 통일문제해결에서 달라진 것이 없다는 후환이 생기지 않기를 바란다. 무슨 일이나 출발이 중요하며 시작을 잘해야 한다. … 취임사에서는 북남관계와 관련하여 이러저러한 문제들이 제기는 되었지만 **현 시기 시급히 풀어야 할 원칙적이며 근본적인 문제들에 대해서는 언급이 없었을 뿐 아니라 나라의 자주적 평화통일을 위한 그 어떤 현실적 방안도 내놓은 것이 없었다.**" [103]

북한은 "남조선에서 정권이 교체되고 대통령이 바뀐다고 해서 화해하고 단합하는 길이 저절로 열려지는 것이 아니다"라며 "남조선 사회의 민주화가 실현되어 반북대결정책이 련북화해정책으로 바뀔 때에만 북남관계 개선과 조국통일에 유리한 전환적인 국면이 마련될 것"이라고 시종일관 강조했다.[104] 국가보안법 철폐, 한미훈련 중지, 안기부 폐지 등은 북한이 주장하는 '남조선 사회 민주화'의 결정적인 요소들이었다. 북한은 김대중 정부가 이 지난한 과제들을 해결해주길 바라며 판단을 유보하면서도 비난할 때 일정 정도의 선을 넘지는 않는 모습을 보였다.

이를테면 전두환, 노태우 군사정권 시절에는 대통령의 실명 앞에 '살인깡패', '살인악당' 등의 욕설을 섞으며 적나라하게 비난했지만,[105] 김대중 대통령의 집권 초반에는 직접적으로 비난하지 않고 국방부 장관에 대한 비난에 그치는 모습을 보였다.[106] 로동신문 보도는 "최근 남조선 새 정권의 국방부 장관 자리에 들어앉은 인물의 언행"이라며 국방부 장관을 이례적으로 언급하는 모습을 보였다. 자신들이 과거부터 지지해왔던 민주화세력인 김대중 대통령에 대한 기대감이 남아있었고, 이들을 직접적으로 비난하는 데는 부담을 느꼈던 것으로 보인다.

또 김대중이 집권한 2월 이후에도 김대중 대통령이 아닌 김영삼 전

대통령을 지속적으로 비난했다. 박정희, 전두환, 노태우 등 군사정권의 수장들보다도 오히려 김영삼을 '도피객이 된 문민괴수'라고 지칭하며 감정을 실어 적나라하게 비난하는 모습이었다.[107] 당시 김영삼이 군부독재를 종식시키고 최초로 민간정부인 문민정부를 출범시켰음에도 불구하고 북한의 기대에 미치지 못하는 행보를 보였기 때문이다. 이는 북한이 시종일관 지지해 온 민주인사이자 최초로 야권으로의 평화적 정권 교체를 이룬 김대중 대통령 역시 북한의 기대에 미치지 못하는 행보를 보인다면 언제든지 비난의 대상이 될 수 있다는 사실을 보여주었다.

북한은 이와 함께 과거보다 역량이 성장한 남한의 민주화세력을 공조 대상으로 적극 활용하려 시도했다. 민주화된 남한 사회의 정치권에서 여당과 야당이 합작해 통일을 향해 나아가는 모습, 이에 대한 국제사회의 지지를 보면서 대남혁명의 가능성이 사라지는 데 대한 두려움을 느꼈던 것으로 보인다. 또한 막상 민주화세력이 집권했음에도 불구하고 국가보안법 폐지, 안기부 철폐 등 북한이 주장해 온 반민주적 요소가 시정되지 않는 모습을 강조하며 집권세력과 재야 민주화세력을 이간질하고 시위를 선동했다.[108]

> "정권이 교체된 초기에는 투쟁이 잘 일어나지 않던 전례를 벗어나 이해의 민주로총과 한총련을 중심으로 현 정권의 반인민적정책을 반대하는 각 계층의 투쟁이 광범히 불어졌으며 날이 갈수록 그 폭과 강도가 높아졌다. … 무엇보다 종래의 반미 감정으로부터 신반미주의로 표방되면서 중산층을 비롯하여 남조선 사회 전반으로 확대되었다. **1998년에 남조선 인민들 속에서 파쑈독재를 끝장내고 진정한 민주정부 수립, 민주주의와 생존권을 쟁취하기 위한 투쟁들이 줄기차게 일어났다.**"[109]

이러한 전략의 일환으로 북한은 1998년 7월부터 대북포용정책 역시 본격적으로 비난하기 시작했는데 '북침 정세를 가리우고 우리를 내부로부터 와해해 보려는 술책'이라고 표현하기도 했다.[110] 남한 정부에 대한 적개심을 조금도 누그러뜨리지 않았으며, 오히려 포용정책을 내세우며 미국과의 공조를 유지하는 김대중 정부를 전임 정권보다 더 지독한 반통일 정권으로 평가하는 모습이었다.[111]

김대중 정부의 포용적인 대북정책에 대한 북한의 불신과 노골적인 비난은 남북정상회담을 개최한 김대중 정부 후기에도 간헐적으로 계속 이어졌다. 북한은 남한 사회가 민주화됐을지라도 기본적으로 한미동맹에 매여있기 때문에 친미사대주의적인 본질은 바뀌지 않았다며 이에 대한 비판에 집중하는 모습을 보였다.

> "이 해에 괴뢰도당은 교류선을 타고 우리 내부에 뚫고 들어와 쉬를 쓸어보려는 데로부터 햇볕정책이라는 것을 들고나왔으나 몇 달도 못 가 파탄되었으며 앞에서는 화해와 협력을 운운하고 뒤에서는 반북대결책동에 미쳐 날뛰였다. 괴뢰들은 또한 대북공조니 4강외교니, 6자안보협력이니 하면서 민족내부문제를 대국들의 흥정물로 섬겨바치는 것도 서슴지 않았다. **외세의존적이며 반인민적이며 매국적인 국민의 정부의 운명도 선행 독재정권과 다를 바 없다는 것을 여실히 보여주고 있다.**"[112]

하지만 북한은 당시 극심했던 내부 경제난과 국제사회에서 불리했던 현실에 대한 인식이 깔려있었기 때문에 비록 전제조건을 달긴 했어도 남북 당국 간의 대화 가능성을 열어놓는 모습을 보였다.[113] 미 국무부가 1998년 북한의 열악한 식량 상황을 보고한 기밀자료에도 "북한은 김대중 정부의 집권에 대해 아직 긍정적 혹은 부정적인 입장 표명을 유보하고 있다. 남한이 북한의 요구조건에 응할 준비가 얼마나 되어있는지 시험하고 WFP 등 국제사회의 추가적 지원을 이끌어내기 위한 수단으로 추후 입장

표명을 신중히 활용할 것으로 보인다"고 적시되어 있다.[114]

김대중 정부에 대해 겉으로는 비난을 이어갔을지라도 경제난 극복에 필요한 지원 확보가 절실했던 북한은 남한 당국과의 접촉 필요성을 느끼고 있었던 것으로 보인다. 이듬해 로동신문이 "래왕, 접촉, 대화, 련대련합은 민족대단결의 중요 방도"라고 주장하며 민족공동의 목적을 위해 남과 북이 힘을 합칠 수 있다고 주장했듯이 북한은 당시부터 민족이라는 개념을 내세워 대화를 주장하기 시작했다.[115]

결정적으로 대화에 대한 강한 의지가 반영되어 있었던 김대중 대통령의 베를린 선언 이후에 북측은 비공개로 다양한 경로를 통해 남측에 특사 접촉을 제의하고 남북정상회담 개최 문제를 논의할 수 있다는 입장을 표명했던 것으로 알려졌다. 김대중은 2000년 3월 9일 독일 베를린 자유대학 강연에서 대북 경제지원, 평화정착, 이산가족 문제해결 및 당국 간 대화 등에 대한 의지가 담겨 있는 베를린 선언을 했는데, 당시 "북한은 우리의 참뜻을 조금도 의심하지 말고 화해와 협력 제안에 적극 호응하길 바란다"고 밝혔다.[116] 집권 초부터 변하지 않고 이어진 김대중 정부의 일관성 있는 태도가 북한에 신뢰를 준 것으로 판단된다.

김대중 정권 출범 당시 로동신문에 과거 남한에서 민주화 시위가 활발하게 이루어졌던 1980년대보다 남한정세를 보도하는 기사가 급격히 줄어든 이유도 이러한 북한의 기대감이 반영되었기 때문이다. 과거에는 북한이 남한의 독재정권을 비판하고 정통성을 문제삼기 위한 수단으로 민주화운동을 활용했지만, 남한이 확실하게 민주화를 이룬 현시점의 남한정세가 북한 주민들에게 알려지면 오히려 세습 정권에 위협이 될 수 있다고 판단했기 때문인 것으로 보인다. 그 결과 김영삼 정부 출범 때보다도 남한정세에 관한 전체 보도 건수가 훨씬 적게 집계됐다.

당시 남한 사회가 이룬 실질적 민주화의 진전과 김대중 대통령의 성과는 국제사회로부터도 긍정적으로 인정받고 있었기 때문에 '해외 반응'으로 집계된 기사가 과거보다 크게 줄었다. 김영삼 정부 출범 당시만 해도 해외 매체들을 인용한 보도 건수가 113건으로 전체 관련 기사 건수의 절반이 넘는 비중을 차지했지만, 김대중 정부 출범 때는 34건에 불과해 남한정세에 관한 보도보다 더 적은 것으로 집계됐다.

이는 북한이 보도하는 남한 관련 해외 반응 기사는 시위 등 남한에서의 혼란상황을 선동하거나[117] 독재정권에 대한 비난 혹은 미국에 대한 예속[118]을 비판하는 기사가 대부분을 차지해 왔는데, 김대중 정부 출범 후에는 남한정세를 부정적으로 보도하는 해외 기사가 크게 줄어들었기 때

표 3-3. 김대중 정부 출범 당시 『로동신문』 기사 집계(1998년 2월 25일 ~ 3월 24일)

날짜	기사 수	날짜	기사 수
2/25	4	3/11	5
2/26	11	3/12	3
2/27	7	3/13	4
2/28	8	3/14	3
3/1	6	3/15	6
3/2	6	3/16	5
3/3	6	3/17	5
3/4	6	3/18	5
3/5	1	3/19	6
3/6	6	3/20	6
3/7	5	3/21	5
3/8	5	3/22	6
3/9	5	3/23	4
3/10	5	3/24	5
합계		149	

표 3-4. 김대중 정부 출범 당시 『로동신문』 기사 이슈별 분류(1998년 2월 25일~3월 24일)

이슈별 분류	기사 수(백분율)
남한정세	40(26.85%)
해외 반응	34(22.82%)
북한 사회 반응	54(36.24%)
사설·논평	18(12.08%)
기타	3(2.01%)
합계	149(100%)

문이다. 따라서 당시 남한에 대한 해외 반응 관련 보도는 북한이 주장하는 낮은 단계의 연방제에 국제사회도 지지를 보내고 있다는 내용이 대부분을 차지했다.[119]

대신 김영삼 정부 출범 당시보다 '북한 사회 반응', '사설·논평' 기사가 늘어난 것으로 집계되었다. 새로 출범한 남한 민주정부가 민족공조를 바탕으로 이전 정부 때와는 다른 행보를 보일 것을 촉구하는 내용이 대부분이었는데, 김대중 정부 출범 후 처음으로 등장한 사설은 1면의 절반가량을 차지할 정도로 비중 있게 보도되었다.[120]

한편 김대중 정부의 출범이라는 정세와 관련 없는 남한의 IMF 등 경제상황과 관련된 보도는 '기타'로 집계했다. 북한은 IMF 사태의 원인을 이전 정부의 군비증강 탓으로 돌리고 있기 때문이다. 북한은 남한의 "외환보유고에 바닥이 드러나고 국제금융기구의 신탁통치를 받게 된 건 북침전쟁 준비에 돈을 물 쓰듯 퍼부어왔기 때문"이라며 "지난해 말 괴뢰군부 우두머리들은 긴축예산을 편성할 수밖에 없었다"고 분석했다.[121]

하지만 김대중 정부가 출범한 이후에도 당시 여당이 헤게모니를 장악하지 못하고 통일문제를 놓고 혼란이 가중되면서 정부 정책에 운신의 폭이 제한되고 북한으로부터 불신을 받기도 했다. 북한은 '민주주의적인 정권'으로 남한 정권이 교체되면 연방제 방식의 통일을 달성할 수 있다며 시종일관 정권 교체와 진보세력의 정치활동 보장을 주장해 왔지만, 막상 남한 사회가 북한이 상정해 온 문제 상황으로부터 자유로워지고 진보정권이 출범했을 때는 부정적인 반응을 드러낸 것이다.[122] 정권이 절차적 정당성을 획득하고 남한 사회가 민주화를 통해 대중적으로 지지기반을 확보하자 북한이 수십 년간 이어온 남한 정권에 대한 비방과 선전·선동, 혁명전략이 남한 대중들에게 수용될 수 있는 여지가 줄어들었기 때문이다.

이처럼 문민정부에 이어 국민의 정부가 출범했음에도 불구하고 북한 당국은 내부 결속을 위해 대내적으로는 여전히 남한 당국의 정통성을 부정하고 남한에 대해 왜곡된 인식을 유지하고 있었다. 하지만 북한은 남한 정부를 비판하면서도 김대중 대통령에 대한 직접적인 호명은 피하는 등 과거에 비해 일정한 절제를 보이고 있었다.[123] 이러한 입장은 1997년 8월 4일 김정일이 발표한 『위대한 수령 김일성 동지의 조국통일 유훈을 철저히 관철하자』는 노작에도 강하게 시사되어 있다.[124]

실제로 당시 북한은 복잡한 내외상황에 대처하기 위해 인적 교류 문제에 있어서도 과거와는 달리 전면적인 인적 교류를 지연하고, 대신 선택적 교류를 확대시키는 경향을 보였다. 이러한 북한의 정책 전환은 인적 교류가 갖는 기능주의적 한계 때문이라기보다는 인적 교류가 체제에 미칠 영향 때문에 이루어졌던 것으로 볼 수 있다.[125]

당시 소련 및 동구 사회주의권 붕괴로 인한 외교적 열세와 함께 사상 최악의 심각한 경제난에 시달렸던 북한의 입장에서는 최고 목표가 '체제생존'에 있을 수밖에 없었다. 따라서 남북관계 역시 목표 달성에 유리한 방법으로 활용하는 것이 불가피했다. 북한은 김일성이 사망한 이래로 통미봉남 정책을 적극 추구해 왔지만, 당시 북미관계 개선과 경제난 극복을

북한 김씨 일가가 민주주의를 만난다면

위해 남한 당국과 대화에 나서야 할 필요성을 절감하고 있었다. 기대감을 품었던 남한 정부에 대한 비난이 간헐적으로 이어지고 실제로 집권에까지 성공한 민주화세력에 대한 선전·선동을 지속했을지라도 북한이 수십 년 간 펼쳐왔던 대남전략에 상당한 수정을 가했고 공격적 성향으로부터 점차 방어적 성향으로 변화하는 추세를 보였다.

북한 당국의 대응 : 당국 간 대화 시작·남남갈등 유발

당국 간 대화 시작

대북정책 3원칙을 발표하며 남북 경협을 적극적으로 추진하겠다고 화해협력 원칙을 밝힌 김대중 정부에 대해 북한은 새로운 가능성을 모색했다.[83] 김일성 사망 이래로 통미봉남 정책을 추구해왔던 북한이지만 당시 북미관계를 개선시키기 위해서뿐 아니라 사상 최악의 경제난을 극복하는 데 필요한 지원을 확보하기 위해서도 남한 당국과 대화에 나서야 할 필요성을 절감하고 있었다. 북한이 남한 당국을 처음으로 대화의 상대로 인정하고 가능성을 열어둔 문건인 『위대한 수령 김일성 동지의 조국통일 유훈을 철저히 관철하자』라는 제목의 8.4 노작 역시 이러한 현실 인식을 기반에 두고 김대중 정부 출범 직전인 1997년 8월 4일에 발표되었다.[124]

김영삼 정부 때 남한과 절대로 대화를 하지 않을 것이라고 밝혔던 북한으로서는 남북대화에 나서기 위한 명분이 필요했을 것이다. 따라서 새로운 정부가 대북 유화정책을 펼친다면 남북대화에 응할 것이라는 논리를 통해 남한 당국과 접촉에 나서기 위한 명분을 쌓고 있던 상황이었다. 이런 가운데 출범한 김대중 정부에 대해 북한은 처음에는 "남조선에서 또다시 정권이나 교체되었을 뿐 북남관계 개선과 통일문제해결에서 달라진 것이 없다"[103]며 관망하는 자세를 취했다. 동시에 국가보안법 철폐, 안기부 해체,

합동군사연습 중지 등의 조건을 내세우며 적극적인 정책 전환을 요구했다.

북한 매체들도 과거 새 정부가 출범했을 때와 달리 김대중 대통령에 대한 직접적인 비난은 일체 삼가는 모습이었다. 역대 대통령들은 실명에 욕설까지 섞어 비난했던 것과 달리 김대중 대통령은 직접 언급을 피하고 비판해야 할 경우 국방부 장관에 대한 비난에 그쳤다.[126] 특히 남한의 정경 분리 원칙과 관련해서는 "진실로 조국통일을 위한 목적에서 출발한 것이라면 형식에 구애됨이 없이 아량을 가지고 대할 것"이라고 밝히며 김대중 정부의 햇볕정책에 대해 긍정적인 반응을 나타내기도 했다.[127] 비록 전제조 건을 달았을지라도 남한 당국자들과 대화의 문을 열어놓은 모습이었다.

이런 가운데 북한은 김대중 정부의 정책에 일부 호응하는 반응을 보이며 새 정부가 제안한 대북 비료 제공을 위한 차관급 회담에도 응하게 됐다. 1998년 초에 북한을 방문한 옥수수 박사 김순권 등 비공식적인 경로를 통해 성사된 비료 회담은 새로 출범한 정부와의 첫 만남이었다. 그러나 회담에서 남한이 정부 차원의 대북 지원은 상호주의 원칙에 따라 이루어져야 한다고 강조하며 이산가족 면회소 설치 문제와 연계시키자 회담은 결국 결렬되었다. 당시 북한이 남한에서 제시했던 것보다 훨씬 많은 양의 비료를 요청했던 사실로부터도 북한이 정경분리 원칙에 대한 기대감을 가졌다가 상호주의 원칙에 상당히 실망했음을 알 수 있다.[128]

회담이 결렬된 이후 북한의 남한에 대한 태도는 다시 강경한 입장으로 돌변했다. 그러나 김대중 대통령에 대한 직접적인 인신공격은 피하면서 대화 재개의 가능성을 계속 시사했고, 남한 정부도 당국 간 회담에 적극 나서겠다는 입장을 밝혔다. 비료 회담이 결렬된 이후에도 북한은 남북고위급 정치회담을 개최하자고 제안하는 등 긍정적인 신호를 보냈다.[129]

김대중 집권 직후 열린 '역사적인 남북조선 정당, 사회단체 대표자 연석회의 50돌 기념 평양시 보고회'에서도 북한은 조건부를 달긴 했지만 "온 민족의 지지와 찬동을 받고 있는 남북기본합의서가 하루빨리 이행되어야 한다"고 주장했다. 당시 김일성이 보고회에 보낸 서한에도 남한 당국자들이 변화한다면 대화하고 싶다는 의지가 명확하게 표현되어 있다.

> "남조선 당국자들에 대한 우리의 립장은 명백합니다. 우리가 남조선의 력대 통치자들을 반대한 것은 그들이 집권자라고 해서 그런 것이 아닙니다. 우리가 반대한 것은 남조선 력대 통치자들의 외세의존정책과 반통일정책, 매국배족행위입니다. **우리는 남조선 당국자들이 진정으로 애국애족의 립장, 련북단합의 립장에 선다면 그들과 민족의 운명을 함께 개척해 나갈 것입니다.**" [130]

북한은 남북관계가 갈등 국면으로 접어들었을 때도 당국 간 대화를 전면적으로 중단하지 않고 접촉을 계속 유지했다. 비록 김정일 정권이 김대중 정부와 그 정책을 비난할 때도 많았지만, 이는 김영삼 정부에 대한 것과 같은 강력한 거부감을 나타낸 것이라기보다는 김대중 정부 출범 초기에 가졌던 기대에 대한 실망감의 성격이 컸다. 북한이 연북화해정책으로의 전환을 지속적으로 요구했다는 사실이 이를 뒷받침해 준다.[131] 북한은 1999년도 공동사설에서 역시 남한에서 정권 교체가 있었지만 남북관계에서는 달라진 것이 없다고 실망감을 표시하면서도 연북 정책의 필요성을 강조했다.[132]

이와 같은 북한의 대화 지향적인 태도는 1999년 2월 3일 '정부·정당·단체 연합회의'를 통한 대남제의에서 더욱 명확하게 나타났다. 당시 북한은 남한에 대화를 제안하는 편지를 보내면서 남한 대통령을 '대한민국 대통령 김대중'으로 호칭하였으며, 막연한 당국 간의 대화가 아닌 '남북고위급 정치회담'을 제안했다.[133]

이처럼 집권 후 1998년 4월과 1999년 6월 두 차례 대북 비료 지원을 위한 회담에 참석했던 북한은 당국 간 대화의 가능성을 탐색하며 제한적으로 대화에 참여하다가 2000년 4월에는 본격적으로 남북정상회담의 개최에 합의하기에 이르렀다. 2000년 6월 평양에서 개최된 김대중 대통령과 김정일 국방위원장 간 최초의 정상회담은 남북관계에 새로운 전기를 마련했고, 북한 역시 당시 6.15 공동선언에 대해 "역사적 평양 상봉이 낳은 빛나는 결실"이라며 높이 평가했다.[134]

　　남북정상회담 이후 남한 정부를 협상 파트너로서 인정하기 시작한 북한은 대남비방을 중단했으며 각종 회담에 적극 참석했다. 그리고 정상회담 당시 합의된 6.15 공동선언을 전면에 내세움으로써 열세에 몰렸던 국제정세 아래서 쫓기듯 체결한 남북기본합의서의 아픈 기억에서 벗어나 김정일이 남북대화를 직접 주도했다는 점을 강조하려 시도했다.[135]

정경분리 및 민간접촉 확대

　　김대중 정부 역시 정경분리 원칙에 따라 민간 차원의 교류와 협력을 원칙적으로 허용한다는 방침을 밝히면서 경제 및 문화·예술 분야에서 북한을 방문하는 인사가 크게 증가했다. 사실상 북한도 남한이 내비친 정경분리 원칙에 따른 민간교류 협력을 긍정적으로 바라보았던 것이다. 특히 현대그룹 정주영 명예회장의 소 떼 방문은 남북교류 역사상 큰 사건이었다. 그리고 이를 통해 북한이 정부 차원의 대화에 응하지 않을 때에도 민간 경협은 유지되기를 원하고 있다는 사실을 확인할 수 있었다.

　　당시 국제연합식량농업기구(FAO)와 유엔세계식량계획(WFP)에서 1997년도 북한의 식량부족이 그 직전 해보다 더 크다고 결론지으며 "가장 심각한 위기는 1997년 하반기"라고 밝힐 정도로 고난의 행군에 따른 여파가 가시지 않았던 데다 '강성대국 건설'이라는 국가 목표를 본격적으로 홍보하기 시작했던 상황이었다.[136] 비약적인 경제 발전을 목표로 내걸고 오랜

기간 경제위기 속에 위축됐던 인민들을 고무하기 위해 경제적 지원이 절실했던 것이다. 1999년 로동신문 신년호는 3개 언론사의 공동사설을 통해 "국력이 강하고 인민들이 세상에 부럼 없이 사는 나라가 사회주의 강성대국"이라며 본격적인 홍보활동을 벌이기 시작했다.[132]

하지만 북한은 경제적 지원이 필요한 상황이었음에도 불구하고 김대중 정권 초기부터 대북포용정책에 대한 남한 정부의 의지가 어느 정도로 강한지 시험이라도 하듯이 남북관계를 악화시킬 만한 사건들을 지속적으로 일으켰다. 정주영 회장이 소 떼를 이끌고 북한으로 오고 있던 당시에도 동쪽 바다로 잠수정을 침투시켰고,[137] 북한 경비정이 NLL을 넘어와 남북 해군 함정 간에 교전이 발생했다.[138] 이후에도 서해안 간첩선 침투사건, 여수 반잠수정 침투사건 등 간첩선 남파소식이 연이어 전해졌다. 특히 속초 잠수정 침투사건은 정주영 회장의 방북으로 기대감에 차올랐던 남북교류 열기에 찬물을 끼얹는 첫 번째 고비였다.

그럼에도 불구하고 김대중 정부는 대북 정경분리 원칙에 일관성을 유지하며 대북 비료 지원과 금강산 관광 유지 등 포용정책 노선을 포기하지 않고 꾸준히 밀고 나갔다. 금강산 관광사업이 합의되려는 시점에 터진 북한의 인공위성 발사 역시 김대중 정부 출범 이후 남북관계에 큰 시련이었다. 하지만 김대중 정부는 군사적으로는 한미일 협력 관계에 토대를 두는 한편 대북 화해협력 정책, 정경분리 원칙에 따른 경협을 유지하고 금강산 관광사업도 계속한다는 방침을 유지했다.[139]

북한 역시 김대중 정부의 대북정책에 대한 일관성을 확인했다는 사실은 인공위성 발사 직후 북한이 발표한 아태평화위원회 명의의 성명을 통해서도 알 수 있다. 당시 북한은 "남한 정부 측은 금강산 개발에 간섭하지 말고 일본 정부 역시 과잉반응하지 말 것"을 요구했다.[140] 이 성명들은 북한이 인공위성 발사를 감행하면서도 한편으로는 금강산 관광사업에

악영향을 미치지 않을까 우려하고 있었음을 보여준다. 정주영 명예회장의 2차 방북 때 김정일 위원장이 직접 정주영 회장을 면담하고 1면에 크게 보도했던 것도 북한이 남한의 정경분리 원칙에 호응한다는 합의 행위로 평가할 수 있다.[141]

북한은 이러한 남한과의 민간교류를 북한 내부 사회에 대한 체제 선전의 수단으로 활용하는 모습도 보였다. 북한은 정주영 회장이 북한을 선망하고 있다는 식으로 북한 인민들을 향해 선전했는데,[142] 이는 민간교류의 과정에서 남한의 우월한 경제수준이 알려지고 체제에 위기를 줄 수 있다는 우려를 불식시키고 오히려 체제를 선전하는 기회로 활용한 것이다. 이처럼 북한은 남한의 민주화 이후 조성된 합법적인 공간을 활용해 상층 통일전선 구축에 주력하고, 민간급 남북교류를 선택적으로 활용해 방북자들을 대상으로 중하층 통일전선전술을 구사하는 등 상층·중층·하층 통일전선 공작의 배합을 정교화하는 모습을 보였다.[143] 기존의 하층 통일전선 중심에서 상층 통일전선까지 연계하는 대남 접촉방식을 취한 것이다.

> "특히 정주영은 기자회견에서 경애하는 장군님을 김장군이라고 계속 존경하는 데 대해 김정일 총비서를 왜 김장군으로 호칭하는가라고 괴뢰기자가 따져 묻자 사람들이 모두 그렇게 불러 나도 장군이라 불렀다고 당당히 말해 남조선 인민들을 크게 감동시켰다. **위대한 장군님의 접견을 받은 후 현대그룹이 남조선 주식시장에서 최고로 높은 시세를 기록하고 매출액에서도 종전의 2위로부터 1위로 뛰여오른 사실**은 경애하는 장군님을 흠모하는 남녘민심의 반영이라고 볼 수 있다." [124]

당시에도 북한은 외부로는 남한 정부와의 대화 거부 의지를 표명하고 있었지만, 현대그룹과 북한이 합의했던 경제협력 사업의 내용은 정부 당국자 간 대화가 없었다면 이루어질 수 없는 것들이었다. 새 정부 출범 후

1년도 안 되는 기간 만에 이룬 큰 성과였다. 핵 위기 이후 북한은 대미 관계에 우선순위를 두고 남한 정부와의 대화는 배제하는 대외전략으로 일관해 왔지만, 1999년 제1연평해전이라는 큰 도발을 일으킬 당시에도 김대중 정부는 정경분리 원칙을 바탕으로 NLL 도발에 단호히 대처하는 동시에 금강산 관광은 지속하는 모습을 보였다.[144]

이처럼 북한은 간헐적인 도발 행보에도 불구하고 김대중 대통령 임기 동안에는 남북관계를 유지하고 회복하기 위해 적극적으로 노력하는 모습을 과시했다. 남측이 교전 직후 경계태세를 강화했음에도 불구하고 서울에서 열렸던 8.15 민족통일대회에 북한 측은 대표단을 파견하기도 했다. 이에 대해 북한은 "남과 북에서 개최된 범민족통일대축전은 민족의 자주권과 평화를 수호하며 겨레의 민족자주통일대행진을 힘 있게 전진시키는 데서 중요한 계기가 되었으며 민족공조의 생활력을 과시하는 민족화합의 장이 되었다"[145]라며 긍정적으로 평가했다. 민간행사에 당국이 함께 참여함에 따라 민간 중심의 행사에서도 북한의 관심사가 당국 간 대화로 옮겨가는 모습을 보였기 때문에 과거에 비해서는 하층 통일전선보다 상층 통일전선에 대한 관심이 상대적으로 높아졌다고 볼 수 있다.[146]

이러한 기조는 김대중 정권 말까지 유지되어 2002년 제2연평해전 사태 때도 북한이 곧바로 유감을 표시하며 실무대표 접촉을 열자고 제의해 옴에 따라 비교적 빠른 시일 내에 해소되었다. 교전 발생 이틀 뒤 북한 리광근 축구협회 위원장이 월드컵 성과에 대한 축하 서한을 보낸 데 이어 조평통은 그 이후의 사태에 대해 '외세와 반통일세력의 방해책동으로 북남관계가 일시 곡절을 겪고 있는 것'으로 규정하면서 남북관계의 전진을 확신한다는 성명을 발표했다.[147] 당시 북한이 제2연평해전에 대해 표했던 유감은 김영삼 정부 때인 1996년 강릉 잠수함 침투사건 때 북한이 보였던 태도에 비해 크게 진전된 것으로 평가받았다.

민주화의 진전으로 인한 시민사회의 성장이 남북교류에 있어서 민간의 역할을 창출했고, 이에 따라 당국과 민간이 분리된 데 이어 김대중 정부가 '정경분리' 원칙을 고수했던 것이 집권 내내 교류의 끈을 놓지 않을 수 있었던 중요한 요인으로 작용했다. 민간 부문은 정치적 영향력으로부터 자유로울 수 있었기 때문에 남북 간 긴장을 누그러뜨리는 데 중요한 역할을 했고, 경제협력은 한번 시작되면 되돌리기 어려운 특성이 있기 때문이다.

남남갈등 유발

북한은 김대중 정권 초기부터 대북포용정책에 대한 김대중 정부의 의지가 어느 정도로 강한지 시험이라도 하듯이 남북관계를 악화시킬 만한 사건들을 일으켰다. 북한 경비정이 NLL을 넘어와 남북 해군 함정 간에 교전이 발생하는가 하면, 정상회담 이후에도 북한군이 NLL을 침범해 연평도에서 전투가 발생했다.[148] 당시 남북관계의 호전에도 불구하고 이어진 북한의 남한에 대한 군사 도발은 남한 정치권 내부의 갈등을 유발하기 위한 중요한 수단이었다. 김대중 정부 출범 이후 벌어진 북한의 각종 도발과 돌발행위는 남남갈등으로 이어졌다. 즉, 북한은 1980~1990년대에 걸쳐 민주화를 이룩한 남한 사회에 혼란을 일으키기 위한 또 다른 방식으로써 '남남갈등'을 정책적 차원에서 시도한 것이다. 이를 통해 북한은 남한에 사회혼란을 야기하면서 동시에 북한 사회 내부의 동요를 차단하는 방향으로 체제 생존을 도모했다.

특히 북한이 조국통일범민족연합(범민련)만을 상대로 인정하려 한 행위도 남남갈등을 부추기기 위한 전략의 일환으로 해석된다.[149] 1980년대 민주화투쟁 시기에는 반독재민주화세력 내부에서 친북세력이 뚜렷하게 드러나거나 구분되지 않는 경향을 보였지만, 남한 사회가 민주화된 이후에

북한 김씨 일가가 민주주의를 만난다면

는 친북세력들이 진보세력 내부에서도 상대적으로 소외되는 경향을 보였다. 1998년 남한에서 민족화해협력범국민협의회(민화협)를 결성했을 때, 이미 실정법상 이적단체로 규정된 범민련과 한총련 가입 문제를 둘러싸고 딜레마에 봉착했던 것이 대표적인 사례다.[150]

이에 북한은 1998년 '민족의 화해와 평화통일을 위한 대축전'에서 범민련과 한총련만을 대화 상대로 인정하려 하는 등[151] 이들 친북세력들을 소외시키지 않기 위해 시도하기도 했다. 하지만 이는 북한의 처지 역시 고립시키는 결과를 초래할 수밖에 없었다. 민화협 등 김대중 정부 때 출범한 민간기구, 그리고 기존의 친북세력 집단들과의 관계 설정을 두고 고민에 빠졌던 것이다. 하지만 북한은 이를 남남갈등을 유발하는 기회로 활용하려 시도했다. 북한이 남한 사회 내부에 고립된 범민련과 한총련을 위주로 상대할 경우 남한 당국이나 민화협을 난처하게 만들 수 있었기 때문이다.

결국 북한 당국은 민화협의 존재를 인정하면서도[152] 범민련과 한총련에 더욱 집착하는 모습을 보였다. 대축전 당시 남측 대표단의 방북을 허가하는 과정에서, 신청할 때에는 '서울 통일연대 의장' 등으로 적어냈던 인사들만이 방북이 가능한 상황이었는데 이 명단이 평양에서는 범민련 간부로 바뀌어 있었다는 보도도 나왔다.[153] 친북단체들이 구성한 단체인 통일연대에 1997년 대법원에서 이적단체로 판결 받은 바 있는 범민련도 포함되어 있었던 것이다. 8.15 민족통일대축전을 둘러싼 접촉 당시에 북한은 '범민련과 한총련이 참가하는 조건'이 만족된다면 준비위원회 측과의 대화에 응하겠다는 태도를 보이기도 했다.[154]

> "주체 87(1998)년 6월 **민족화해협의회(민화협)와 민족경제협력련합회(민경련)가 조직되었으며 이로 하여 민족대단결의 기치 아래 민간급에서 화해와 단합을 이룩해 나갈 수 있는 보다 넓은 길이 열리게 되었다.** …

이듬해 8월에는 **범민련 북측본부와 해외본부 대표들과 함께 범민련 남측본부와 한총련, 전국련합, 민주로청 등 애국과 통일을 지향하는 남조선의 기본통일운동단체 대표들이 참가한 99통일대축전 10차 범민족대회(범민족통일대축전)**가 성대히 열려 북과 남, 해외의 3자 련대, 련합이 강화되었으며 전 민족의 대단결을 실현하기 위한 투쟁이 더욱 힘 있게 추진되게 되었다." [155]

뿐만 아니라 당시 정부 승인 범위를 벗어난 방북활동을 벌인 일부 남한 대표단이 방명록에 '만경대 정신으로 통일 위업을 이룩하자'는 글을 남기면서 문제가 정치권으로까지 비화하는 사건이 벌어졌다. 이로 인해 당시 임동원 통일부 장관이 국회에서 해임되고 연일 규탄 집회가 이어지는 데 이르렀다. 8.15 통일축전 등이 남한의 보수진영을 자극하고 남남갈등을 증폭시켜 보수와 진보 간 대결양상이 펼쳐진 것이다.[156] 최초로 여야 간 정권교체를 통해 출범한 김대중 정부 출범 직후 진보와 보수 간 이념적 양극화가 급속도로 확대된 국내 정치적 상황 역시 북한이 남한 사회에 내부적인 분열을 야기해 남남갈등을 더욱 심화시키려고 시도하는 데 유리하게 이용되었다.

당시 북한이 선거 국면에서 보인 민주연합 전술 역시 남남갈등을 유도하는 결과를 초래했다. 이 전술은 재야인사, 각계각층 민중, 집권층, 야당 등을 포함해 남한 정부에 반대하는 모든 정치세력을 '범민주세력의 결집'이라는 기치 아래 모두 규합시켜 반 정권연합을 형성한 뒤에 집권후보를 낙선시키는 전술이었다.[157] 이러한 북한의 민주연합 전술은 결과적으로 여당과 야당 모두에 내부 갈등을 초래하면서 정치권의 혼란을 불러일으켰다.

이처럼 남한 사회가 민주화된 이후에도 남북 갈등의 상대적 완화와 남남갈등 격화가 동시에 발생하면서 북한 요인이 국내 정치에 영향을 미

첐다.[158] 이는 역으로 민주화 진전으로 인한 남한 내부 분열을 더 확대시키는 방향으로 북한의 대남전략에 영향을 미치는 결과를 초래했다. 남남갈등의 핵심에는 대북인식의 차이가 놓여있기 때문에[159] 북한이 남한에 취하는 행위 및 전략이 결정적인 요소기 때문이었다. 이에 따라 당시 민주화를 이뤄낸 과거보다 안정화된 남한의 정치정세에 대한 북한의 불안감과 이를 흔들어 보려는 북한의 의도에서 비롯된 행동들이 많이 포착됐다.

역사적인 제1차 남북정상회담의 결과 발표된 2000년 6.15 남북공동선언도 북한이 대남전술을 수행하는 데 있어 효과적으로 활용됐다. 남한 사회 내부에서 공동선언 조항들의 비현실성으로 인해 이에 대한 해석과 향후 추진 방향을 놓고 첨예한 대립양상을 보였던 점을 활용해 북한이 대남 통일전선에 유리한 국면을 조성한 것이다.[160] 특히 당시 공동선언 1항과 2항을 놓고 남북한 당국 간에는 논의조차 제대로 이루어지지 못했는데, 북한 입장에서는 합의를 통해 명확한 해석을 내놓는 것보다 모호한 상태를 계속 유지해 남남갈등을 조성하는 것이 더 유리했다는 분석이 나왔다.

예를 들어 1항인 "남과 북은 나라의 통일문제를 그 주인인 우리 민족끼리 서로 힘을 합쳐 자주적으로 해결해 나가기로 하였다"와 관련해서도 논란이 있다. 김정일은 비공식적으로 통일 이후에도 한동안 한반도에서의 미군 주둔을 허용하기로 약속한 바 있다.[161] 하지만 북한은 정상회담 이후 내놓은 공식 담론을 통해서는 주한미군 우선 철수를 강력하게 주장했다. 2000년 9월 27일 로동신문 논평에서도 "남북 화해 분위기에 발맞춰 미군을 조속히 철수시켜야 한다"고 촉구했다.[162] 이러한 북한의 미군 철수론은 남북정상회담 이후 김대중 대통령이 "김정일이 통일 이후에도 한동안 미군의 한반도 주둔 필요성에 동의했다"고 한 발언을 뒤집는 것이었다. 이외에도 북한은 6.15 공동선언의 '자주' 조항의 모호성을 이용해 주한미군 철수와 외세 배격을 주장하는 근거로 삼았으며 남한의 국론 분열과 한미공

조 약화를 도모했다.[163]

특히 남한 사회 내부에서 가장 갈등을 빚었던 건 북한에 대한 경제적 지원과 관련된 부분이었다. 심각한 경제난을 겪고 있는 북한으로서는 남한의 경제적 지원이 필요했기 때문에 상호관계를 진전시켜 왔지만, 북한은 남북관계가 진전될수록 북한 주민들의 의식에 영향을 미치고 체제를 위협하는 결과도 가져오게 되므로 남남갈등을 의도적으로 유발하는 방식으로 대응했다.[164] 그 결과 남북정상회담 이후에 남북관계는 전례 없이 호전되기 시작했지만, 반면에 남한 사회 내부에서는 대북정책을 둘러싸고 사회 내부에 잠복되어 있던 진보, 보수 간 이념 갈등이 터져 나오기에 이르렀다.[165] 이러한 현상은 여야 정치세력 간에서뿐만 아니라 지식인 사회, 시민사회 등에 걸쳐 광범위하게 나타났다.

이처럼 북한의 남한에 대한 인식과 남북정상회담에 임하는 의도가 긍정적이지만은 않았다 보니 남북정상회담을 계기로 다양한 분야에서의 남북대화가 활발하게 진행됐던 동시에 불가피하게 중단된 경우도 많았다. 평화로워만 보였던 2000년대 초반 대화 국면에서 일어났던 이러한 일련의 갈등은 모두 민주화라는 한 단계 도약을 이뤄낸, 변화한 남한의 정치정세에 대한 북한의 불안감과 이를 흔들어 보려는 북한의 의도에서부터 비롯됐다.

민족대단결 5대 방침 제의

김정일이 1998년 4월 18일 남북조선 정당, 사회단체대표자 련석회의 50돐을 맞아 중앙연구토론회에 보내는 서한 형식으로 공표한 '민족대단결 5대 방침'은 주목할 만한 내용들을 담고 있다.[166] 이 서한은 김일성이 1993년 4월 7일 발표한 '전민족대단결 10대 강령'의 기본 골격을 유지하고는 있으나, 일부 부분에서는 기존의 방침을 상당히 많이 완화시키며 김정일의 통일노선을 전면에 등장시키기 시작했다.

우선 '남조선의 집권 상층이나 여당, 야당 인사들, 대자본가, 군 장성들과도 민족대단결의 기치 밑에 단합할 것'을 강조하여 남북 간 접촉 대상의 폭을 넓히려 시도하고 있다.[167] 또한 남조선 당국자들을 '선행 통치자' 혹은 '역대 통치자'와 구별해 지칭함으로써 새 정부를 비난하면서도 남한 정부와 대화의 문을 계속 열어놓겠다는 방침을 밝혔다. 남북 해외동포 간 왕래, 접촉, 대화 등에도 큰 비중을 두며 김대중 정부의 정경분리 정책이나 이산가족 정책에도 호응하는 모습을 보였다.

북한은 남북의 당국자, 정당, 사회단체, 각계각층 대표, 해외동포 간 대화의 필요성을 지적하면서 당국자 간 접촉과 민간접촉을 동시에 허용할 방침도 밝혔다. 과거 민간단체와의 접촉만 고집했던 데서 나아가 당국자 간 대화를 적극적으로 시도한 것인데, 이는 지난 정부 때보다 한 걸음 더 나아간 것이었다. 또한, 남한의 집권세력이나 남한 정부를 고립시킨다는 북한의 전통적인 통일전선 정책에 변화가 있었음을 의미한다.

> "로동자, 농민, 지식인, 청년학생, 도시소자산계급, 민족자본가와 정치인, 경제인, 문화인, 종교인, 군인 할 것 없이 민족의 모든 성원들이 조국통일을 위하여 단결하여 투쟁하여야 하며 조국통일 위업에 적극 기여하여야 합니다. … **우리는 남조선의 집권 상층이나 여당과 야당 인사들, 대자본가, 군 장성들과도 민족공동의 리익을 귀중히 여기고 나라의 통일을 바란다면 그들과도 민족대단결의 기치 밑에 단합할 것입니다.**"[130]

1980년대 이래 변함없이 유지되어 온 공식적인 통일방안 역시 한층 더 현실적인 방향으로 변화의 조짐을 보였다. 북한은 민족대단결 5대 방침을 칭송하며 민족대단결과 연방제를 등치시키고 "민족대단결의 기치 아래 단결하여 평화적 방법으로 연방제에 의해 통일할 것"을 주장했다.[168] 이러한 일련의 궤도 수정 과정을 거치면서 과거의 연방제보다 단계론적인 성격을 갖는 연방제 안을 개념화했다.[169] 1990년대 초반에 기존의 '고려민주연방공화국 창립방안'을 부분적으로 보완한 '낮은 단계의 연방제'가 이미 제시된 바 있지만, 이 연방제는 김정일이 이를 변화된 정세에 맞게 개념적으로 정리했다는 면에서 의미가 있다. 북한은 1990년대 말에도 공식적으로는 여전히 고려민주연방공화국 창립방안을 주창하고 있었지만, 내용을 구체적으로 살펴보면 북한의 통일방안은 국가연합 쪽으로 방향을 선회하고 있었던 것이다.[125]

당시 북한이 남한 신정부에 대한 비난을 유보하고 대화 문호를 열어놓는 등 유연한 대남정책을 폈다는 사실은 김일성과 김정일 등 최고 당국자의 문서들을 통해서도 증명됐다. 특히 1997년 8월과 1998년 4월에 발표된 김정일의 통일 관련 저작들 속에서도 이러한 경향은 뚜렷하게 나타나고 있다.[170] 김정일은 대남정책에서 이데올로기가 부차화하는 경향을 보이면서 당국자 간의 대화를 가장 우선시했을 뿐 아니라, 기존의 정치군사 문제 우선 해결 방침에서 교류의 동시 실시라는 이원적 해결방식으로 전환했다. 뿐만 아니라 반미공조의 대상도 자본가는 물론 군 장성이나 당국자로까지 확대하며 접촉 대상을 확대하는 모습을 보였다.

김대중 정부의 출범에 따른 북한의 대응을 정리하면 〈그림 3-2〉와 같다.

북한 김씨 일가가 민주주의를 만난다면

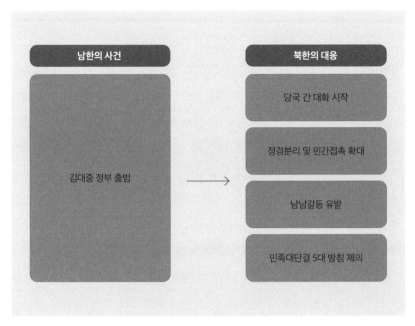

남한의 사건	북한의 대응
김대중 정부 출범 →	당국 간 대화 시작
	정경분리 및 민간접촉 확대
	남남갈등 유발
	민족대단결 5대 방침 제의

그림 3-2. 김대중 정부 출범에 대한 북한의 대응

3. 대남전략 : 민족공조론

통일문제를 '전 민족의 자주권 확보'라는 외적 측면과 '민족대단결 도모'라는 내적 측면 모두의 문제로 인식해 온 북한이 후자를 적극적으로 활용하기 시작한 건 1998년 김정일 정권이 공식적으로 출범할 즈음이었다.[171] 초기에는 남한 당국과의 화해를 전제로 삼은 것이 아니라 남한 당국과 급진세력 간 남남갈등을 심화시키기 위한 의도였다. 하지만 6.15 공동선언으로 당국 간 화해협력이 증진되고 북미 간에는 갈등이 심화되자 북한은 남한 정부를 협상 파트너로 적극 인정하기 시작했다.[172] 즉, 1990년대 수세적 대응과정에서 민족주의의 긍정성을 인정하기 시작했던 북한은

2000년 이후 변화된 위기상황에서 '민족공조론'에 더욱 매진했다.[173]

　남한에서 민주화세력의 집권으로 인한 남북관계의 발전, 대외적 위기상황의 전개 등에 조응해 민족주의적 공세방법도 달라진 것인데, 김대중 정부에 들어서는 공세적 위기대응으로서 기동적 민족주의로 발전했다고 평가할 수 있다. 또한, 북한은 북미관계의 긴장에 대한 돌파구를 남북관계에서 찾으려 시도했다. 남한 정부와 일정한 경쟁과 대립관계를 유지하며 '민족통일전선론'을 고수했던 북한이 민주화세력 출신 남한 대통령과의 대화 결과 도출된 6.15 공동선언 이후 민족주의를 긍정적으로 재평가하며 '민족공조론'을 내놓은 것이다.

　북한은 "우리의 통일문제를 우리 민족끼리 자주적으로, 평화적으로, 민족대단결의 원칙에서 실현할 데 대한 합의사항을 실천하는 과정에서 당국 사이의 대화를 강화해 나가는 것이 통일 위업 실천에서 전환적 국면을 여는 근본 담보를 마련하는 것"[174]이라 주장했다. 또한 "남북에서 권력을 행사하는 집권 당국자 간의 대화가 필요한데, 이는 실제적 권력을 가지고 있는 집권 당국의 토의, 합의가 구속력을 가지기 때문"[70]이라며 남한 당국자를 적극적으로 인정하는 모습을 보였다.

　미국과 함께 남한 정부와 당국자를 규탄 대상으로만 삼아왔던 북한이 김대중 정부 출범 이후 진보정권과의 대화에 나서며 이들을 반미공조를 함께 해나갈 대상으로 인정하기 시작한 것이다. 북한이 1993년 문민정부 이후 선거 등 합법적인 정치 공간을 활용한 방식으로 혁명전략을 확장한 데 이어, 선거를 통해 집권한 남한 정부와의 공조를 강화하는 방향으로 선회했음을 의미한다. 이는 2002년 핵 위기 이후 북한이 본격적으로 띄우기 시작한 민족공조 전략과도 맥락을 같이 한다. 북한은 2002년 북핵 문제가 불거지자 한반도에서의 대결 구도가 '북과 남의 조선민족 대 미국'이라며 국제적 압박에 대처하고자 시도했다. 핵 위기에 남북이 공동으로

　　　　　　　　　　　　　북한 김씨 일가가 민주주의를 만난다면

대처하고 미국의 한반도 문제에 대한 개입 여지를 축소시키는 동시에 한미관계를 이간질하고 남한의 국론 분열을 도모하기 위한 대남전략의 일환으로 볼 수 있다.

이를 위해 북한은 김일성의 '민족대단결사상'을 발전시킨 김정일의 '민족대단결론'도 함께 선전하며 조선민족 대 미국이라는 대립 구도와 반미자주화투쟁을 강조하고 나섰다.[175] 남한 정부를 협상 파트너로 적극 인정하기 시작한 북한은 2000년 6.15 공동선언에 나타난 '우리민족끼리'라는 표현을 시작으로 민족공조론을 정치담론화하며 외세와의 공조를 배격하고 통일문제를 민족 자체의 힘으로 해결해나갈 것을 촉구하고 나섰다.

> "오늘은 북과 남의 전 민족 대 미국, 이렇게 문제가 서고 있다. 민족의
> 운명이 위험에 처해 있는 이 시각 남조선 당국은 민족의 근본 리익을
> 침해하는 미국에 할 말을 당당히 해야 하며 **6.15 공동선언의 정신대로**
> **민족공조의 길로 확신성 있게 나가야 한다**." [176]

북한은 2000년대 들어 '우리민족끼리'라는 새로운 통일담론을 유포시키고 민족공조를 주장하기 시작한 끝에 2001년 신년공동사설에서 '민족공조'라는 용어를 처음으로 사용하기 시작했다.[177] 공동사설에서 "민족자주의 원칙은 통일문제해결의 근본원칙이다. 외세에 의존할 것이 아니라 우리 민족 자체의 힘에 의거하여, 외세와의 공조가 아니라 동족과 공조하는 확고한 입장을 견지하여야 한다"며 '동족과 공조'라는 표현을 처음으로 사용하였다.[178] 이것이 바로 '민족공조론'으로 전개되었던 것이다. 2001년 1월 4일 로동신문 사설에서도 "역사적인 북남공동선언 발표 이후에 이룩되고 있는 경이적인 성과들은 민족공조가 제일이며 민족공조에 북과 남의 화해와 단합, 평화와 통일이 있다는 것을 명백히 실증해 주었다"[179]라는 표현이 사용되며 민족공조 개념이 다시 한번 공식화되었다. 이후로도 북한

은 민족공조라는 개념을 새로운 대남전략으로 적극 내세웠다.

2000년 남북정상회담 이후 북한의 대남전략이 기존의 민족통일전선에서 민족대단결론으로 전환되었으며, '민족공조론'은 이러한 전략의 연장선상에 있을 뿐 아니라 이를 더욱 강화하려 제기된 것이었다. 민족대단결론은 대남적화통일을 위한 기존의 통일전선전략과 명확히 대비된다는 분석도 나왔다.[180] 또한 북한은 민족대단결, 나아가 민족공조를 해나갈 단결의 주체에 각계각층 민중은 물론 당국자들도 포함된다고 설명하고 있었다.

2002년에 발간된 북한 장석의 저서 역시 민족공조의 실현 방도인 민족대단결론이 기존의 민족통일전선론과 달리 단결의 주체를 남북을 포함한 모든 민중, 당국자까지 포함하므로 대남적화통일을 위한 통일전선전략이 아닐 뿐 아니라 통일전선론이라면 당연히 포함하고 있어야 할 영도계급 문제, 계급노선과 군중노선과의 결합문제 등을 설정하지 않고 있다고 주장하고 있다.[181] 또한 주체의 통일전선론에서 민족통일전선론으로, 그리고 민족대단결론으로 대남전략이 변화되는 흐름을 소개했다.[182] 1980년대 북한의 대남전략이었던 민족해방 인민민주주의혁명론을 성사시키려면 광범위한 각계각층 군중과의 통일전선을 이룩하는 것이 혁명승리를 위한 필수적인 담보였다. 하지만 민족통일전선론이 민족대단결론으로 대체됐다는 사실은 민족해방 인민민주주의혁명론도 더 이상 북한의 주요 대남전략이 아니라는 사실을 시사한다.

민족대단결론과 통일전선론을 구분한 장석의 의도는 통일전선에 대한 남한 내 부정적 인식을 의식한 것으로도 평가할 수 있지만, 민족대단결을 통한 민족공조론의 제기로 대남전략의 기본축이었던 기존의 통일전선론 개념이 수정될 여지가 발견된 것으로도 볼 수 있다.[183] 또한, 전국적 범위에서 민족해방 민주주의혁명의 과업을 수행한다는 기존의 대남전략에도 상당한 균열이 발생한 것으로 평가할 수 있다. 2000년 12월에도 북한은 "우리가 하자는 통일전선은 북과 남의 각 계층이 화해하고 단합하며 조국통일을 위해 함께 손을 잡고 나가자는 것"이고 "누구나 다 단결하고 힘을 합쳐 통일하자는 것이 바로 우리의 민족대통일전선"이라며 남북관계의 발전이 통일전선 자체라는 새로운 견해를 피력하기 시작했다.[184]

"누구든지 외세를 등에 업고 외세와 공조하면서 동족을 적대시하고 반북대결정책을 추구한다면 인민들의 저주와 규탄을 받게 될 것이며 력사의 심판을 면치 못하게 될 것입니다. 남조선의 력대 통치자들의 비참한 말로가 이것을 보여주고 있습니다. … 우리 민족의 대단결을 위하여서는 외세의 지배와 간섭을 반대하고 외세와 결탁한 민족반역자들, 반통일세력을 반대하여 투쟁하여야 합니다."[130]

이처럼 북한은 대남전략을 펼치면서 '민족'이라는 용어를 많이 활용하지만, 북한이 지칭하는 민족이라는 용어는 '동일의 지역, 언어, 생활양식, 문화와 역사를 갖는 인간의 집단'을 의미하는 일반적인 의미가 아니라 전혀 다른 계급적인 개념이라는 사실을 유념해야 한다. 1990년대 민족주의에 대한 긍정적인 평가에 이어 2000년대 민족공조론 등 공세적 민족주의로의 변화는 북한이 주장하는 '민족'이라는 개념의 수정 및 확대를 동반했다. 과거에는 북한 지역 내부로만 한정해서 사용했던 민족이라는 개념이 남한까지 포함한 모든 한반도로 확장된 것이다.[56]

당시 북한의 민족에 대한 강조는 민족이라는 이름 아래 남한 내 친북세력뿐 아니라 각계각층 민중을 규합해 통일전선을 형성하고 남한 혁명을 성사시키기 위한 것이었다. 남한의 민주화로 인해 친북세력이 상대적으로 '주변부화'된 상황 역시 북한이 과거와 달리 당국 간 공조까지 포함하는 등 민족공조의 범위를 확대시킨 데 영향을 미쳤다. 이처럼 북한은 남한 사회를 '민족 대 반민족세력' 구도로 분리해 친북세력들은 전략적 민족주의 세력으로, 그중에서도 현 정권에 반대하는 세력들은 전술적 민족주의 세력으로 활용했으며, 자유민주주의 수호 세력들은 반민족주의 세력으로 분류해 반미전선을 형성하는 데 활용했다.[185]

민족공조론을 내세우며 북한은 "통일이란 외세와의 공조가 아니라 동족과 공조하여 민족적 공통성에 기초해 이루어 나가야 하는 것"[178]이라며 김대중 정부에 들어서도 계속 진행 중인 남한의 반통일적인 외세와의 공조, 친미공조 행위를 시종일관 비난했다. 또한, 남한 내부에서 반미 시위를 선동하기 위한 각종 보도를 이어갔는데, 남북 간 화해협력 분위기가 가장 무르익었던 2000년에까지 18년 전 일어났던 부산 미국문화원 방화사건을 로동신문에 언급하기도 했다. 당시 로동신문은 "남조선에서 미국에 대한 불신과 반감은 광주인민봉기를 계기로 더욱 급격히 높아지고 있다. 남조선에서 큰 파문을 일으킨 1982년 3월 부산 미국문화원 방화사건은 미제 살인귀들에 대한 쌓이고 쌓인 남조선 인민들의 울분의 폭발이었다"고 보도했다.[186]

북한 민족공조 주장의 기본적인 목적은 남한 내 반미 감정을 자극하는 한편, 한미공조체제를 약화시켜 외세에 대한 반대를 함께하자는 것으로 해석할 수 있다. 당시 북한의 목표에는 구체적으로 연방제 통일방안 실현, 남한으로부터의 경제적 지원 확대, 주한미군 철수 관철, 반미전선 구축뿐 아니라 남한 사회 내부의 갈등을 유도하고 친북 동조세력을 확장하기 위한 의도도 포함되어 있었다.[187] 북한의 민족공조 주장에 대해 남한 내 보수와 진보진영, 당국자와 재야세력 간에 의견이 갈릴 수밖에 없기 때문이었다. 북한이 당시 민족공조론을 주장한 데에는 이처럼 남한 사회 내부가 분열될 것이라는 예측과 함께 급진적 재야세력의 목소리가 더욱 잘 반영될 수 있도록 민주화된 남한 사회 환경이 영향을 미쳤다. 이를 간파한 북한이 화해협력 분위기로 접어든 남한 사회에서 급진적 재야세력에 힘을 실어줌으로써 세력 재편과 이로 인한 혼란이 야기되도록 유도했던 것으로 보인다. '남남갈등' 자체가 시민들이 대북정책에 대한 자신의 의견을 적극 개진할 수 있는 '사회의 민주화'라는 전제조건이 뒷받침되지 않은 상태에서는 성립이 불가능한 전략이었기 때문이다. 당시 각계 통일운동단체들은 민족 간 공조에 반대하며 남북대결을 조장하는 반통일, 우익, 보수세력들은 철저하게 고립시켜야 한다고 주장했다.[188] 결국 민족공조론은 북한이 남한의 정부, 정당, 시민단체들에 '한미공조'와 '민족공조' 중 한 가지만 선택하도록 요구함으로써 궁극적으로 남한 내부에 대립 구도를 형성하고 북한의 협상력을 제고하는 수단으로 기능했다.[189]

> "역사적인 6.15 남북공동선언이 이남 사회에 미친 큰 영향력에 대해 이남의 보수적인 지식인들까지도 '6.15 남북공동선언은 한국 내의 이념적 분열을 촉진하는 계기로 작용했다. 그 이전까지는 대한민국의 주류를 이루면서 이념체제를 수호해오던 자유민주주의 세력은 하루아침에 반동보수세력으로 밀렸으며 드러내놓고 자기주장을 펴기 어려웠던 사회주의변혁세력이 진보라는 이름으로 사회 주류로 나서게 되었다'고 자평하고 있다. … 지난 50여 년 동안이나 이남 사회 전반을 지배해 온 숭미사대주의와 반북의식이 물먹은 담벽처럼 허물어지고 있는 것은 이남 민중 속에서 연북의식이 날로 고양되고 있으며 각계각층이 민족공조를 이룩하기 위한 성스러운 애국투쟁에 과감히 떨쳐나서고 있다는 것을 뚜렷이 실증해주고 있다."[145]

북한이 민족공조 주장을 통해 남한 내 갈등을 조장하려 한 것은 과거 구소련이나 중국이 프롤레타리아 계급만으로 공산화 혁명을 추진하는 것이 어려워지자 전술적으로 '계급을 초월한 민족주의나 민족단결'을 주장했던 것과도 유사하다고 평가할 수 있다. 북한은 식량난과 경제난 등 대내적 위기뿐 아니라 핵 개발과 인권문제 등에 대해 미국이 대북압박정책을 추진할 때 민족공조를 강조했는데, 이는 구소련과 중국의 민족단결과 민족적 연합을 모방한 것으로 보인다.[190]

북한은 남한 사회 내부로부터 국가보안법 존폐문제가 제기되는 등 남한 시민들의 민주적 역량이 과거보다 강화됨에 따라 민족공조론을 더욱 적극적으로 내세워 대남선전을 강화하는 모습을 보였다. 북한은 국가보안법이 인권유린과 반민주, 반민족적 악법이기 때문에 완전히 폐지해야 한다고 강도 높게 주장했다.[191] 2000년대 들어 민주화가 한 단계 더 도약한 남한 사회 분위기에서는 이러한 북한의 주장이 수용될 여지가 더욱 커졌기 때문이다.

> "6.15 자주통일시대가 도래한 오늘 반민족, 반통일악법인 보안법의 존재 명분은 완전히 상실되었다고 말할 수 있다. 시대에 뒤떨어진 파쑈악법인 보안법은 즉각 폐기되어야 마땅한 것이다. 이북과 해외의 동포들은 보안법 철폐를 위한 이남 동포들의 투쟁을 적극 지지 성원해 **남북의 화해와 단합을 가로막는 보안법을 비롯한 법적, 제도적 장치들을 철폐해 남북공조를 가속화해 나가야 할 것이다.**"[192]

북한은 남한에서의 반미운동을 조장하고 주한미군 철수를 주장하는 데에 이 민족공조론을 적극 활용했다. 북한은 대결 구도를 전체 조선민족 대 미국으로 설정한 뒤 "민족공조는 조선민족의 자주권과 생존권을 지키는 평화공조, 애국공조"이며 "외세와의 공조는 전쟁공조이자 매국공조"로 비난했다.[193] 북한이 제기하는 민족공조론의 목표는 민족의식 유발을 통한 대외협상력 제고였던 것이다. 한반도의 분단과 군사적 대치상태의 근본 원인이 미국의 대조선 적대시 압살정책에 있다는, 한국전쟁 이래 지속되어 온 북한의 주장에 민족공조론을 활용했다고 볼 수 있다.

북한 김씨 일가가 민주주의를 만난다면

한미공조에 대한 대항 논리로 시작된 이 민족공조론이 남한 사회에 흡수될 수 있었던 데는 당시 남한 사회의 변화된 분위기도 적지 않은 영향을 미쳤다. 남한 사회의 민주화가 초래한 정치 공간의 확장이 시민운동과 노동운동뿐 아니라 통일운동의 발전을 가져왔고,[194] 이를 북한이 남한 사회를 선동하기 위해 적절히 활용했기 때문이다. 민주화와 탈냉전 등 대내외적 정세가 남한 민족주의의 핵심이자 정서적이고 당위적이었던 통일 인식을 현실적이고 소극적인 인식으로 바꿔 대북 적대의식은 우월적인 반공의식으로, 친미의식은 좀 더 현실주의적으로 전환되었다. 여기에 북한은 민족공조론을 통해 애국심을 더욱 적극적으로 불러일으켜 남한 정부를 견인하는 동시에 남한 내 민족주의 세력과의 연대를 강화하려 시도했다.[56]

물론 북한이 민족공조를 강조했던 건 당시 사상 최악의 식량난을 극복하기 위한 불가피한 선택이었던 측면도 있다. 이 시기 북한 대남전략의 주요 목표는 남한 정부를 대외적으로 인정하는 조치를 보임으로써 국제적으로 고립된 상황으로부터 벗어나는 것이었다.[195] 1990년대 들어 북한의 대남전략은 대폭적으로 수정됐지만 그 동력은 주동성의 측면이 아니라 밀려오는 현실적 대세를 이기지 못한 데 따른 피동성의 측면에서 나왔다고 평가받았다. 또한, 북한의 대남전략이 냉전시대의 혁명전략으로부터 사회주의 체제를 유지하고 발전하기 위한 생존전략으로 바뀌어가기 시작했다고 평가할 수 있다.

당시 국제정세와 북한의 경제적 난관이 이러한 수동적 정책 전환을 구조적으로 강요하는 측면도 있었다는 점도 분명했다.[125] 하지만 이는 남한과의 적대적 관계를 개선해야 한다는 의지의 표현이기도 했다. 북한 지도부가 혁명의 대상으로 삼아왔던 남한으로부터 지원을 받겠다고 결정한 것은 그만큼 남한의 경제력과 실체를 인정했다는 사실을 의미하기 때문이다. 무엇보다도 북한의 민족공조 주장은 과거와 달리 남한 지도부를 공식적으로 인정한 것이기 때문에 큰 의미가 있다고 볼 수 있다. 1980년 5.18 광주민주화운동과 1987년 6.10 민주항쟁이라는 역사적인 두 민주화운동과 1993년 군부 권위주의 통치 종식으로 인한 문민정부 출범, 1998년 야당으로의 평화적 정권 교체로 이루어진 '남한의 민주화 달성'이 뒷받침되지 않았다면 북한이 남한 당국을 민족공조의 대상으로 삼는 건 불가능한 일이었을 것이다.

4. 소결

1998년 남한에서 최초로 야당으로의 평화적 정권 교체가 이루어지며 김대중 정부가 출범하자, 북한은 김대중에게 미국으로부터 자주성을 지키고 대화협력 정책을 펼칠 것을 요구하며 현실적인 방안을 내놓을 것을 촉구했다. 이는 군부독재 때부터 강하게 지지해 온 김대중이 집권에 성공하자 북한이 기대감을 품고 있었음을 의미했다.

북한은 "남조선에서 정권이 교체되고 대통령이 바뀐다고 해서 화해하고 단합하는 길이 저절로 열려지는 것이 아니다"라며 "남조선 사회의 민주화가 실현되어 반북대결정책이 련북화해정책으로 바뀔 때에만 북남관계 개선과 조국통일에 유리한 전환적인 국면이 마련될 것"이라고 시종일관 강조했다.[104] 국가보안법 철폐, 한미훈련 중지, 안기부 폐지 등은 북한이 주장하는 '남조선 사회 민주화'의 결정적 요소들이었다. 북한은 김대중 정부가 이 지난한 과제들을 해결해주길 바라며 판단을 유보하면서도 비난할 때는 일정 정도의 선을 넘지는 않는 모습을 보였다.

이와 동시에 북한은 대북정책 3원칙을 발표하며 남북 경협을 적극적으로 추진하겠다고 화해협력 원칙을 밝힌 김대중 정부에 대해 새로운 가

북한 김씨 일가가 민주주의를 만난다면

능성을 모색했다. 김일성 사망 이래로 통미봉남 정책을 추구해왔던 북한이지만 당시 북미관계 개선뿐 아니라 사상 최악의 경제난을 극복하는 데 필요한 지원을 확보하기 위해서도 남한 당국과 대화에 나서야 할 필요성을 절감하고 있었다. 북한이 남한 당국을 처음으로 대화의 상대로 인정하고 가능성을 열어둔 문건인 『위대한 수령 김일성 동지의 조국통일 유훈을 철저히 관철하자』라는 제목의 8.4 노작 역시 이러한 현실 인식을 기반에 두고 김대중 정부 출범 직전인 1997년 8월 4일에 발표됐다.

또한 김대중 정부가 정경분리 원칙에 따라 민간 차원의 교류와 협력을 원칙적으로 허용한다는 방침을 밝히면서 경제 및 문화·예술 분야에서 북한을 방문하는 인사가 크게 증가했다. 사실상 북한도 남한이 내비친 정경분리 원칙에 따른 민간교류 협력을 긍정적으로 바라보았던 것이다. 특히 현대그룹 정주영 명예회장의 소 떼 방문은 남북교류 역사상 큰 사건이었다. 그리고 이를 통해 북한이 정부 차원의 대화에 응하지 않을 때에도 민간 경협은 유지되길 원하고 있다는 사실을 확인할 수 있었다.

김대중 정부는 연이은 악재에도 불구하고 대북 정경분리 원칙에 일관성을 유지하며 대북 비료 지원과 금강산 관광 유지 등 포용정책 노선을 포기하지 않고 꾸준히 밀고 나갔다. 금강산 관광사업이 합의되려는 시점에 터진 북한의 인공위성 발사 역시 김대중 정부 출범 이후 남북관계에 큰 시련이었다. 하지만 김대중 정부 역시 군사적으로는 한미일 협력 관계에 토대를 두는 한편 대북 화해협력 정책, 정경분리 원칙에 따른 경협을 유지하고 금강산 관광사업도 계속한다는 방침을 유지했다.

북한은 이와 함께 과거보다 역량이 성장한 남한의 민주화세력을 공조 대상으로 적극 활용하려 시도했다. 북한은 막상 민주화세력이 집권했음에도 불구하고 국가보안법 폐지, 안기부 철폐 등 북한이 주장해 온 반민주적 요소가 시정되지 않는 모습을 강조하며 집권세력과 재야 민주화세력을 이간질하고 시위를 선동했다. 특히 북한이 1998년 열린 '민족의 화해와 평화 통일을 위한 대축전'에서 범민련과 한총련만을 대화 상대로 인정하려 한 행위도 남남갈등을 부추기기 위한 전략의 일환으로 해석된다.

이런 가운데 김정일이 1998년 4월 18일 남북조선 정당, 사회단체대표자 련석회의 50돐을 맞아 중앙연구토론회에 보내는 서한 형식으로 공표한 '민족대단결 5대 방침'은 주목할 만한 내용들을 담고 있다. 우선 '남조선의 집권 상층이나 여당, 야당 인사들, 대자본가, 군 장성들과도 민족대단결의 기치 밑에 단합할 것'을 강조하여 남북 간에 접촉 대상의 폭을 넓히려고 시도하고 있다. 또한 남조선 당국자들을 '선행 통치자' 혹은 '역대 통치자'와 구별해 지칭함으로써 새 정부를 비난하면서도 남한 정부와 대화의 문을 계속 열어놓겠다는 방침을 밝혔다.

민족대단결 5대 방침은 남북 해외동포 간 왕래, 접촉, 대화 등에도 큰 비중을 두며 김대중 정부의 정경분리 정책이나 이산가족 정책에도 호응하는 모습을 보였다. 북한은 남북의 당국자, 정당, 사회단체, 각계각층 대표, 해외동포 간 대화의 필요성을 지적하면서 당국자 간 접촉과 민간접촉을 동시에 허용할 방침도 밝혔다. 과거 민간단체와의 접촉만을 고집했던 데서 나아가 당국자 간 대화 가능성을 함께 시사했다는 점에서 큰 변화를 보인 것이었다. 또한, 남한의 집권세력이나 남한 정부를 고립시킨다는 북한의 전통적인 통일전선 정책에 변화가 있었음을 의미한다.

이는 2002년 핵 위기 이후 북한이 본격적으로 띄우기 시작한 '민족 공조' 전략과도 맥락을 같이 한다. 미국과 함께 남한 정부와 당국자를 규탄 대상으로만 삼아왔던 북한은 김대중 정부 출범 이후 진보정권과의 대화에 나서며 이들을 반미공조를 함께 해나갈 대상으로 인정하기 시작했다. 1993년 문민정부 이후 선거 등 합법적인 정치 공간을 활용한 방식으로 혁명전략을 확장한 데 이어, 선거를 통해 집권한 남한 정부와의 공조를

북한 김씨 일가가 민주주의를 만난다면

강화하는 방향으로 선회한 것이다.

민족공조론은 기존의 대남전략이 대체된 대남혁명의 새로운 수단으로 볼 수 있다. 북한에서 2002년에 발간된 장석의 저서 역시 주체의 통일전선론에서 민족통일전선론으로, 그리고 민족대단결론으로 대남전략이 변화되는 흐름을 소개한 바 있다. 1980년대 북한의 대남전략이었던 민족해방 인민민주주의혁명론을 성사시키려면 광범위한 각계각층 군중과의 통일전선을 이룩하는 것이 혁명승리를 위한 필수적인 담보였다. 하지만 민족통일전선론이 민족공조론의 토대라 볼 수 있는 민족대단결론으로 대체됐다는 사실은 통일전선에 기반을 둔 민족해방 인민민주주의혁명론도 더 이상 북한의 주요 대남전략이 아니라는 사실을 시사한다.

민족공조론을 내세우며 북한은 "통일이란 외세와의 공조가 아니라 동족과 공조하여 민족적 공통성에 기초해 이루어 나가야 하는 것"이라며 김대중 정부에 들어서도 계속 진행 중인 남한의 반통일적인 외세와의 공조, 친미공조 행위를 시종일관 비난했다. 북한이 당시 민족공조론을 내세운 데에는 남한 사회 내부의 갈등을 유도하고 친북 동조세력을 확장하기 위한 의도도 포함되어 있었다. 북한의 민족공조 주장에 대해 남한 내 보수와 진보진영, 당국자와 재야세력 간에 의견이 갈릴 수밖에 없기 때문이었다.

북한은 남한 사회 내부로부터 국가보안법 존폐문제가 제기되는 등 남한 시민들의 민주적 역량이 과거보다 강화됨에 따라 민족공조론을 더욱 적극적으로 내세워 대남선전을 강화하는 모습을 보였다. 북한은 국가보안법이 인권유린과 반민주, 반민족적 악법이기 때문에 완전히 폐지해야 한다며 "민족의 화해와 교류협력 사업이 보안법의 독소조항들에 의하여 정부전복기도, 내란음모, 반국가단체행위로 탄압받아 왔다"고 주장해왔다. 그리고 2000년대 들어 실질적 민주화를 달성한 남한 사회 분위기에서는 이러한 북한의 주장이 수용될 여지가 더욱 커지게 되었다.

이처럼 북한은 급진적 재야세력의 목소리가 더욱 잘 반영될 수 있도록 민주화된 남한 사회 환경을 적극적으로 활용했다. '남남갈등' 자체가 시민들이 대북정책에 대한 자신의 의견을 적극 개진할 수 있는 '사회의 민주화'라는 전제조건이 뒷받침되지 않은 상태에서는 성립이 불가능한 전략이었기 때문이다. 또한, 민주화와 탈냉전 등 대내외적 정세가 남한 민족주의의 핵심 담론이었던 반공주의와 친미주의를 변화시켰던 덕분에 한미공조에 대한 대항 논리로 민족공조론을 적극 활용할 수 있었다. 즉, 남한 사회의 민주화가 초래한 정치 공간의 확장이 시민운동과 노동운동뿐 아니라 통일운동의 발전을 가져왔고, 이를 북한이 남한 사회를 선동하기 위해 적절히 활용한 것이다.

물론 북한이 민족공조를 강조했던 건 당시 사상 최악의 식량난을 극복하기 위한 불가피한 선택이었다. 이 시기 북한 대남전략의 주요 목표는 남한 정부를 대외적으로 인정하는 조치를 보임으로써 국제적인 고립 상황으로부터 벗어나는 것이었기 때문이다. 즉, 북한의 대남전략이 냉전시대의 혁명전략으로부터 사회주의 체제를 유지하고 발전하기 위한 생존전략으로 바뀌어가기 시작했다고 평가할 수 있다. 하지만 북한 지도부가 혁명의 대상으로 삼아왔던 남한으로부터 지원을 받겠다고 결정한 것은 그만큼 남한의 경제력과 실체를 인정했다는 사실을 의미하기도 한다. 무엇보다도 북한의 민족공조 주장은 과거와 달리 남한 지도부를 공식적으로 인정한 것이기 때문에 큰 의미가 있다. 남한의 민주주의 발전이 뒷받침되지 않았다면 북한이 남한을 민족공조의 대상으로 삼는 건 불가능한 일이었을 것이다.

북한 김씨 일가가 민주주의를 만난다면

4부

결론

탈냉전 민주화 시기 북한이 남한에 대한 인식을 수정하고 공세적인 대남전략을 조정하는 데 '남한의 민주화'라는 요인이 어떻게 영향을 미쳤는지 살펴보았다. 1980~1990년대에 걸쳐 일어난 5.18 광주민주화운동, 6.10 민주항쟁이라는 두 민주화운동과 군부 권위주의 통치를 종식시킨 문민정부 출범, 야당으로의 최초의 수평적 정권 교체를 이룬 국민의 정부 출범 등 남한의 민주화 발전에 기여한 네 가지 중요한 사건을 대상으로 삼았다. 남북관계에 영향을 미친 대외 환경요인에 집중한 기존 연구들은 많지만, 북한의 대남인식과 전략에 영향을 미친 남한 요인에 대한 연구는 많지 않다. 특히 민주화 요인에 집중한 연구는 아직 없다. 이 글에서는 민주화를 이룬 남한 사회에 대한 북한의 대남인식 변화만을 파악한 데서 나아가, 민주화된 한국 사회에 대응하기 위해 1990년대를 기점으로 변화된 북한의 대응과 전략까지 함께 파악하려 시도했다.

1980년대 초 북한의 대남전략은 남한 내 혁명세력을 통해 국가를 전복시키겠다는 남조선혁명론이 지배적이었다. 이 전략은 남한이 미국에 대한 식민지 예속 상태에서 정통성 없는 독재정권에 놓여있다는 대남인식에 기초한다. 하지만 북한 대남전략의 주요 목표는 탈냉전기를 거치면서 조금씩 달라졌고, 1990년대에는 점차 남한 정부를 대외적으로 인정하는 조치를 보이기 시작했다. 대남전략이 냉전시대의 혁명전략으로부터 사회주의 체제의 유지를 위한 전략으로 바뀌었다고 평가할 수 있다. 여기에 민주화된 남한의 상황 역시 영향을 미쳤다.

전두환 정권 때 북한은 5.18 광주민주화운동을 선동하며 독재세력 타도와 남조선 민주화를 주장했고, 독재체제 아래의 남한 민주화세력을 북한을 보조할 수단 정도로 여겼다. 하지만 남한 사회가 민주화를 이룩해 감에 따라 남한을 보는 시각이 달라졌다. 진보적 청년층, 지식인 등 남한 중간층을 보조적 역량으로만 인식했던 북한이 5.18 광주민주화운동과

6.10 민주항쟁 등의 민주화투쟁에서 이들의 변혁적 지향성을 발견했다. 그리고 이들을 조직화해 대남혁명역량으로 만들어야 한다고 인식했다.

북한은 5.18 광주민주화운동을 계기로 남한의 민주화운동이 고조돼 군사독재를 종식시킬 것을 기대했던 것으로 보인다. 남조선혁명론을 '민족해방 인민민주주의혁명론'으로 정식화한 1970년 제5차 당 대회 때 기조는 당시까지 이어지고 있었다. 북한은 5.18 광주민주화운동 당시 남한정세를 최대의 혁명고조기로 평가하고 통일에 유리한 국면을 전개하기 위해 노력했다. 절차적 민주화조차 제대로 정착되지 못한 당시 남한의 정치적 환경에서 민주화세력들은 집권의 기반조차 마련하지 못했기 때문에 북한은 상층 통일전선보다는 청년, 노동자 등 하층 통일전선에 집중해 공세를 펼쳤다.

이처럼 1960년대만 해도 남한에 식민지 반봉건사회가 계속되고 있다는 안이한 분석 아래 남한의 변혁을 북한에 종속시켰던 북한이 민주기지론에서 벗어나 대남전략을 변화하기 시작한 계기가 바로 5.18 광주민주화운동이었다고 볼 수 있다. 더 많은 남한 중간층들을 대남혁명역량으로 끌어들이려 시도하기 시작한 북한은 이들 민주화운동 세력을 공조 대상으로 적극 활용하려 했다. 5.18 광주민주화운동 직후 북한이 제시한 고려민주연방공화국 창립방안 역시 과거보다 현실화된 목표를 제시하면서도 공세적인 전략으로 평가할 수 있다. 당시 북한은 동포의 희생 위에 성립된 전두환 정권을 인정할 수 없고 현 정권과는 대화할 수 없다는 자세를 견지했다.

그리고 북한은 6.10 민주항쟁이 광범위한 각계각층의 참가 아래 대규모 투쟁으로 전개되자 남한 민주화세력에 다시 한번 주목했다. 북한은 6.10 민주항쟁이 30여 년 역사에서 처음 보는 최대 규모의 노동운동이었다며 과거 항쟁들보다 높이 평가했다. 청년과 노동자들이 주축이었던 5.18

광주민주화운동에 비해 6.10 민주항쟁은 시민사회 내 다양한 직업, 계급, 계층별 조합들과 결사체들이 생겨나고 조직적으로 참여했다. 이에 따라 시민사회는 조합을 결성하거나 단체를 조직하는 등 주체적으로 활성화되어 나갔다.

이처럼 남한 사회에서 급진적 민중운동의 조직적 발전과 함께 시민운동의 다원화가 진행됨에 따라 북한은 더 광범위한 남한 인민들을 대남혁명역량으로 끌어들이려 시도했다. 1980년 제6차 당 대회에 명기된 '민족해방 인민민주주의혁명론'에서 '인민'이 삭제되고 '민족해방 민주주의혁명론'으로 개정된 시점은 2010년이다. 하지만 실제로는 남한 사회의 민주화 역량이 상당 수준으로 올라서고 절차적 민주주의가 달성된 1980년대 후반부터 변화가 감지됐다.

북한이 '인민'이라는 단어를 삭제한 건 식민지 반봉건사회에서 식민지 반자본주의사회로 남한 사회성격에 대한 인식이 변화했기 때문이기도 하지만, 대남혁명을 성공시키기 위해 더 광범위한 동조세력을 규합하기 위한 목적도 있다. 남한 주민들이 거부감을 느끼는 '인민'이라는 용어는 의도적으로 뺀 것이다. 북한이 인민이라는 단어를 삭제한 건 전술적 차원이며, 당시 아래로부터의 민주화투쟁들을 지켜보며 종교인, 인텔리, 자본가 등보다 많은 중간층을 대남혁명의 주력군으로 인정하기 시작한 점은 대남전략의 유연해진 모습으로 평가된다.

이처럼 북한은 군사독재체제 아래 놓여있던 남한 민주화세력을 처음에는 북한을 보조할 수단 정도로 여겼지만, 민주화운동 세력의 역량이 성장한 이후로는 공조 대상으로 적극 활용했다. 이후 등장한 시민단체들도 북한에 적극적이었다. 시민사회의 자율적 공간을 통해 민주화운동이 통일운동으로 확장됐기 때문이다. 북한은 민족의 정당성을 강조하며 남한 내 범진보 민주화세력과 함께 통일정책을 수립하겠다는 의지를 밝혔다. 하지만 남한 정부에 대해선 군부독재정권의 연장선일 뿐이라며 날을 세웠고, 재야 민주화세력들만을 공조 대상으로 활용했다.

남한 민주화세력의 역량 강화는 군부 권위주의 통치가 종식된 문민 정부 출범을 통해 한 단계 더 도약했다. 선거를 통해 선출된 첫 민간인 대통령 김영삼은 초반부터 강력한 개혁을 추진했다. 이에 북한도 대화를 통해 문제를 해결하려는 의지를 표했고, 김영삼 대통령이 핵 문제에 본격 대응하기 전에는 비난을 전임 대통령들에게만 돌렸다. 김영삼 대통령은 과거와 다르게 대응할 것이라는 기대감 때문이었다. 그리고 민주화세력의 집권으로 기대감이 축적된 결과, 북한은 합법적인 정치 공간을 활용한 선거혁명까지 포함한 방식으로 남조선혁명론을 확장해 '자주적 민주정부론'으로 나아갔다. 중간세력과 진보정권을 동맹세력으로 삼는 자주적 민주정부론이 혁명전략으로 등장하면서 북한은 정당, 사회단체 등과의 대화의 필요성을 지적하고 당국자 간 접촉까지 허용했다. 미국과 남한 정부를 규탄 대상으로만 삼아왔던 북한이 새 남한 정부와의 대화를 시도한 것이다.

1980년대 후반부터 싹을 드러낸 자주적 민주정부론은 선거 등 합법적인 정치 공간을 활용한 방식으로 혁명전략을 확장하고 선거를 통해 집권한 남한 정부와의 공조를 강조했다. 1980년대에는 군부통치에 반대하는 반파쇼민주전선이 민주화 과업에 집중해 공세를 펼친 반면, 1990년대 이후에는 남한의 진전된 민주화를 반영해 민족민주전선이 등장한 데 따른 것이다. 6.10 민주항쟁까지만 해도 민주주의를 실현하는 반파쇼민주화운동으로 진행됐던 통일전선은 민족민주전선으로 변화하면서 반미자주화운동과 자주적 민주정권을 수립하는 반독점민주화운동으로 진입했으며 조국통일운동으로까지 확대됐다. 분단의 특수성으로 인해 통일전선에 조국통일운동까지 포함되어 있어 세력이 갈리는 반미 자주화, 반독점 민주화와 달리 모든 세력들이 협력할 수 있다는 논리에 따라 전선이 제도권 야당

세력까지 확대됐고 김대중, 김영삼 등 정치세력이 주도적으로 등장했다.

자주적 민주정부가 수행할 민주주의는 북한이 궁극적으로 지향하는 사회주의적 민주주의와 다른 진보적 민주주의라는 중간 단계로 구별되는데, 이는 혁명 수행을 위해 최종 목표인 사회주의적 민주주의가 배제해야 할 대상까지 연합전선에 포함한다. 북한은 자주적 민주정부에 의해 진보적 민주주의를 실현하는 방도로 광범위한 통일전선체의 구축을 제시했고, 전면에 진보적 합법정당이 있어야 한다고 주장했다. 또 자주적 민주정부 실천경로로 선거를 통한 정권 수립도 열어놓았는데, 폭력을 동원한 투쟁을 주장했던 기존 혁명이론과 가장 다른 부분이다. 여기에는 독재정권이 무너지고 급진적 사회주의 세력과 학생운동이 약화되면서 인민민주주의혁명의 성공 가능성이 크게 줄었던 상황이 영향을 미쳤다.

하지만 이는 하층 통일전선에 대한 포기가 아니었으며 오히려 상층 통일전선이 하층 통일전선의 강화에 유리할 것이라는 전략에서 비롯됐다. 자주적 민주정부론이 선거에만 의존하는 것은 아니며 시위 등을 동원한 집권 가능성도 여전히 추구했다는 점에 주목해야 한다. 북한은 당시 전민족대단결 10대 강령을 제안하며 다양한 세력들을 통일전선에 아우르려는 의지를 표명하는 한편, 창구일원화를 추진했던 당국자들을 비난하고 민간 주도의 연북통일을 주장했다. 북한의 대남전략이 성공하려면 국가보안법 폐지 및 재야인사들과의 활발한 교류가 이루어져야 했고 이를 위해 남한의 민주화가 중요한 전제조건이었지만, 문민정부 때도 북한 입장에서는 민주화라는 조건이 여전히 충족되지 않았기 때문이다.

따라서 북한은 여전히 미국과 공조하며 북한을 적대시했던 김영삼 정부를 과거 독재정권의 연장선으로 바라봤다. 문민정부 당시 북한이 자주적 민주정부론을 모색한 것은 맞지만, 태생적 한계와 집권 이래 끊이지 않았던 북한과의 마찰로 인해 실제 북한이 남한의 합법 정치 공간을 활용해 대남혁명에 성공할 가능성은 거의 없었다. 따라서 하층 통일전선을 다지는 데 집중했던 북한은 여야 간 정권 교체가 이루어진 김대중 정부 때 다시 한번 가능성을 발견했다.

북한은 군부독재 때부터 지지해 온 김대중이 집권에 성공하자 기대감을 품었다. 북한은 김대중에게 미국으로부터 자주성을 지키고 대화협력 정책과 현실적인 방안을 내놓을 것을 촉구했으며, 남한 사회 민주화의 결정적 요소들인 국보법 철폐, 한미훈련 중지, 안기부 폐지 등을 요구했다. 북한은 이렇게 김대중 정부가 지난한 과제들을 해결해주길 바라며 판단을 유보하고 비난할 때도 선을 넘지 않는 모습을 보였다. 북한이 남한 당국을 처음으로 대화 상대로 인정하고 가능성을 열어둔 8.4 노작도 이러한 인식에 기반에 두고 김대중 정부 출범 직전에 발표됐다.

북한은 이와 함께 과거보다 역량이 성장한 민주화세력을 공조 대상으로 활용하려 시도했다. 시민사회는 제도권 정치의 한계를 보완할 수 있으면서도 북한과의 접촉 및 대화가 용이하다는 이점이 있었다. 김대중 정부도 대북정책 추진과정에서 정치권으로부터 지원을 확보하기 힘든 상황을 극복하기 위해 시민사회의 힘을 동원했다. 민주화의 진전으로 인한 시민사회의 성장이 남북교류에서 민간의 역할을 창출했고, 당국과 민간이 분리됐던 것이 김대중 정부가 집권 내내 교류의 끈을 놓지 않을 수 있었던 요인 중 하나였다. 또 김정일은 1998년 민족대단결 5대 방침을 공표하며 남북 간 접촉 대상의 폭을 넓히려 시도했다. 이는 북한이 민간단체와의 접촉을 고집했던 데서 나아가 당국 간 대화 가능성을 시사했다는 점에서 큰 변화였다. 남한 정부를 고립시킨다는 북한의 기존 통일전선 정책이 변했으며, 하층 통일전선에서 상층 통일전선으로 옮겨가기 시작했음을 의미한다.

이는 2002년 핵 위기 이후 북한이 본격적으로 띄우기 시작한 '민족공조' 전략과도 맥락을 같이 한다. 미국과 함께 남한 정부와 당국자를 규탄 대상으로만 삼아왔던 북한은 김대중 정부 출범 이후 진보정권과의 대화에 나서며 이들을 반미공조를 함께 해나갈 대상으로 인정했다. 문민정부 이후 선거 등 합법적인 정치 공간을 활용한 방식으로 혁명전략을 확장한 데 이어, 선거를 통해 집권한 남한 정부와의 공조를 강화하는 방향으로 선회한 것이다.

민족공조론은 기존의 대남전략이 대체된 대남혁명의 새로운 수단으로 볼 수 있다. 북한도 2002년에 민족통일전선론에서 민족대단결론으로 대남전략이 변화됐다고 밝힌 바 있다. 1980년대 대남전략이었던 민족해방 인민민주주의혁명론을 성사시키려면 광범위한 군중과의 통일전선이 필수였다. 민족통일전선론이 민족공조론의 토대인 민족대단결론으로 대체됐다는 사실은 민족해방 인민민주주의혁명론도 더 이상 북한의 주요 대남전략이 아니라는 사실을 시사한다.

민족공조론을 내세우며 북한은 통일이란 민족적 공통성에 기초해 이루어야 한다며 김대중 정부 들어서도 계속됐던 외세와의 공조를 비난했다. 여기에는 남한 내부의 갈등을 유도하려는 의도도 있었다. 민족공조 주장에 대해 남한 내 보수와 진보, 당국자와 재야세력 간에 의견이 갈릴 수밖에 없었기 때문이다. 1998년 '민족의 화해와 평화통일을 위한 대축전'에서 범민련과 한총련만을 상대로 인정하려 한 행위도 남남갈등을 부추기기 위한 전략의 일환으로 해석된다.

북한은 남한 사회 내부로부터 국가보안법 존폐문제가 제기되는 등 남한 시민들의 민주적 역량이 강화됨에 따라 민족공조론을 적극적으로 내세워 대남선전을 강화했다. 2000년대 들어 실질적 민주화를 달성한 남한 사회 분위기에서 이러한 북한의 주장이 수용될 여지가 더 커졌기 때문이다. 이처럼 북한은 급진적 재야세력의 목소리가 더 잘 반영될 수 있도록 민주화된 남한 사회 환경을 활용해 남한 사회 내부에서의 세력이 재편되고 혼란이 야기되도록 유도했다.

남남갈등을 유발하는 것 자체가 시민들이 대북정책에 대한 의견을 적극 개진할 수 있는 '민주화'라는 조건이 뒷받침되지 않으면 불가능한 전략이었다. 하지만 민주화와 탈냉전 등의 정세가 남한 민족주의의 핵심 담론이었던 반공주의와 친미주의를 변화시켰던 덕분에 한미공조에 대한 대항 논리로 민족공조론을 활용할 수 있었다. 남한 사회 민주화가 초래한 정치 공간의 확장이 시민운동과 노동운동뿐 아니라 통일운동의 발전을 가져왔고, 이를 북한이 남한 사회를 선동하는 데 활용한 것이다. 이처럼 북한의 대남전략이 냉전시대의 혁명전략으로부터 사회주의 체제생존전략으로 바뀌어가는 과정에서 '남한의 민주화'가 활용됐다.

북한이 김대중 정부 들어 혁명의 대상으로 삼아왔던 남한으로부터 지원을 받겠다고 결정한 건 남한의 경제력과 실체를 인정했음을 의미한다. 북한의 민족공조 주장도 남한 지도부를 공식적으로 인정한 것이므로 의미가 크다. 남한의 민주화 달성이 뒷받침되지 않았다면 북한이 남한을 민족공조 대상으로 삼는 게 불가능했을 것이다. 남한이 민주화를 이뤄감에 따라 북한도 남한 정권의 정당성을 점차 높게 인식하기 시작했다고 평가할 수 있다. 강경하고 혁명적이었던 북한의 대남전략이 공존을 도모하는 방향으로 변해가는 과정에는 남한 정권의 정당성이 높아짐에 따라 북한이 대남전략의 혁명성을 낮춰가는 모습이 반영돼 있다. 남한의 민주화로 인한 북한의 인식 및 전략 변화에 대한 연구 결과는 다음과 같다.

첫째, 북한은 과거 남한 민주화운동 세력을 북한에 대한 보조적 역량으로만 인식했지만, 5.18 광주민주화운동과 6.10 민주항쟁을 비롯한 민주화투쟁에서 이들의 변혁적 지향성을 발견한 뒤로는 이들을 더욱 조직화해 혁명을 주도할 수 있는 확고한 대남혁명역량으로 만들어야 한다고 인식하게 됐다.

둘째, 남한 민주화세력의 역량 강화로 인한 기대감이 축적된 결과, 북한은 선거 등 합법적인 정치 공간을 활용한 방식으로 남조선혁명론을 확장해 자주적 민주정부론으로 나아갔다.

셋째, 남한 민주화세력이 집권에 성공하면서 기존의 급진적 재야세력이 상대적으로 주변부화됨에 따라, 북한은 당국 간 공조까지 포함하는 등 민족공조의 대상을 확대시켰다. 하지만 미국과 공조하는 남한 정부를 비판하면서 미국에 맞서기 위한 민족공조론을 펼쳤다.

1980~1990년대는 탈냉전 기류가 이어지고 남한에서는 민주주의가 공고해졌던 시기로 국제정세뿐 아니라 남한의 민주화라는 요인이 북한의 대남인식 및 전략 수립에 미쳤던 영향이 적지 않았다. 이 연구에서는 기존 연구들이 소홀히 했던 남한 요인에 주목하고, 이 시기의 남한 민주화 요인이 어떤 기제와 경로를 통해 북한의 대남인식 및 전략에 영향을 주었는지 분석했다. 하지만 현실적으로 북한 정치에 영향을 미치는 남한 요인을 입증할 수 있는 자료를 구하는 것이 쉽지 않았기 때문에 자료가 충분하지 못했다. 또한 연구의 일반화 수준을 높이기 위해 다른 분단 경험 국가들의 사례와 비교하고 유형화를 시도해 보아야겠지만 여기에도 어려움이 있었다. 이상과 같은 본 연구의 한계들이 차후의 본격적인 연구를 통해 극복되어야 할 것이다.

에필로그　남북관계를 두고 '불변론과 변화론' 간 논쟁은 수십 년간 계속돼 왔다. 북한은 결코 달라지지 않을 것이라는 불변론과 지속적 교류협력으로 남북관계가 개선될 수 있다는 변화론이 논쟁을 이어왔다. 조선로동당 규약 전문에 여전히 존재하는 남조선혁명론 관련 용어들은 불변론을 뒷받침하는 중요한 근거 중 하나다. 2000년 6.15 남북공동선언 이후 북한 매체에서 '우리민족끼리'가 등장하며 남조선혁명론을 더 이상 주장하지 않았다는 게 변화론의 입장이다. 이런 가운데 북한이 1970년 제5차 당 대회에서 채택한 '민족해방 민주주의혁명론'이란 용어를 50여 년 만인 2021년에 삭제하면서 관련 논쟁이 다시 불거졌다.

북한은 2021년 제8차 당 대회를 통해 기존의 2016년 당 규약에서 상당 부분이 수정된 새 로동당 규약을 공개했다. 당이 국가를 지도하는 북한에서 로동당 규약은 정치시스템 전반을 규정하는 중요한 의미를 갖는다. 특히 대남혁명전략 관련 내용에서 '민족해방 민주주의혁명의 과업 수행'이 '사회의 자주적이며 민주주의적인 발전 실현'으로 변경되고 '사회의 민주화와 생존의 권리를 위한 남조선 인민들의 투쟁을 적극 지지 성원한다'는 문구가 삭제된 것으로 확인됐다.[1] 이는 남조선혁명론과 북한 주도의 혁명통일론을 의미하는 기존 문구들이 조정됐다는 점에서 중요한 변화다.

일부 전문가들은 당 규약에서 '민족해방 민주주의혁명의 과업 수행'이 삭제된 점을 두고 북한이 사실상 남조선혁명론과 통일이라는 목표보다는 남한과의 공존을 모색하기 시작했음을 보여준다고 주장했다. 북한의 한반도 공산화 통일을 위한 대남전략은 쉽게 변화되기 어려울 것이라는 현실주의적 주장과는 달리, 탈냉전 이후 대남정책의 변화는 단순한 전술적 수준을 넘어선 근본적 수정이라는 주장과 맞닿는다. 북한이 과거와 같은 정책을 펴더라도 변화된 남한 사회에 먹힐 가능성이 없다면 이는 객관적으로 이미 변화한 것이라는 취지의 평가도 있다. 북한이 '미제의 종국적 청산'을 언급하고 있는 점을 미뤄볼 때 여전히 민족해방은 중시하지만, 남한의 '민주주의 혁명' 필요성에 대해 언급이 없다는 점은 분명한 변화라는 설명도 있다.

반면 '사회의 자주적이며 민주주의적인 발전 실현'이라는 표현은 '민족해방 민주주의혁명'이라는 문구를 풀어쓴 표현에 불과하기 때문에 근본적 변화로 볼 수 없다는 해석도 있다. '자주적 발전'은 미 제국주의에서 벗어나는 민족해방혁명을 의미하고, '민주주의적 발전'은 인민민주주의혁명을 통한 사회주의의 건설을 의미해 개정된 당 규약도 기존 남조선혁명론의 연장선이라는 논리다.

결론적으로 볼 때, 남조선혁명론이 남한 사회에 대한 인식 변화와 대내외적 정세 등을 반영해 전략·전술을 수정해 왔을지라도 '폐기'됐다는 판단은 쉽게 내리기 어렵다는 게 필자의 판단이다. 이는 미국과 남한이 더 이상 북한의 적이 아니며 김일성, 김정일 때부터 내려오던 통일이라는 목표가 사라짐을 의미하기 때문이다. 북한이 지난하게 주장해 온 '남조선은 미제의 식민지', '주한미군 철수' 주장은 북미 수교를 통한 평화체제 및 종전선언 달성, 남북연합 단계 진입 등 미국과 남한을 더 이상 적으로 규정할 수 없는 근본적인 변화가 일어나지 않는 한 사회 분위기의 변화만으로 거둬들이기는 어렵다. 실제로 당 규약의 문장들 중에는 외세에 대한 거친 표현이 순화되고 '우리민족끼리', '남조선 인민들의 투쟁을 적극 지지 성원', '민주주의 혁명' 등의 표현이 삭제되는 등 차이를 보이고 있긴 하지만 '통일', '민족해방'에 대한 언급은 변함없이 유지된다.

남북관계를 기존처럼 통일을 지향하는 '특수관계'로 볼 것인지 '국가

대 국가' 관계로 볼 것인지도 당 규약의 변화와 함께 제기되는 쟁점이다. 남북이 서로의 제도를 인정하고 평화공존을 추구해 나감에 따라 자연스럽게 '국가 대 국가' 관계로 나아갈 것으로 보이며, 북한이 당 규약에서 '우리민족끼리' 표현을 삭제한 점을 미루어 볼 때 북한이 남북관계를 더 이상 우리민족제일주의에 입각한 '특수관계'가 아닌 우리국가제일주의 기조 아래 '국가 대 국가'의 관계로 접근한다는 해석도 나왔다. 북한이 점차 통일을 단기적 목표가 아닌 장기적 차원의 과제로 바라봄에 따라 당장의 통일보다 평화공존 및 분단관리를 추구하면서, 로동당 규약에 아직 '통일'이 명시돼 있음에도 불구하고 실질적으로는 '투 코리아'의 방향으로 나아간다는 것이다.

하지만 북한이 우리국가제일주의를 표방하며 국가성을 강화하는 것은 사실일지라도 자국 주도적인 통일을 포기하고 2국가론으로 전환했다고 보기는 어렵다. 김여정 로동당 부부장 담화에 등장한 '대한민국' 표현으로 인해 일부 전문가들 사이에서 2국가론이 불거지기도 했지만, 이는 존중의 의미가 아닌 조롱의 의미에 가까우며 남한에 대한 선전·선동의 일환으로 볼 수 있다.[2] 2023년 연말에 열린 당 중앙위 전원회의에서 북한이 남북관계를 '통일을 지향하는 동족'이 아닌 '적대적인 교전국 관계'로 재규정한 사실도 이를 증명한다. 김일성 때부터 내려온 민족 개념에 기반한 조국통일 원칙은 폐기됐으며, 북한이 사용하는 '대한민국' 표현은 통일을 포기하고 남북공존을 지향하는 데 따른 '인정'의 의미가 아닌 '멸칭'이었음을 다시 한번 보여주는 것이다. 이는 같은 민족에게 핵무기를 겨냥해야 하는 자기모순적 상황을 해소하고, 핵미사일 고도화 및 대남 실전배치의 정당성을 확보하기 위한 차원으로도 해석된다.

70여 년에 걸쳐 남한의 사회 변화 등을 반영해 변화해 온 남조선혁명론 역시 수단이 아닌 본질과 목표까지 변했다는 판단은 쉽게 내릴 수 없다. 남조선혁명론은 미 제국주의의 지배에서 벗어나는 '민족해방혁명'과 남한 정권 타도를 통한 '사회주의적 민주주의 혁명'으로 구성되는데, 후자를 북한은 반독재 민주화라고도 표현한다. 남조선혁명론은 남한 사회 민주화 등 변화를 반영해 전술적인 차원에서 수정이 거듭됐지만 '한반도의 통일'이라는 기본 노선은 2021년 당 규약에서도 변함없이 지속되고 있으며, 개정된 당 규약 역시 최종 목적을 '공산주의 사회 건설'이라고 명시하고 있다. 이는 변화된 현실을 반영해 남조선혁명론을 의미하는 표현들이 삭제됐을지라도 통일 지향과 원칙은 그대로 고수하고 있음을 보여준다. 북한의 공식 입장을 대변해 온 조선신보 역시 대남노선이 변하지 않았음을 강조하며 우리 사회 일각에서 제기되는 남조선혁명 폐기 주장을 반박한 바 있다.[3]

권위주의 통치가 종식되고 민간인 정부가 최초로 집권하면서 북한이 선거 등 합법적인 정치 공간을 활용한 방식으로 남조선혁명론을 확장하려 했듯이 2021년 당 규약에 포함된 '사회의 민주주의적 발전'도 같은 맥락에서 볼 수 있다. 1990년대에도 급진적 사회주의 세력과 학생운동이 약화돼 민중봉기를 통한 혁명의 성공 가능성이 줄어들자 북한이 남한 당국자들과의 접촉을 모색하며 '자주적 민주정부론'이 제기됐다. 하지만 1990년대나 당 규약에 '사회의 민주주의적 발전'을 명시한 지금이나 북한은 변함없이 한반도 통일을 추구하고 있다. '민족해방 민주주의혁명론'이 사라진 새 당 규약 역시 남한의 정세 변화 등을 반영해 단기적인 통일에 대한 기대감을 접고 통일문제를 중장기적 목표로 전환한 대남혁명전략의 전술적 변화이자 확장으로 해석할 수 있다.

이처럼 북한은 지난 수십 년간 남한 사회에 대한 인식 변화와 대내외 정세 등을 반영해 전략·전술을 수정해왔다. 그중 '남한의 민주화'는 북한의 인식과 전략에 영향을 미친 중요한 요소였다. 남조선혁명론이 쉽게 폐기되기 어려울지라도, 이 과정을 살펴보는 시도가 향후 남조선혁명론의 향방을 예측하는 데 반드시 필요한 이유다.

남조선혁명론이 변화해 온 궤적을 살펴볼 때 남북이 평화공존을 거쳐 평화체제를 확립한다면 '민주주의 혁명'을 암시하는 표현들이나 '미제의 종국적 청산' 등의 문구들은 삭제될 가능성이 있다. 이는 민주화를 이룩해 온 남한 사회에 대한 북한의 인식 변화로 지난 40여 년간 대남전략과 당 규약 표현이 조금씩 수정을 거듭해 온 점을 통해서도 알 수 있다. 하지만 북한이 삼대째 유지해 온 '통일'이라는 과업을 표현한 부분은 섣불리 삭제되기 어려우며 남조선혁명론의 해석을 둘러싼 논란은 이어질 것으로 보인다. 북한의 입장에서 북미 수교, 주한미군 철수 등 목표가 달성되지 않은 상태에서 대외적으로 공개된 국가적 목표를 쉽게 변경할 수 없음을 감안할 때, 남북관계를 얼마나 신뢰하느냐에 따라 남조선혁명론에 대한 해석은 크게 달라질 것이다.

이 저서는 1980~1990년대 남한의 민주화가 도약하던 시기에 북한이 대남인식과 전략을 조정해가는 과정을 독자들에게 보여줌으로써 현재 북한 남조선혁명론의 좌표는 어디인지, 남북관계 평화정착을 위한 우리의 역할은 무엇인지 고찰할 기회를 제공할 것이다.

참고문헌

1부

1. 김동한, "북한의 남한 법·제도 및 국내정치 연구", 『북한연구학회보』, 제14권 (2010), p. 30.

2. "제헌국회 개원식 이승만 연설문", 『이승만 기념관 자료실』, 1948년 5월 31일.

3. 북조선로동당 중앙본부 선전선동부, "조선민주주의인민공화국정부의 정강발표", 『조선민주주의인민공화국 최고인민회의 제1차회의 문헌집』 (평양 : 북조선로동당 중앙본부 선전선동부, 1948), p. 252.

4. 김갑식, "탈냉전기 동북아질서와 북한의 남북관계에 대한 인식", 『한국정치연구』, 제19권 제3호(2010), p. 116.

5. 이성규, "김정일 정권의 대남정책 : 1994~2005", 숭실대학교 박사학위 논문 (2005), p. 74.

6. 이병순, "북한의 대남혁명전략에 관한 연구 : 신제도주의적 분석을 중심으로", 고려대학교 박사학위 논문(2016), p. 12.

7. 신종대, "남북한 관계와 남한의 국내정치", 경남대학교 북한대학원 엮음, 『남북한 관계론』 (파주 : 한울, 2005), pp. 174-176.

8. 곽인수, "북한의 대남혁명전략 전개와 변화에 관한 연구", 북한대학원대학교 박사학위 논문(2013), p. 25.

9. 손호철, 『현대한국정치 : 이론과 역사』 (서울 : 이매진, 2011), p. 142.

10. 신종대, "5.16 쿠데타에 대한 북한의 인식과 대응", 『정신문화연구』, 제33권 제1호 (2010), p. 88.

11. 방인혁, "김일성 시대 북한의 대남인식 변화 연구", 『현대정치연구』, 제5권(2012), p. 182.

12. 곽인수, "북한의 대남혁명전략 전개와 변화에 관한 연구", 북한대학원대학교 박사학위 논문(2013), p. 142.

13. 『조선로동당 규약』 서문(2010년 9월 28일 노동당 제3차 대표자회 개정).

14. 유동열, 『북한의 대남전략 노선』 (서울 : 통일부 통일교육원, 2010), p. 22.

15. 김정일, "온 민족이 대단결하여 조국의 자주적 평화통일을 이룩하자(1998년 4월 18일)", 『김정일선집 14』 (평양 : 조선로동당출판사, 1999), p. 49.

16. 김갑식, "탈냉전기 동북아질서와 북한의 남북관계에 대한 인식", 『한국정치연구』, 제19권 제3호(2010), p. 128.

17. 곽인수, "북한의 대남혁명전략 전개와 변화에 관한 연구", 북한대학원대학교 박사 학위 논문(2013), p. 116.

18. 정아름, "1980년대 냉전의 균열과 북한의 대응", 『동북아연구』, 제36권 제1호 (2021), p. 87.

19. 김현철, 『'NL'론 비판1』 (서울 : 도서출판 새길, 1990), p. 267.

20. 김갑식, "북한 민족주의의 전개와 발전 : 민족공조론을 중심으로", 『통일문제연 구』, 제45권 제1호(2006), p. 149.

21. 방인혁, "김일성 시대 북한의 대남인식 변화 연구", 『현대정치연구』, 제5권(2012), p. 172.

22. 황장엽, 『민주주의 정치철학』 (서울 : 시대정신, 2005), p. 523.

23. 김창순, "시사논단 : 7.7선언에 대한 북한의 반응", 『북한』(1988), p. 117.

24. 김갑식, "북한 민족주의의 전개와 발전 : 민족공조론을 중심으로", 『통일문제연 구』, 제45권 제1호(2006), p. 161.

25. 김갑식, "탈냉전기 동북아질서와 북한의 남북관계에 대한 인식", 『한국정치연구』, 제19권 제3호(2010), p. 107.

26. 류길재, "남북한 관계와 북한의 국내정치 - 남한 요인은 결정적 변수인가?", 경 남대학교 북한대학원 엮음, 『남북한 관계론』 (파주 : 한울, 2005), p. 219.

27. 안문석, 『북한현대사산책 4』 (서울 : 인물과 사상사, 2016), p. 87.

28. 방인혁, "김일성 시대 북한의 대남인식 변화 연구", 『현대정치연구』, 제5권(2012), p. 175.

29. 곽인수, "북한의 대남혁명전략 전개와 변화에 관한 연구", 북한대학원대학교 박사 학위 논문(2013), p. 10.

30. 허종호, 『주체사상에 기초한 남조선혁명과 조국통일리론』 (평양 : 사회과학출판 사, 1975), pp. 44-48.

31. 오경섭, "개정 조선노동당규약의 핵심 쟁점 분석", 『통일연구원』, 현안분석(2021), p. 2.

32. 김일성, "조선로동당 제4차대회에서 한 중앙위원회사업총화보고(1961년 9월 11 일)", 『김일성저작집 15』 (평양 : 조선로동당출판사, 1981), p. 129.

33. 구갑우, 『북한 연구의 성찰』 (파주 : 한울, 2005), p. 267.

34. 조수룡, "1950~70년대 북한의 대남 전략과 남파 공작원", 『사학연구』, 제138권 (2020), p. 44.

35. 허종호, 『주체사상에 기초한 남조선혁명과 조국통일리론』 (평양 : 사회과학출판사, 1975), p. 161.

36. 허종호, 『주체사상에 기초한 남조선혁명과 조국통일리론』 (평양 : 사회과학출판사, 1975), p. 160.

37. 김일성, 『조국통일위업을 실현하기 위하여 혁명력량을 백방으로 강화하자 – 조선로동당 중앙위원회 제4기 제8차 전원회의에서 한 결론 1964년 2월 27일』 (평양 : 조선로동당출판사, 1964), pp. 184-187.

38. 신종대, "북한요인과 국내정치 : 1968년 북한요인의 영향을 중심으로", 『한국과 국제정치』, 제20권 제3호(2004), p. 99.

39. 안명일, 『조국통일투쟁사1』 (평양 : 사회과학출판사, 1992), p. 358.

40. 허종호, 『주체사상에 기초한 남조선혁명과 조국통일리론』 (평양 : 사회과학출판사, 1975), p. 157.

41. 오진용, 『김일성 시대의 중소와 남북한』 (파주 : 나남출판, 2004), p. 66.

42. 허종호, 『주체사상에 기초한 남조선혁명과 조국통일리론』 (평양 : 사회과학출판사, 1975), p. 158.

43. 조수룡, "1950~70년대 북한의 대남 전략과 남파 공작원", 『사학연구』, 제138권 (2020), p. 55.

44. 한국홍보협회, "남북관계의 현안문제 : 박정희 대통령의 6.23 평화통일 외교정책 선언의 합리성과 북한의 소위 5대 강령의 허구성", 『남북대화』, 제2호(1973), p. 70.

45. 정규섭, "1980년대 북한의 외교와 대남정책", 『현대북한연구』, 제7권 제1호(2004), p. 10.

46. 통일교육원, 『북한지식사전』, (서울 : 통일교육원, 2015), p. 44.

47. 리종문, "남조선 반동 〈정치학〉리론", 『남조선문제』, 1965년 7월호, p. 61.

48. 김동한, "북한의 남한 법·제도 및 국내정치 연구", 『북한연구학회보』, 제14권 (2010), p. 48.

49. 최장집, 『민주화 이후의 민주주의』 (서울 : 도서출판 후마니타스, 2005), p. 11.

50. Alexis de Tocqueville, Democracy in America (New York : G. Dearborn & Co., 1838), pp. 12–19.

51. 손호철, "민주화 운동, 민주화, 민주주의 – 개념과 한국적 특성을 중심으로", 『한국과 국제정치』, 제19권 제4호(2003), p. 3.

52. Joseph Schumpeter, Capitalism, Socialism and Democracy (New York : Harper & Row Publisher, 1975), p. 20.

53. Robert Dahl, Who Governs? (New Haven : Yale University Press, 1961), pp. 230–232.

54. Guillermo A. O' Donnell, Modernization and Bureaucratic Authoritarianism (Berkeley : University of California Press, 1973), pp. 36–38.

55. 손호철, "민주화 운동, 민주화, 민주주의 – 개념과 한국적 특성을 중심으로", 『한국과 국제정치』, 제19권 제4호(2003), p. 9.

56. Magaret Kiloh, "Industrial Democracy", New Forms of Democracy(Beverly Hills : Sage Publications, 1986), pp. 14–50.

57. 손호철, "푸코의 권력론 읽기 – '낡은' 분석적 읽기와 맑스주의를 위한 변명", 『문화과학사』, 통권 제20호(1999), p. 173.

58. 『조선말대사전』 (평양 : 사회과학출판사, 1992), p. 1232.

59. 전미영, "사회변혁기 북한 지식인의 역할과 정치의식", 『통일과 평화』, 제3집 제1호(2011), p. 324.

60. 박정호, "레닌의 민주주의론에 대한 재검토", 『철학연구』, 제2호(2002), p. 44.

61. 임혁백, "위기의 한국사회와 한국 사회과학의 위기", 『아세아연구』, 제52권 제4호(2009), p. 112.

62. Jung, Kim, "South Korean democratization", Routledge Handbook of Democratization in East Asia Routledge, 2017, p. 56.

63. "Country and Territory Ratings and Statuses, 1973–2022", 2022, Freedom House.

64. "Country-Year : V–Dem Core-The five high–level V–Dem Democracy Indices", 2022, Varieties of Democracy.

65. Jung, Kim, "The Current State of South Korea's Democracy", Journal of International and Area Studies, 2016, p. 9.

66. 곽인수, "북한의 대남혁명전략 전개와 변화에 관한 연구", 북한대학원대학교 박사
    학위 논문(2013), p. 82.

67. 김수암, 『민주주의와 인권에 대한 북한의 인식과 대응』 (서울 : 통일연구원,
    2007), p. 10.

68. 통일교육원, "북한의 대남전략 노선", 『주제가 있는 통일문제강좌』, 제23호(2010),
    p. 8.

69. 허종호, 『주체사상에 기초한 남조선혁명과 조국통일리론』 (평양 : 사회과학출판
    사, 1975), p. 20.

70. 김일기, "북한의 개정 당규약과 대남혁명전략 변화 전망", 『INSS 전략보고』, 제
    154집(2021), p. 7.

71. 한호석, 『자주적 민주정부와 자주적 통일정부를 향하여』 (서울 : 코리아미디어,
    2005), pp. 5-30.

72. 통일연구원, 『민주주의와 인권에 대한 북한의 인식과 대응』 (서울 : 통일연구원,
    2007), p. 10.

73. 김갑식, "남북기본합의서에 대한 북한의 입장", 『통일정책연구』, 제20권 제1호
    (2011), p. 160.

74. 박승식, "북한의 민족공조의 실체", 『통일정책연구』 제14권 제2호(2005), p. 223.

75. 장석, 『김정일장군 조국통일론 연구』 (평양 : 평양출판사, 2002), pp. 305-328.

76. 신동석, 『북한의 대남전략·전술과 공작실태 : 공론 차원의 대남전략 전환과 대담
    하고 노골적인 대남공작 수행』 (서울 : 북한연구소, 2006), p. 33.

2부

1. 강준만, 『한국현대사 산책 1980년대편 1권』 (서울 : 인물과 사상사, 2003), p. 61.

2. 유시민, 『나의 한국현대사』 (서울 : 돌베개, 2014), p. 223.

3. 정상용 외, 『광주민중항쟁 - 다큐멘터리 1980』 (서울 : 돌베개, 1990), p. 144.

4. 노영기, "5.18 항쟁의 배경과 참여세력 : 광주 지역 민주화운동세력을 중심으로",
   『역사와 현실』, 통권 제89호(2013), p. 301.

5. 광주광역시 5.18사료편찬위원회, 『5.18 광주민주화운동 자료총서』 (광주 : 광주광
   역시 5.18사료편찬위원회, 1999), p. 151.

6. 박철언, 『바른 역사를 위한 증언 1』 (서울 : 랜덤하우스중앙, 2005), p. 35.

7.   이종범, 『5.18의 지역적 배경』 (광주 : 광주광역시 5.18사료편찬위원회, 2001), pp. 191-222.

8.   전남사회문제연구소, 『5.18 광주민중항쟁자료집』 (광주 : 한국현대사사료연구소, 1988), pp. 300-301.

9.   김희송, "1980년 5월 광주, 그리고 북한 : 북한 개입설에 대한 비판적 고찰", 『민주주의와 인권』, 제16집 제4호(2016), p. 42.

10.   윤재걸, 『작전명령 - 화려한 휴가』 (서울 : 실천문학사, 1987), p. 39.

11.   강준만, 『한국현대사 산책 1980년대편 1권』 (서울 : 인물과 사상사, 2003), p. 238.

12.   박철언, 『바른 역사를 위한 증언 1』 (서울 : 랜덤하우스중앙, 2005), p. 50.

13.   공제민, 『고려민주련방공화국창립방안』 (평양 : 사회과학출판사, 1989), p. 44.

14.   정태일, "5.18이 한국의 정치지형에 미친 영향", 『사회과학연구』, 제28권 제1호(2011), p. 19.

15.   김영학, "남민전 사건의 성격과 그 교훈", 『자유민주연구』, 제1권 제1호(2006), p. 108.

16.   와다 하루끼, 『와다 하루끼의 북한 현대사』 (파주 : 창비, 2014), p. 191.

17.   "남조선에서 인민들의 울분이 이렇게 크게 폭발한 적은 일찍이 없다", 『로동신문』, 1980년 5월 24일.

18.   전미영, "북한에서의 5.18과 광주에 대한 인식", 『현대북한연구』, 제13권 제3호(2010), p. 75.

19.   태영호, 『3층 서기실의 암호』 (서울 : 기파랑, 2018), p. 430.

20.   "남조선 인민들의 진출이 반정부적 성격뿐 아니라 반미적 성격도 띠고 있는 것이 특징적이다", 『로동신문』, 1980년 5월 23일.

21.   박정섭, "최근 남조선청년학생들의 반미자주화투쟁의 중요 특징", 『남조선문제』, 제4호(1988), p. 25.

22.   정성호, "남조선민주화운동발전에서 광주인민봉기가 차지하는 력사적 시위", 『남조선문제』, 5호(1982), p. 31.

23.   박정섭, "최근 남조선청년학생들의 반미자주화투쟁의 중요 특징", 『남조선문제』, 제4호(1988), p. 24.

24.   "모든 애국적인 민중은 반파쑈구국의 기치 아래 민주화의 아침을 앞당겨 오기

위해 총분기하라", 『로동신문』, 1980년 6월 1일.

25. "만천하에 고발함 – 광주살륙만행백서", 『로동신문』, 1980년 6월 14일.

26. "남조선인민들의 반파쑈민주화투쟁사에 빛나는 장을 기록한 력사적 사변", 『로동신문』, 1980년 5월 29일.

27. 강명도, 『평양은 망명을 꿈꾼다』 (서울 : 중앙일보사, 1995), p. 238.

28. "천추에 용납못할 귀축같은 만행", 『로동신문』, 1980년 6월 5일.

29. 조선중앙통신사 편, 『조선중앙년감 1981』 (평양 : 조선중앙통신사, 1981), p. 314.

30. 김태화, "새로운 발전단계에 들어선 자주, 민주, 통일을 위한 남조선인민들의 정의의 애국투쟁", 『근로자』, 제9호(1987), p. 90.

31. "북괴남파간첩 이창용 검거", 『매일경제』, 1980년 5월 24일.

32. 강준만, 『한국현대사 산책 1980년대편 1권』 (서울 : 인물과 사상사, 2003), p. 181.

33. 김일성, "조선로동당 제6차대회에서 한 중앙위원회사업총화보고(1980년 10월 10일)", 『김일성저작집 35』 (평양 : 조선로동당출판사, 1987), p. 340.

34. 김희송, "1980년 5월 광주, 그리고 북한 : 북한 개입설에 대한 비판적 고찰", 『민주주의와 인권』, 제16집 제4호(2016), p. 66.

35. 전미영, "북한에서의 5.18과 광주에 대한 인식", 『현대북한연구』, 제13권 제3호(2010), p. 72.

36. 태영호, "5.18 민주화 운동을 맞아, '아침이슬' 다시 북한 주민들에게 불리길", 태영호의원실 보도자료(2021년 5월 17일).

37. 리영환 외, 『조선통사(하)』 (평양 : 사회과학출판사, 2016), p. 419.

38. 한영읍, "남조선 인민들의 반파쇼민주화투쟁을 보다 높은 단계에로 발전시킨 영웅적 광주인민봉기", 『근로자』, 제5호(1990), p. 87.

39. "북 선전매체, 5·18 의미 재조명 … 반파쇼투쟁의 빛나는 장", 『KBS』 (인터넷판), 2021년 5월 18일.

40. 전미영, "북한에서의 5.18과 광주에 대한 인식", 『현대북한연구』, 제13권 제3호(2010), p. 71.

41. 조국통일사, 『주체의 기치 따라 나아가는 남조선인민들의 투쟁』 (평양 : 조국통일사, 1982), p. 598.

42. 한영읍, "남조선 인민들의 반파쇼민주화투쟁을 보다 높은 단계에로 발전시킨 영웅적 광주인민봉기", 『근로자』, 제5호(1990), p. 89.

43. 김정한, "5.18 광주항쟁의 이데올로기 연구", 『기억과 전망』, 제18호(2008), p. 89.

44. 안문석, 『북한현대사산책 4』 (서울 : 인물과 사상사, 2016), p. 18.

45. 조선중앙통신사 편, 『조선중앙년감 1981』 (평양 : 조선중앙통신사, 1981), p. 311.

46. "남조선인민들은 화산 우에 올라앉아있다", 『로동신문』, 1980년 6월 2일.

47. 박아름, "아웅산 사건의 발생과 영향 : 1980년대 초 북한과 동북아 정세", 『동북아연구』, 제29권(2014), p. 100.

48. 안문석, 『북한현대사산책 4』 (서울 : 인물과 사상사, 2016), p. 56.

49. 강석호, 『80년대의 주변정세 : 미·중·소의 전략적 삼각관계와 한반도의 데땅뜨』 (서울 : 거름, 1985), p. 155.

50. 조선중앙통신사 편, 『조선중앙년감 1981』 (평양 : 조선중앙통신사, 1981), pp. 330-346.

51. 조선중앙통신사 편, 『조선중앙년감 1981』 (평양 : 조선중앙통신사, 1981), p. 53.

52. 황동섭, "미제는 남조선파쑈독재의 조종자이며 인민탄압의 원흉", 『근로자』, 제8호(1980), p. 55.

53. 문광석, "남조선 〈헌법〉의 반동적본질", 『남조선문제』, 제3호(1973), p. 18.

54. 윤자홍, "개악된 괴뢰헌법의 반동적본질", 『남조선문제』, 제12호(1980), p. 37.

55. "5.18 광주, 北에서는 이렇게 보았다", 『DAILY NK』, 2005년 5월 17일.

56. 김갑식, "탈냉전기 동북아질서와 북한의 남북관계에 대한 인식", 『한국정치연구』, 제19권 제3호(2010), p. 124.

57. "재북평화통일촉진위원회결성 25돐기념 보고대회에서 채택된 편지", 『로동신문』, 1981년 7월 2일.

58. 안문석, 『북한현대사산책 4』 (서울 : 인물과 사상사, 2016), p. 21.

59. 김일성, "조선사회주의로동청년동맹 제7차대회에서 한 연설(1981년 10월 24일)", 『김일성저작집 36』 (평양 : 조선로동당출판사, 1990), p. 230.

60. 유석렬, "남북대화 : 과거, 현재 그리고 미래 - 평양의 전략", 『한국과 국제정치』, 제3권 제1호(1987), p. 262.

61. 김갑식, "탈냉전기 동북아질서와 북한의 남북관계에 대한 인식", 『한국정치연구』, 제19권 제3호(2010), p. 109.

62. 이종석, 『북한의 역사 2 : 주체사상과 유일체제 1960~1994』 (서울 : 역사비평사, 2011), p. 139.

63. 와다 하루끼, 『와다 하루끼의 북한 현대사』(파주 : 창비, 2014), p. 195.

64. 안문석, 『북한현대사산책 4』(서울 : 인물과 사상사, 2016), p. 25.

65. 김갑식, "북한 민족주의의 전개와 발전 : 민족공조론을 중심으로", 『통일문제연구』, 제45권 제1호(2006), p. 151.

66. "1980년 제6차 당대회에서 김중린의 보고", 『로동신문』, 1980년 10월 14일.

67. 조선중앙통신사 편, 『조선중앙년감 1981』(평양 : 조선중앙통신사, 1981), p. 306.

68. 김일성, "고려민주연방공화국 창립방안(1980년 10월 10일)", 『김일성저작집 35』(평양 : 조선로동당출판사, 1987), p. 109.

69. 김일성, "축하문 재북평화통일촉진협의회와 그 회원들에게(1981년 7월 1일)", 『김일성저작집 36』(평양 : 조선로동당출판사, 1990), p. 77.

70. 조선중앙통신사 편, 『조선중앙년감 1981』(평양 : 조선중앙통신사, 1981), p. 308.

71. 정성장, "북한의 통일 및 대남 정책 목표의 변화 연구", 『고황정치학회보』, 제2권(1999), p. 173.

72. 방인혁, "김일성 시대 북한의 대남인식 변화 연구", 『현대정치연구』, 제5권(2012), p. 184.

73. 이영재, "남한의 정치변동에 대한 북한의 반응 연구", 북한대학원대학교 석사학위 논문(2011), p. 96.

74. 곽인수, "북한의 대남혁명전략 전개와 변화에 관한 연구", 북한대학원대학교 박사학위 논문(2013), p. 10.

75. 이종석, 『북한의 역사 2 : 주체사상과 유일체제 1960~1994』(서울 : 역사비평사, 2011), p. 113.

76. 이병순, "북한의 대남혁명전략에 관한 연구 : 신제도주의적 분석을 중심으로", 고려대학교 박사학위 논문(2016), p. 124.

77. 김갑식, "탈냉전기 동북아질서와 북한의 남북관계에 대한 인식", 『한국정치연구』, 제19권 제3호(2010), p. 116.

78. 방인혁, "김일성 시대 북한의 대남인식 변화 연구", 『현대정치연구』, 제5권(2012), p. 188.

79. 곽인수, "북한의 대남혁명전략 전개와 변화에 관한 연구", 북한대학원대학교 박사학위 논문(2013), p. 95.

80. 김일성, 『김일성저작집 1』(평양 : 조선로동당출판사, 1979), p. 7.

81. "30년 만에 개정된 당규약 서문 14개 항목", 『통일뉴스』 (인터넷판), 2010년 10월 25일.

82. 구갑우, 『북한 연구의 성찰』 (파주 : 한울, 2005), p. 267.

83. 김일성, "조선로동당 제4차대회에서 한 중앙위원회사업총화보고(1961년 9월 11일)", 『김일성저작집 15』 (평양 : 조선로동당출판사, 1981), p. 135.

84. 허종호, 『주체사상에 기초한 남조선혁명과 조국통일리론』 (평양 : 사회과학출판사, 1975), p. 20.

85. 곽인수, "북한의 대남혁명전략 전개와 변화에 관한 연구", 북한대학원대학교 박사학위 논문(2013), p. 97.

86. 방인혁, "김일성 시대 북한의 대남인식 변화 연구", 『현대정치연구』, 제5권(2012), p. 182.

87. 허종호, 『주체사상에 기초한 남조선혁명과 조국통일리론』 (평양 : 사회과학출판사, 1975), p. 61.

88. 유동열, 『북한의 대남전략 노선』 (서울 : 통일부 통일교육원, 2010), p. 25.

89. 곽인수, "북한의 대남혁명전략 전개와 변화에 관한 연구", 북한대학원대학교 박사학위 논문(2013), p. 142.

90. 조선중앙통신사 편, 『조선중앙년감 1980』 (평양 : 조선중앙통신사, 1980), p. 198.

91. 유동열, 『북한의 대남전략 노선』 (서울 : 통일부 통일교육원, 2010), p. 27.

92. 곽인수, "북한의 대남혁명전략 전개와 변화에 관한 연구", 북한대학원대학교 박사학위 논문(2013), p. 197.

93. 조선중앙통신사 편, 『조선중앙년감 1981』 (평양 : 조선중앙통신사, 1981), p. 319.

94. 유동열, 『북한의 대남전략 노선』 (서울 : 통일부 통일교육원, 2010), p. 22.

95. 이종석, 『북한의 역사 2 : 주체사상과 유일체제 1960~1994』 (서울 : 역사비평사, 2011), p. 140.

96. 통일부 통일교육원, 『2014년 통일문제 이해』 (서울 : 통일부 통일교육원, 2014), p. 158.

97. 최완규, "북한의 연방제 통일전략 변화 연구", 『북한조사연구』, 제10권 제2호 (2006), p. 124.

98. 방인혁, "김일성 시대 북한의 대남인식 변화 연구", 『현대정치연구』, 제5권(2012), p. 185.

99. "북한의 대남정책 방향과 '낮은 단계의 연방제'", 『통일뉴스』 (인터넷판), 2014년 3월 11일.

100. 김일성, "사상사업에서 교조주의와 형식주의를 퇴치하고 주체를 확립할 데 대하여(1955년 12월 28일)", 『김일성저작선집 1』 (평양 : 조선로동당출판사, 1967), p. 573.

101. 안문석, 『북한현대사산책 4』 (서울 : 인물과 사상사, 2016), p. 87.

102. 김갑식, "탈냉전기 동북아질서와 북한의 남북관계에 대한 인식", 『한국정치연구』, 제19권 제3호(2010), p. 117.

103. 오진용, 『김일성 시대의 중소와 남북한』 (파주 : 나남출판, 2004), p. 81.

104. 서치렬, "억누를수록 반항은 커지는 법이다", 『근로자』, 제7호(1980), p. 56.

105. 최장집, 『민주화 이후의 민주주의』 (서울 : 도서출판 후마니타스, 2005), p. 116.

106. 조희연, "87년 6월 민주항쟁과 시민운동", 『기억과 전망』, 제1호(2002), p. 89.

107. 강준만, 『한국현대사 산책 1980년대편 3권』 (서울 : 인물과 사상사, 2003), p. 185.

108. 최장집, 『민주화 이후의 민주주의』 (서울 : 도서출판 후마니타스, 2005), p. 115.

109. 강준만, 『한국현대사 산책 1980년대편 3권』 (서울 : 인물과 사상사, 2003), p. 175.

110. 조항제, 『한국의 민주화와 미디어권력』 (서울 : 한울아카데미, 2003), p. 166.

111. 조희연, "'민주화 이후 민주주의'의 복합적 갈등과 위기에 대한 새로운 접근을 위하여 : 총론적 프레임", 『동향과 전망』, 통권 제69호(2007), p. 30.

112. 김현희, 『한국사회 50년 : 사회변동과 재구조화』 (서울 : 서울대학교 출판부, 1997), p. 88.

113. 황두영, 『후보단일화 게임』 (서울 : 출판사 클, 2021), p. 8.

114. 임현진, "한국의 사회운동과 진보정당 건설에 관한 연구 – 한겨레당, 민중당, 개혁민주당, 민주노동당의 사례를 중심으로", 『한국사회과학』, 제23권 제1호(2001), p. 39.

115. 박현채 외, "민족통일운동과 민주화운동", 『창작과비평』, 제16집 제3호(1988), p. 8.

116. 김민호, "80년대 학생운동의 전개과정", 『역사비평』, 창간호(1988), p. 115.

117. "민중(가칭)연방국가 추진 2단계 통일방안", 『시사저널』 (인터넷판), 1990년 9월 27일.

118. 강만길, 『고쳐 쓴 한국현대사』 (서울 : 창비, 2018), p. 375.

119. 박현채 외, "민족통일운동과 민주화운동", 『창작과비평』, 제16집 제3호(1988), p. 13.

120. 박은주, "한반도 평화를 둘러싼 국내 정치집단 간 역학관계 연구 : 이슈와 영향을 중심으로", 고려대학교대학원 박사학위 논문(2018), p. 67.

121. 김성철, "외교정책의 환경·제도·효과의 역동성", 『국제정치논총』, 제40집 제3호(2000), pp. 90-92.

122. 노태우, "1989년도 예산안 제출에 즈음한 국정연설", 1988년 10월 4일.

123. 박철언, 『바른 역사를 위한 증언 2』 (서울 : 랜덤하우스중앙, 2005), p. 60.

124. 박은주, "한반도 평화를 둘러싼 국내 정치집단 간 역학관계 연구 : 이슈와 영향을 중심으로", 고려대학교대학원 박사학위 논문(2018), p. 61.

125. 김일영, "노태우 정부에서의 갈등 양상과 해결 경험", 단국대학교 분쟁연구센터 동계학술회의 발표논문(2008), p. 7.

126. 박철언, 『바른 역사를 위한 증언 2』 (서울 : 랜덤하우스중앙, 2005), p. 217.

127. 안문석, 『북한현대사산책 4』 (서울 : 인물과 사상사, 2016), p. 157.

128. 장충종, 『한국신문사진론』 (서울 : 눈빛, 1998), p. 70.

129. 정연주, 『정연주의 워싱턴 비망록 1 : 서울-워싱턴-평양』 (서울 : 비봉, 2002), p. 55.

130. "민주화가 하루밤 사이에 실현될 수 있다고 생각하기는 어렵다", 『로동신문』, 1987년 7월 5일.

131. 조선중앙통신사 편, 『조선중앙년감 1988』 (평양 : 조선중앙통신사, 1988), p. 242.

132. "미제는 침략과 간섭 전쟁책동 치우고 물러가야 한다", 『로동신문』, 1987년 6월 25일.

133. 조남훈, "역적의 장기집권을 위한 〈개헌〉놀음", 『남조선문제』, 제11호(1983), p. 26.

134. "노태우는 다른 하나의 전두환", 『로동신문』, 1987년 6월 12일.

135. "그의 죽음은 헛되지 않을 것이다", 『로동신문』, 1987년 7월 6일.

136. "Protests Building in South Korea", May 17, 1989, Digital National Security Archive.

137. "미국놈들을 몰아내라, 우리는 조국통일을 원한다", 『로동신문』, 1987년 6월 16일.

138. 조선중앙통신사 편, 『조선중앙년감 1988』(평양 : 조선중앙통신사, 1988), p. 244.

139. 조선중앙통신사 편, 『조선중앙년감 1988』(평양 : 조선중앙통신사, 1988), p. 253.

140. 조선중앙통신사 편, 『조선중앙년감 1988』(평양 : 조선중앙통신사, 1988), p. 255.

141. 양현모 외, 『남북연합의 정부·행정체제 구축방안』(서울 : 통일연구원, 2001), p. 69.

142. "김대중이 대통령 직선제 문제에 관한 국민투표를 진행할 것을 요구", 『로동신문』, 1987년 6월 29일.

143. "김영삼이 민주화가 이룩되여야 한다고 강조", 『로동신문』, 1987년 6월 23일.

144. 박현채 외, "민족통일운동과 민주화운동", 『창작과비평』, 제16집 제3호(1988), p. 14.

145. 남시욱, 『한국 진보세력 연구』(서울 : 청미디어, 2009), p. 327.

146. 조선로동당출판사 편, 『조선로동당력사』(평양 : 조선로동당출판사, 1991), p. 599.

147. 유시민, 『나의 한국현대사』(서울 : 돌베개, 2014), p. 270.

148. 김일성, "온 민족이 단결하여 조국통일을 앞당기자(1990년 8월 18일)", 『김일성저작집 42』(평양 : 조선로동당출판사, 1995), p. 189.

149. "'전대협'에 꼬리표처럼 따라붙는 '주사파'", 『시사저널』(온라인), 2018년 2월 5일.

150. 허종호, 『주체사상에 기초한 남조선혁명과 조국통일리론』(평양 : 사회과학출판사, 1975), pp. 102–113.

151. 김일성, "온 민족이 단결하여 조국통일을 앞당기자(1990년 8월 18일)", 『김일성저작집 42』(평양 : 조선로동당출판사, 1995), p. 191.

152. 김일성, "신년사(1990년 1월 1일)", 『김일성저작집 42』(평양 : 조선로동당출판사, 1995), p. 113.

153. 이정철, "탈냉전기 노태우 정부의 대북정책 : 정책연합의 불협화음과 전환기 리더십의 한계", 『서울대학교 통일평화연구원 학술심포지엄』, 제15차(2012), p. 88.

154. 노태우, 『노태우 회고록 하』(서울 : 조선뉴스프레스, 2011), pp. 292–293.

155. 이정철, "탈냉전기 노태우 정부의 대북정책 : 정책연합의 불협화음과 전환기 리더십의 한계", 『서울대학교 통일평화연구원 학술심포지엄』, 제15차(2012), p. 89.

156. 정규섭, "남북기본합의서 : 의의와 평가", 『통일정책연구』, 제20권 제1호(2011), p. 4.

157. 강인덕 외, 『남북회담 : 7.4에서 6.15까지』(서울 : 극동문제연구소, 2004), pp. 304–317.

158. 김일성, "네팔신문 아스티토 책임주필과 아크바르 책임주필이 제기한 질문에 대한 대답(1990년 11월 29일)", 『김일성저작집 42』(평양 : 조선로동당출판사, 1995), p. 151.

159. 김일성, "신년사(1988년 1월 1일)", 『김일성저작집 41』(평양 : 조선로동당출판사, 1995), p. 28.

160. "Preparation for Vice President Quayle's Visit to Korea in September 1989", September 19, 1989, Digital National Security Archive.

161. 정규섭, "1980년대 북한의 외교와 대남정책", 『현대북한연구』, 제7권 제1호 (2004), p. 21.

162. "1988년 올림픽경기대회가 정치사태 때문에 위기에 처하였다", 『로동신문』, 1987년 6월 21일.

163. 김현희, 『이제 여자가 되고 싶어요』(서울 : 고려원, 1991), pp. 217-218.

164. 김일성, "쁠럭불가담 나라들의 체육발전을 위하여(1986년 7월 8일)", 『김일성저작집 40』(평양 : 조선로동당출판사, 1994), p. 185.

165. 국토통일원 교육홍보실, 『시사자료 통일안보교육 제10집(1983. 12.)』(서울 : 국토통일원, 1983), pp. 84-85.

166. 와다 하루끼, 『와다 하루끼의 북한 현대사』(파주 : 창비, 2014), p. 203.

167. 유동열, 『북한의 대남전략 노선』(서울 : 통일부 통일교육원, 2010), p. 64.

168. 와다 하루끼, 『와다 하루끼의 북한 현대사』(파주 : 창비, 2014), pp. 212-213.

169. 김일성, "네팔신문 책임주필이 제기한 질문에 대한 대답(1987년 7월 23일)", 『김일성전집 85』(평양 : 조선로동당출판사, 2009), p. 490.

170. 장상종, "한국의 민주화 이후 북한변수와 국내정치 : 1987~2002년 사례분석을 중심으로", 북한대학원대학교 석사학위 논문(2008), p. 44.

171. 이종석, "대통령선거와 북한 - 남북한 적대적 의존관계의 변화가능성", 『역사비평』, 제60호(2002), p. 106.

172. "대선 전에 김현희 압송 … 비밀 외교문서로 본 '무지개 공작'", 『뉴스타파』(온라인), 2019년 3월 31일.

173. 와다 하루끼, 『와다 하루끼의 북한 현대사』(파주 : 창비, 2014), p. 225.

174. 조선중앙통신사 편, 『조선중앙년감 1989』(평양 : 조선중앙통신사, 1989), pp. 150-154.

175. 정규섭, "1980년대 북한의 외교와 대남정책", 『현대북한연구』, 제7권 제1호 (2004), p. 27.

176. 정영철, "김정일 시대의 대남인식과 대남정책", 『현대정치연구』, 제5권 제2호 (2012), p. 199.

177. 김일성, "신년사(1991년 1월 1일)", 『김일성저작집 43』 (평양 : 조선로동당출판사, 1996), p. 11.

178. 김일성, "조국통일방도(1991년 1월 1일)", 『김일성저작집 43』 (평양 : 조선로동당출판사, 1996), p. 235.

179. 김일성, "쏘련 따스통신사대표단과 한 담화(1984년 3월 31일)", 『김일성저작집 38』 (평양 : 조선로동당출판사, 1992), p. 286.

180. 정성장, "북한의 통일 및 대남 정책 목표의 변화 연구", 『고황정치학회보』, 제2권 (1999), p. 176.

181. 오일환, "남북정상회담 이후 북한의 대남 전술의 특징과 대응책", 『국제정치논총』, 제43권 제3집(2003), p. 263.

182. 방인혁, "김일성 시대 북한의 대남인식 변화 연구", 『현대정치연구』, 제5권(2012), p. 189.

183. 정영재, "돌파와 협상의 북한 외교 : 북한 대외 대남정책의 역사", 『내일을 여는 역사』, 제42집(2011), p. 54.

184. 『조선로동당 규약』 서문(2010년 9월 28일 노동당 제3차 대표자회 개정).

185. 김일기, "북한의 개정 당규약과 대남혁명전략 변화 전망", 『INSS 전략보고』, 제154집(2021), p. 7.

186. 곽인수, "북한의 대남혁명전략 전개와 변화에 관한 연구", 북한대학원대학교 박사학위 논문(2013), p. 60.

187. 김일기, "북한의 개정 당규약과 대남혁명전략 변화 전망", 『INSS 전략보고』, 제154집(2021), p. 6.

188. 곽인수, "북한의 대남혁명전략 전개와 변화에 관한 연구", 북한대학원대학교 박사학위 논문(2013), p. 144.

189. "북한, 「통일협상회의」 제의, 고려연방제 신축성 비쳐", 『중앙일보』(인터넷판), 1989년 9월 29일.

190. 김일성, "북과 남이 힘을 합쳐 나라의 평화와 통일의 길을 열어나가자(1991년 1월

1일)", 『김일성저작집 43』 (평양 : 조선로동당출판사, 1996), p. 229.

191. 이병순, "북한의 대남혁명전략에 관한 연구 : 신제도주의적 분석을 중심으로", 고려대학교 박사학위 논문(2016), p. 47.

192. 곽인수, "북한의 대남혁명전략 전개와 변화에 관한 연구", 북한대학원대학교 박사학위 논문(2013), p. 125.

193. "北공작원, 靑근무 후 월북 … 시민단체 여러곳서 암약", 『조선일보』 (인터넷판), 2021년 10월 12일.

194. "조국평화통일위원회 성명", 『로동신문』, 1988년 7월 12일.

195. 김일성, "북과 남의 녀성들이 단결하여 조국통일을 앞당기자(1992년 9월 6일)", 『김일성저작집 43』 (평양 : 조선로동당출판사, 1996), p. 331.

196. 박은주, "한반도 평화를 둘러싼 국내 정치집단 간 역학관계 연구 : 이슈와 영향을 중심으로", 고려대학교대학원 박사학위 논문(2018), p. 60.

197. 김창순, "시사논단 : 7.7선언에 대한 북한의 반응", 『북한』 (1988), p. 8.

3부

1. 강정구, "김영삼 정권의 민족사적 평가", 『한국사회학』, 제34호(2000), p. 840.

2. 정대화, "민주화와 김영삼 정권 무엇이 문제인가 : 한국 민주화에 대한 해석 – 민주화과정의 쟁점과 김영삼 정권의 성격", 『정치비평』, 창간호(1996), p. 219.

3. 강준만, 『한국현대사 산책 1990년대편 1권』 (서울 : 인물과 사상사, 2006), p. 263.

4. 홍민, 『구술로 본 통일정책사』 (서울 : 통일연구원, 2017), p. 9.

5. 허용범, 『한국현대사 119대 사건 : 체험기와 특종사진』 (서울 : 조선일보사, 1993), p. 369.

6. "전두환 무기징역, 노태우 17년형 확정 – 5.18, 12.12 사건, 전.노 비자금 상고심", 『중앙일보』 (인터넷판), 1997년 4월 18일.

7. "김대통령 12.12담화 왜 나왔나", 『한겨레신문』, 1995년 12월 13일.

8. 최장집, "한국 정치경제의 위기와 대응 – 김영삼 정부의 평가와 김대중 정부의 과제", 『한국정치학회』, 학술발표대회자료집 제12호(1998), pp. 246-250.

9. 최장집, 『한국 민주주의의 조건과 전망』 (서울 : 나남출판사, 1998), p. 235.

10. 정대화, "민주화와 김영삼 정권 무엇이 문제인가 : 한국 민주화에 대한 해석 – 민

주화과정의 쟁점과 김영삼 정권의 성격", 『정치비평』, 창간호(1996), p. 220.

11. 강정구, "김영삼 정권의 민족사적 평가", 『한국사회학』, 제34호(2000), p. 849.

12. 최장집, 『민주화 이후의 민주주의』 (서울 : 도서출판 후마니타스, 2005), p. 283.

13. 임재형, "탈냉전기 북한의 외교정책과 협상전략", 『분쟁해결연구』, 제1권(2003), p. 202.

14. "Contact With DPRK Representative", November 19, 1992, Digital National Security Archive.

15. 박은주, "한반도 평화를 둘러싼 국내 정치집단 간 역학관계 연구 : 이슈와 영향을 중심으로", 고려대학교대학원 박사학위 논문(2018), p. 94.

16. 백학순, 『노태우 정부와 김영삼 정부의 대북정책 비교』 (성남 : 세종연구소, 2012), p. 82.

17. "인권옹호단체가 김영삼에게 공개서한", 『로동신문』, 1993년 2월 28일.

18. "가장 고귀한 생명체인 량심수들이 향기를 맡을 수 있게 해야 한다", 『로동신문』, 1993년 3월 7일.

19. 조선중앙통신사 편, 『조선중앙년감 1994』 (평양 : 조선중앙통신사, 1994), p. 288.

20. "대학생들 사회의 민주화를 요구하여 집회", 『로동신문』, 1993년 3월 9일.

21. "여러 나라 신문, 통신, 방송이 남조선에서의 투쟁소식을 보도", 『로동신문』, 1993년 3월 9일.

22. "남조선에서 높아가는 반미기운", 『로동신문』, 1993년 3월 4일.

23. 김일성, "재미교포들이 단합하여 조국통일 운동을 힘있게 벌릴데 대하여(1993년 3월 11일)", 『김일성전집 93』 (평양 : 조선로동당출판사, 2011), p. 185.

24. 김일성, "재미교포들이 단합하여 조국통일 운동을 힘있게 벌릴데 대하여(1993년 3월 11일)", 『김일성전집 93』 (평양 : 조선로동당출판사, 2011), p. 186.

25. 김일성, "현 시기 총련앞에 나서는 몇 가지 과업에 대하여(1993년 9월 10일)", 『김일성전집 94』 (평양 : 조선로동당출판사, 2011), p. 65.

26. 김일성, "조국통일을 위하여 헌신하는 것은 가장 훌륭한 애국이다(1994년 4월 20일)", 『김일성저작집 44』 (평양 : 조선로동당출판사, 1996), p. 105.

27. 김일성, "재미교포들이 단합하여 조국통일 운동을 힘있게 벌릴데 대하여(1993년 3월 11일)", 『김일성저작집 44』 (평양 : 조선로동당출판사, 1996), p. 124.

28. 김태영, 『애국애족의 통일방안』 (평양 : 평양출판사, 2001), p. 200.

29. 조선중앙통신사 편, 『조선중앙년감 1994』 (평양 : 조선중앙통신사, 1994), p. 286.

30. "북 특사교환 제안배경과 정부 입장", 『중앙일보』 (인터넷판), 1993년 5월 26일.

31. 조선중앙통신사 편, 『조선중앙년감 1994』 (평양 : 조선중앙통신사, 1994), p. 272.

32. 『조선중앙방송』, 1993년 5월 26일.

33. 김일성, "미국 워싱톤타임스 기자단이 제기한 질문에 대한 대답(1994년 4월 16일)", 『김일성저작집 44』 (평양 : 조선로동당출판사, 1996), p. 236.

34. 김일성, "조선민족은 누구나 조국통일에 모든 것을 복종시켜야 한다(1994년 4월 21일)", 『김일성저작집 44』 (평양 : 조선로동당출판사, 1996), p. 324.

35. 박용수, "김영삼 정부 북핵위기 대응의 한계에 대한 재평가 : 김영삼 대통령의 주도성 추구성향과 정부대응의 경직성을 중심으로", 『한국정치연구』, 제20집 제3호(2011), p. 57.

36. 이종석, 『새로 쓴 현대북한의 이해』 (서울 : 역사비평사, 2000), pp. 143-146.

37. 와다 하루끼, 『와다 하루끼의 북한 현대사』 (파주 : 창비, 2014), p. 230.

38. "미국 Yes, 남한 No … 북한의 '통미봉남'", 『중앙일보』 (인터넷판), 2008년 4월 28일.

39. 박용수, "김영삼 정부 북핵위기 대응의 한계에 대한 재평가 : 김영삼 대통령의 주도성 추구성향과 정부대응의 경직성을 중심으로", 『한국정치연구』, 제20집 제3호(2011), p. 70.

40. 김일성, "조국통일을 위하여 헌신하는 것은 가장 훌륭한 애국이다(1994년 4월 20일)", 『김일성전집 94』 (평양 : 조선로동당출판사, 2011), p. 321.

41. 김일성, "미국 전 대통령과 한 담화(1994년 6월 16일)", 『김일성전집 94』 (평양 : 조선로동당출판사, 2011), p. 396.

42. 박용수, "김영삼 정부 북핵위기 대응의 한계에 대한 재평가 : 김영삼 대통령의 주도성 추구성향과 정부대응의 경직성을 중심으로", 『한국정치연구』, 제20집 제3호(2011), p. 62.

43. 장창준, 『문답으로 풀어보는 지미 카터의 방북』 (서울 : 새세상연구소, 2011), p. 4.

44. 와다 하루끼, 『와다 하루끼의 북한 현대사』 (파주 : 창비, 2014), p. 242.

45. 최용섭, "문민정부의 민주화 추진분석 - 정치적 측면을 중심으로", 『한국동북아논총』, 제9집(1998), p. 23.

46. "남조선의 민주인사들의 석방을 요구", 『로동신문』, 1993년 3월 11일.

47. "사면이 새 정권의 낯내기로 되어서는 안된다", 『로동신문』, 1993년 3월 9일.

48. 이종석, 『새로 쓴 현대북한의 이해』 (서울 : 역사비평사, 2000), p. 166.

49. 김일성, "신년사(1994년 1월 1일)", 『김일성저작집 44』 (평양 : 조선로동당출판사, 1996), p. 106.

50. 송경호, "김일성 시대 통일전선전술의 추진양상과 경찰의 대응방안", 『책임연구 보고서』 (2010), p. 68.

51. 김갑식, "탈냉전기 동북아질서와 북한의 남북관계에 대한 인식", 『한국정치연구』, 제19권 제3호(2010), p. 109.

52. 강인덕, "북괴의 대화전략과 통일전선전략", 『공군』 (1980), pp. 14-15.

53. 김일성, "유엔사무총장일행과 한 담화(1993년 12월 25일)", 『김일성전집 94』 (평양 : 조선로동당출판사, 2011), p. 171.

54. 최세경, "북한의 대남 통일전선전략에 관한 연구", 동국대학교 대학원 박사학위 논문(2004), p. 155.

55. 홍승길, "북한의 민족대단결로선 전개와 그 의미", 『극동문제』, 제21권 제2호 (1999), p. 29.

56. 김갑식, "북한 민족주의의 전개와 발전 : 민족공조론을 중심으로", 『통일문제연 구』, 제45권 제1호(2006), p. 163.

57. 전금철, "조국통일범민족련합은 조국통일위업을 더욱 앞당겨나가기 위한 전민족 적 통일운동체", 『근로자』, 통권 제591호(1991), p. 86.

58. 김일성, "현 시기 총련앞에 나서는 몇 가지 과업에 대하여(1993년 9월 10일)", 『김 일성전집 94』 (평양 : 조선로동당출판사, 2011), p. 63.

59. 김갑식, "남북기본합의서에 대한 북한의 입장", 『통일정책연구』, 제20권 제1호 (2011), p. 73.

60. 김일성, "조국통일의 유일한 출로는 전민족의 대단결이다(1993년 4월 10일)", 『김 일성저작집 44』 (평양 : 조선로동당출판사, 1996), p. 98.

61. 김정일, "온 민족이 대단결하여 조국의 자주적 평화통일을 이룩하자(1998년 4월 18일)", 『김정일선집 14』 (평양 : 조선로동당출판사, 1999), p. 49.

62. 김갑식, "남북기본합의서에 대한 북한의 입장", 『통일정책연구』, 제20권 제1호 (2011), p. 69.

63. 한호석, 『자주적 민주정부와 자주적 통일정부를 향하여』 (서울 : 코리아미디어,

2005), pp. 5-30.

64. 곽인수, "북한의 대남혁명전략 전개와 변화에 관한 연구", 북한대학원대학교 박사 학위 논문(2013), p. 60.

65. 통일연구원, 『민주주의와 인권에 대한 북한의 인식과 대응』 (서울 : 통일연구원, 2007), p. 10.

66. 통일연구원, 『민주주의와 인권에 대한 북한의 인식과 대응』 (서울 : 통일연구원, 2007), pp. 11-12.

67. 리기섭, 『사회주의적 민주주의』 (평양 : 사회과학출판사, 1987), pp. 20-23.

68. 김현철, 『'NL'론 비판1』 (서울 : 도서출판 새길, 1990), p. 267.

69. 방인혁, "김일성 시대 북한의 대남인식 변화 연구", 『현대정치연구』, 제5권(2012), p. 189.

70. 장석, 『김정일장군 조국통일론 연구』 (평양 : 평양출판사, 2002), p. 96.

71. 허종호, 『주체사상에 기초한 남조선혁명과 조국통일리론』 (평양 : 사회과학출판 사, 1975), pp. 102-113.

72. 김갑식, "탈냉전기 동북아질서와 북한의 남북관계에 대한 인식", 『한국정치연구』, 제19권 제3호(2010), p. 124.

73. 송경호, "김일성 시대 통일전선전술의 추진양상과 경찰의 대응방안", 『책임연구 보고서』 (2010), p. 37.

74. "폭압은 자멸의 길이다", 『로동신문』, 1994년 2월 12일.

75. "사대매국 정권은 자주적민주정권으로 교체되여야 한다", 『로동신문』, 1994년 3 월 28일.

76. 장석, 『김정일장군 조국통일론 연구』 (평양 : 평양출판사, 2002), p. 174.

77. 곽인수, "북한의 대남혁명전략 전개와 변화에 관한 연구", 북한대학원대학교 박사 학위 논문(2013), p. 133.

78. 이병순, "북한의 대남혁명전략에 관한 연구 : 신제도주의적 분석을 중심으로", 고 려대학교 박사학위 논문(2016), pp. 147-148.

79. 조희연, 『한국의 국가·민주주의·정치변동』 (서울 : 당대총서, 1998), p. 236.

80. 구영록, "한국민주화 실험 비교연구 - '1980년의 봄'과 '1987년 6월'을 중심으 로", 『한국정치연구』, 제8권(1999), p. 43.

81. 한홍구, "김대중과 노무현 - 한국 민주주의 역사에서의 위치와 역할", 『사림』, 제

71권(2020), p. 286.

82. 선학태, "신생민주주의 공고화의 가능성과 한계 - 김대중 정권하의 메트로코포라티스적 사회협약정치의 실험", 『한국정치학회보』, 제36권 제4호(2002), p. 215.

83. 황병덕, 『대북포용정책 추진전략 : 발전을 통한 변화』 (서울 : 통일연구원, 2000), p. 6.

84. 김승채, "대북포용정책의 국민합의 창출방안", 『21세기 통일을 향한 국민대통합의 과제』 (1999), p. 3.

85. 이시형, "김대중 정부 대북정책에서의 여당의 위상과 역할", 『21세기 정치학회보』, 제14권(2004), p. 162.

86. 최용섭, "한국의 정당과 사회 제집단의 북한통일관 : 남남갈등을 중심으로", 『한국동북아논총』, 제20권(2001), p. 5.

87. David E. Sanger, "North Korea Site An A-Bomb Plant, U.S. Agencies Say", *The New York Times*, August 17, 1998.

88. 고유환, "김대중 정부의 대북포용정책과 북한의 반응", 『아시아태평양지역연구』, 제2권 제2호(2000), p. 116.

89. 남궁영, "김대중 정부의 대북정책에 대한 비판적 해석 - 남남갈등의 쟁점을 중심으로", 『국제정치연구』, 제7집 제2호(2004), p. 27.

90. 김재홍, "김대중 정부의 통일안보정책과 언론의 노조", 한국언론재단·한국국제정치학회 공동주최 세미나 발표논문(1999), p. 24.

91. 이정진, "정당연합과 지역주의", 『한국과 국제정치』, 제19권 제3호(2003), p. 131.

92. 김용호 외, 『남북정상회담과 평화체제 구축 : 학술회의 발표논문집』 (서울 : 통일연구원, 2001), pp. 5-6.

93. 김근식, "남북 정상회담과 한국 민주주의의 공고화", 통일연구원 주최 『정상회담의 성과와 향후 과제』 발표논문(2000), p. 25.

94. 이상우, "6.15선언, 정권 바뀌면 휴지조각 될 수 있다", 『신동아』, 2000년 9월호, p. 99.

95. 정천구, "남북정상회담 이후 국민 대화합 방안 모색 : 화해협력정책에 대한 국민지지 확보방안을 중심으로", 『민족화해협력특위위원회 제4차 회의자료』 (2001).

96. 오승용, "한국분점정부의 입법과정 연구 : 13대~16대 국회를 중심으로", 『한국정치학회보』, 제38집 제1호(2004), p. 185.

97. 최용섭, "한국의 정당과 사회 제집단의 북한통일관 : 남남갈등을 중심으로", 『한국동북아논총』, 제20권(2001), p. 16.

98. 남궁영, "김대중 정부의 대북정책에 대한 비판적 해석 – 남남갈등의 쟁점을 중심으로", 『국제정치연구』, 제7집 제2호(2004), p. 67.

99. 이시형, "김대중 정부 대북정책에서의 여당의 위상과 역할", 『21세기 정치학회보』, 제14권(2004), p. 148.

100. 이연호, "김대중 정부와 비정부조직 간의 관계에 관한 연구", 『한국정치학회보』, 제35집 제4호(2001), pp. 147–162.

101. "위대한 당의 령도따라 새해의 총진군을 다그치자", 『로동신문』, 1998년 1월 1일.

102. 김대중, 『나의 길 나의 사상 : 세계사의 대전환과 민족통일의 방략』 (서울 : 한길사, 1994), pp. 79–86.

103. "시작을 잘해야 한다", 『로동신문』, 1998년 2월 28일.

104. "남조선사회의 민주화는 북남관계개선의 필수적전제", 『로동신문』, 1998년 3월 16일.

105. "남조선청년 한 명이 또 공화국북반부로 의거", 『로동신문』, 1980년 9월 12일.

106. "선임자들의 호전성을 닮으려는가", 『로동신문』, 1998년 3월 11일.

107. "도피객이 된 문민괴수", 『로동신문』, 1998년 3월 12일.

108. "코걸이, 귀걸이식의 악법", 『로동신문』, 1998년 3월 25일.

109. 조선중앙통신사 편, 『조선중앙년감 1999』 (평양 : 조선중앙통신사, 1999), p. 294.

110. 『조선중앙방송』, 1998년 9월 13일.

111. 이항동, "대북포용정책에 대한 북한의 반응 : 1997–1999 로동신문 논평을 중심으로", 『한국정치학회보』, 제34권(2000), p. 187.

112. 조선중앙통신사 편, 『조선중앙년감 1999』 (평양 : 조선중앙통신사, 1999), p. 276.

113. 고유환, "김대중 정부의 대북포용정책과 북한의 반응", 『아시아태평양지역연구』, 제2권 제2호(2000), p. 126.

114. "North Korea Countdown to Starvation", March 3, 1998, Digital National Security Archive.

115. "래왕, 접촉, 대화, 련대련합은 민족대단결의 중요방도", 『로동신문』, 1998년 5월 8일.

116. "김대통령 '베를린선언' 발표", 『연합뉴스』 (인터넷판), 2000년 3월 10일.

117. "남조선인민들은 나라의 자주적 평화통일을 위한 거족적인 투쟁에 떨쳐나서야 한다 – 네팔단체 호소문 발표", 『로동신문』, 1998년 3월 2일.

118. "미국은 남조선에서 철수하여야 한다 – 세계사회계 인사들", 『로동신문』, 1998년 3월 3일.

119. "련방제 통일방안을 지지하여 – 여러 나라 신문", 『로동신문』, 1998년 3월 3일.

120. "온겨레의 단합된 힘으로 민주자주위업을 이룩하자", 『로동신문』, 1998년 3월 1일.

121. "대세에 역행하는 무력증강", 『로동신문』, 1998년 3월 8일.

122. 심지연 외, 『남북한관계론』 (파주 : 한울아카데미, 2005), p. 378.

123. 서동만, "김대중 정부 출범과 남북관계", 『통일시론』 (1998), p. 104.

124. 김정일, "위대한 수령 김일성 동지의 조국통일 유훈을 철저히 관철하자(1997년 8월 4일)", 『김정일저작집 14』 (평양 : 조선로동당출판사, 1999), p. 280.

125. 이종석, 『새로 쓴 현대북한의 이해』 (서울 : 역사비평사, 2000), p. 389.

126. "문민호전광과 꼭같은 언동", 『로동신문』, 1998년 3월 20일.

127. "우려와 실망을 가져다 준 한달", 『로동신문』, 1998년 3월 28일.

128. "빛 좋은 개살구, 기만적인 말장난", 『로동신문』, 1998년 7월 22일.

129. 『조선중앙방송』, 1999년 2월 3일.

130. 김정일, "력사적인 북남조선 정당, 사회단체대표자련석회의 50돐기념중앙연구토론회에 보낸 서한(1997년 8월 4일)", 『김정일저작집 14』 (평양 : 조선로동당출판사, 1999), p. 109.

131. 홍용표, "북한의 남북 당국 간 대화 전략 : 김대중 정부 시기를 중심으로", 『북한연구학회보』, 제9권(2005), p. 189.

132. "올해를 강성대국 건설의 위대한 전환의 해로 빛내이자", 『로동신문』, 1999년 1월 1일.

133. 홍용표, "북한의 남북 당국 간 대화 전략 : 김대중 정부 시기를 중심으로", 『북한연구학회보』, 제9권(2005), p. 190.

134. 『조선중앙방송』, 1999년 6월 15일.

135. 김갑식, "남북기본합의서에 대한 북한의 입장", 『통일정책연구』, 제20권 제1호(2011), p. 75.

136. 와다 하루끼, 『와다 하루끼의 북한 현대사』 (파주 : 창비, 2014), pp. 252–261.

137. 여영무, 『닫힌 생각 열린 생각』 (서울 : 중앙출판공사, 2002), pp. 24-33.

138. 황일도, 『북한 군사전략의 DNA』 (서울 : 플래닛미디어, 2013), p. 184.

139. 서동만, "김대중 정부 출범과 남북관계", 『통일시론』 (1998), pp. 105-106.

140. 『조선중앙통신』, 1999년 9월 3일.

141. "위대한 령도자 김정일 동지께 남조선 현대그룹 명예회장이 선물을 드리였다", 『로동신문』, 1998년 11월 30일.

142. "도량이 넓고 너그러우신 분", 『로동신문』, 1998년 11월 30일.

143. 유동열, 『북한의 대남전략 노선』 (서울 : 통일부 통일교육원, 2010), p. 33.

144. 박은주, "한반도 평화를 둘러싼 국내 정치집단 간 역학관계 연구 : 이슈와 영향을 중심으로", 고려대학교대학원 박사학위 논문(2018), p. 103.

145. 최기환, 『6.15시대와 민족공조』 (평양 : 평양출판사, 2005), p. 108.

146. 김갑식, "탈냉전기 동북아질서와 북한의 남북관계에 대한 인식", 『한국정치연구』, 제19권 제3호(2010), p. 125.

147. "北 조평통성명 대남 유화제스처의 의미", 『경향신문』 (인터넷판), 2002년 7월 4일.

148. 이준희, "북한의 김대중·박정희 정권에 대한 이미지와 남북관계", 『국방연구』, 제62권 제1호(2019), p. 47.

149. 김일성, 『우리 민족의 대단결을 이룩하자 : 조국평화통일위원회 책임일군들, 조국통일 범민족련합 북측본부 성원들과 한 담화』 (평양 : 조선노동당출판사, 1991), pp. 181-182.

150. 서동만, "김대중 정부 출범과 남북관계", 『통일시론』 (1998), p. 107.

151. "더 크게 일떠서는 한총련", 『로동신문』, 1999년 6월 8일.

152. 〈민족화해협의회〉 결성", 『로동신문』, 1999년 6월 10일.

153. "[불거지는 남남갈등] 2. 정부가 중심 잡아야", 『중앙일보』 (인터넷판), 2001년 8월 23일.

154. 서동만, "김대중 정부 출범과 남북관계", 『통일시론』 (1998), p. 109.

155. 리영환 외, 『조선통사(하)』 (평양 : 사회과학출판사, 2016), p. 466.

156. 김병로, "남남갈등을 위한 정부의 대북정책 방향", 『통일정책연구』, 제12권 제2호 (2003), pp. 119-120.

157. 유동열, 『북한의 대남전략 노선』 (서울 : 통일부 통일교육원, 2010), p. 36.

158. 심지연 외, 『남북한관계론』 (파주 : 한울아카데미, 2005), p. 195.

159. 김병로, "남남갈등을 위한 정부의 대북정책 방향", 『통일정책연구』, 제12권 제2호 (2003), p. 116.

160. 오일환, "남북정상회담 이후 북한의 대남 전술의 특징과 대응책", 『국제정치논총』, 제43집 제3호(2003), p. 260.

161. 이종석, 『정상회담 이후 남북관계 개선 전략』 (서울 : 세종연구소, 2000), p. 24.

162. "영구강점 기도를 버려야 한다", 『로동신문』, 2000년 9월 27일.

163. 정규섭, "햇볕정책을 넘어서 : 논쟁과 대안을 모색", 『현대북한연구』, 제4권 제2호(2001), p. 286.

164. 오일환, "남북정상회담 이후 북한의 대남 전술의 특징과 대응책", 『국제정치논총』, 제43집 제3호(2003), p. 265.

165. 남궁영, "대북정책의 국내정치적 갈등 : 쟁점과 과제", 『국가전략』, 제7권 제4호 (2001), pp. 85-86.

166. 김태영, 『애국애족의 통일방안』 (평양 : 평양출판사, 2001), p. 213.

167. 서동만, "IMF 상황 이후 남북한 관계", 『사회과학연구』, 제15집 제1호(1998), p. 288.

168. 송경호, "김일성 시대 통일전선전술의 추진양상과 경찰의 대응방안", 『책임연구보고서』(2010), p. 75.

169. 심지연 외, 『남북한관계론』 (파주 : 한울아카데미, 2005), p. 368.

170. "온 민족이 대단결하여 조국의 자주적 평화통일을 이룩하자", 『로동신문』, 1998년 4월 29일.

171. 김갑식, "탈냉전기 동북아질서와 북한의 남북관계에 대한 인식", 『한국정치연구』, 제19권 제3호(2010), p. 118.

172. 통일노력 60년 발간위원회, 『하늘길 땅길 바닷길 열어 통일로』 (서울 : 통일부, 2005), pp. 264-311.

173. 김갑식, "북한 민족주의의 전개와 발전 : 민족공조론을 중심으로", 『통일문제연구』, 제45권 제1호(2006), p. 149.

174. 량창일, "6.15북남공동선언은 21세기 조국통일의 리정표", 『김정일종합대학학보 - 력사법학』, 제48권 제2호(2002).

175. 김갑식, "탈냉전기 동북아질서와 북한의 남북관계에 대한 인식", 『한국정치연구』,

제19권 제3호(2010), p. 119.

176. 조국통일민주주의전선 중앙위원회, 2002년 11월 22일.

177. 김갑식, "북한 민족주의의 전개와 발전 : 민족공조론을 중심으로", 『통일문제연구』, 제45권 제1호(2006), p. 160.

178. 박승식, "북한의 민족공조의 실체", 『통일정책연구』, 제14권 제2호(2005), p. 223.

179. "민족자주의 원칙은 통일문제해결의 근본원칙", 『로동신문』, 2001년 1월 4일.

180. 김갑식, "북한 민족주의의 전개와 발전 : 민족공조론을 중심으로", 『통일문제연구』, 제45권 제1호(2006), p. 159.

181. 장석, 『김정일장군 조국통일론 연구』(평양 : 평양출판사, 2002), p. 309.

182. 장석, 『김정일장군 조국통일론 연구』(평양 : 평양출판사, 2002), pp. 305-328.

183. 김갑식, "북한 민족주의의 전개와 발전 : 민족공조론을 중심으로", 『통일문제연구』, 제45권 제1호(2006), p. 164.

184. "자주통일의 21세기로 나아가는 민족의 발걸음은 막을 수 없다", 『로동신문』, 2000년 12월 15일.

185. 유동열, 『북한의 대남전략 노선』(서울 : 통일부 통일교육원, 2010), p. 32.

186. "울분의 폭발", 『로동신문』, 2000년 6월 18일.

187. 박선동, "북한의 대남전략·전술과 민족공조론 : 그 연관성에 관한 연구", 『한국시민윤리학회보』, 제21권 제2호(2008), p. 210.

188. "올해 공동사설의 기본체계", 『로동신문』, 2004년 1월 4일.

189. 김갑식, "북한 민족주의의 전개와 발전 : 민족공조론을 중심으로", 『통일문제연구』, 제45권 제1호(2006), p. 162.

190. 박승식, "북한의 민족공조의 실체", 『통일정책연구』, 제14권 제2호(2005), p. 225.

191. 윤창조, "보안법 폐지 : 6·15시대의 시금석", 『우리민족끼리』(인터넷판).

192. 최기환, 『6.15시대와 민족공조』(평양 : 평양출판사, 2005), p. 158.

193. "민족공조의 길에 참다운 애국애족이 있다", 『로동신문』, 2004년 10월 5일.

194. 전재호, "민주화 이후 한국 민족주의의 변화 : 통일, 북한, 미국, 외국인, 재외동포, 북한이탈주민에 대한 인식을 중심으로", 『현대정치연구』, 제5권 제1호(2012), p. 93.

195. 정성장, "북한의 통일 및 대남 정책 목표의 변화 연구", 『고황정치학회보』, 제2권(1999), p. 182.

에필로그

1.   『조선로동당 규약』 서문(2021년 제8차 당대회 개정).

2.   "위험천만한 미국의 도발적 군사활동들을 주시한다 — 조선민주주의인민공화국 국방성 대변인담화", 『조선중앙통신』, 2023년 7월 10일.

3.   "자체의 힘으로 나라와 민족의 존엄을 지킨다 : 우리 국가제일주의시대에도 일관한 노선과 정책", 『조선신보』, 2021년 6월 7일.